青岛大学学术专著出版基金资助

日本第三部门发展的
合理性问题研究

王猛 著

中国社会科学出版社

图书在版编目（CIP）数据

日本第三部门发展的合理性问题研究 / 王猛著 . —北京：中国社会科学出版社，2019.5
 ISBN 978 - 7 - 5203 - 4397 - 8

Ⅰ.①日⋯ Ⅱ.①王⋯ Ⅲ.①社会团体—研究—日本 Ⅳ.①D731.364

中国版本图书馆 CIP 数据核字（2019）第 088724 号

出 版 人	赵剑英
责任编辑	孙　萍
责任校对	李　莉
责任印制	王　超

出　　版	中国社会科学出版社
社　　址	北京鼓楼西大街甲 158 号
邮　　编	100720
网　　址	http：//www.csspw.cn
发 行 部	010 - 84083685
门 市 部	010 - 84029450
经　　销	新华书店及其他书店
印　　刷	北京明恒达印务有限公司
装　　订	廊坊市广阳区广增装订厂
版　　次	2019 年 5 月第 1 版
印　　次	2019 年 5 月第 1 次印刷
开　　本	710×1000　1/16
印　　张	16.5
插　　页	2
字　　数	279 千字
定　　价	69.00 元

凡购买中国社会科学出版社图书，如有质量问题请与本社营销中心联系调换
电话：010 - 84083683
版权所有　侵权必究

前　言

在日本，第三部门是地方公共团体和民间企业共同出资设立的以提供公共产品和公共服务为目的的企业法人。在经历了 20 世纪八九十年代的快速发展期之后，随着泡沫经济的破灭，原来从事土地开发、娱乐设施建设等的大量开发型第三部门企业出现亏损。一旦第三部门企业出现破产，地方公共团体就不得不为亏损和破产所产生的损失埋单，这导致了民众对第三部门企业的批判，进而怀疑第三部门方式的合理性。

本书的主要目的是通过案例研究，探讨第三部门存在的合理性问题。

为此，本书选取了日本较早采用第三部门方式的铁路部门和最近出现的采用第三部门方式的城市再开发部门作为主要研究对象。其中，铁路第三部门主要负责经营日本国铁改革过程中从干线和营利性线路分离出来的支线铁路，而城市再开发第三部门主要负责对失去经济活力的地方城市城区的再次开发。在两个行业中，本书分别选取了两家代表性的企业，通过对上述两个部门的企业进行案例分析，论证第三部门企业在找到更为合适的可替代方式之前仍然有其存在的合理性。

本书通过理论和案例分析认为，导致第三部门企业亏损和破产的原因并不是第三部门方式本身的问题，而是没有清楚认识到"第三部门不是万能的，第三部门主要承担原本民营企业不愿意从事，或项目本身就是一种亏损性的项目"这种第三部门的特殊性。

本书提出，在判断第三部门合理性时，最重要的看第三部门企业所从事项目公共性的大小。本书通过总结先行研究和分析案例，提出了判断公共性大小的三个指标：乘客（顾客）、地区影响和可替代性。通过上述三个指标，可以判断第三部门企业所从事的项目是否具有可行性，以及在经营过程中出现亏损时，地方公共团体是否应当提供补贴维持项目继续发展。

本书研究发现，在铁路第三部门企业案例中，无论是出现亏损还是维持盈利，在找到更为合适的替代方式之前它们都具有存在的合理性；在两家城市再开发第三部门企业中，饭田城市再开发公司正是符合上述三个指标才取得了成功，而京都 ZEST 御池虽然在对外宣传中不断强调自己的公共性，但是由于不能满足上述三个指标所以才导致了亏损不断，也正因为此，京都市对京都 ZEST 御池提供补贴是不合适的，在今后的改革过程中，应当采用其他更为合适的方式。

目　录

第一章　绪论 ……………………………………………………（1）
　一　第三部门和合理性概念界定 ………………………………（2）
　　（一）欧美第三部门概念 ………………………………………（2）
　　（二）中国第三部门概念 ………………………………………（3）
　　（三）日本第三部门概念 ………………………………………（4）
　二　研究目的 ……………………………………………………（7）
　三　研究方法 ……………………………………………………（11）
　四　本书结构 ……………………………………………………（14）

第二章　研究综述 ………………………………………………（17）
　一　公共产品供给主体选择 ……………………………………（19）
　　（一）公共产品的政府供给 ……………………………………（23）
　　（二）由市场提供公共产品 ……………………………………（25）
　　（三）公共产品供给的其他方式 ………………………………（30）
　　（四）日本式第三部门提供公共产品 …………………………（33）
　二　第三部门设立程序分析 ……………………………………（39）
　三　第三部门经营模式分析 ……………………………………（51）
　　（一）第三部门公共性与营利性的平衡 ………………………（52）
　　（二）管理人员选择 ……………………………………………（53）
　　（三）官民经营责任分担 ………………………………………（54）

第三章　日本第三部门的历史和现状 …………………………（56）
　一　日本第三部门历史分析 ……………………………………（56）

（一）日本第三部门概念的产生 …………………………………… (56)
　　（二）第三部门概念出现之前的时期 ……………………………… (57)
　　（三）20世纪70年代第三部门概念出现后到
　　　　　20世纪80年代 ………………………………………………… (59)
　　（四）泡沫经济破灭后(20世纪90年代到现在) ………………… (61)
　二　日本第三部门现状分析 …………………………………………… (63)
　　（一）日本第三部门的种类 ………………………………………… (64)
　　（二）日本第三部门发展现状 ……………………………………… (67)

第四章　日本铁路第三部门合理性案例研究 ……………………… (88)
　一　日本铁路第三部门的诞生 ………………………………………… (89)
　二　第三部门铁路概况 ………………………………………………… (95)
　　（一）特定地方交通线转换铁路 …………………………………… (99)
　　（二）新线转换铁道 ………………………………………………… (101)
　　（三）新干线并行线路 ……………………………………………… (102)
　三　北越急行 …………………………………………………………… (116)
　　（一）北越急行的历史分析 ………………………………………… (117)
　　（二）北越急行的投资分析 ………………………………………… (120)
　　（三）北越急行的经营分析 ………………………………………… (124)
　　（四）北越急行公共性分析 ………………………………………… (128)
　四　北近畿丹后铁道(KTR) …………………………………………… (134)
　　（一）KTR的历史分析 ……………………………………………… (134)
　　（二）KTR的投资分析 ……………………………………………… (136)
　　（三）KTR的经营分析 ……………………………………………… (137)
　　（四）KTR收入状况分析 …………………………………………… (140)
　　（五）与其他企业竞争的分析 ……………………………………… (142)
　　（六）企业内部组织制度分析 ……………………………………… (144)
　　（七）KTR公共性分析 ……………………………………………… (146)
　五　铁路第三部门存在合理性思考 …………………………………… (159)

第五章　日本城市再开发第三部门合理性案例研究 ……………… (161)
　一　日本城市再开发出现的背景分析 ………………………………… (162)

（一）人口因素 …………………………………………… (162)
　　（二）商业政策的变化 …………………………………… (165)
　　（三）行政改革 …………………………………………… (166)
　二　城市再开发概况 ………………………………………… (167)
　三　饭田城市再开发公司 …………………………………… (178)
　　（一）饭田城市再开发公司的历史分析 ………………… (179)
　　（二）饭田城市再开发公司投资分析 …………………… (185)
　　（三）饭田城市再开发公司经营分析 …………………… (186)
　　（四）饭田城市再开发公共性分析 ……………………… (192)
　四　京都ZEST御池第三部门 ……………………………… (197)
　　（一）ZEST御池的历史分析 …………………………… (198)
　　（二）ZEST御池投资分析 ……………………………… (199)
　　（三）ZEST御池的经营分析 …………………………… (199)
　　（四）ZEST御池公共性分析 …………………………… (206)
　五　城市再开发第三部门存在合理性思考 ………………… (209)

第六章　日本第三部门合理性思考 …………………………… (212)
　一　现存第三部门评价方式分析 …………………………… (212)
　　（一）直接效果评价方式分析 …………………………… (212)
　　（二）间接效果评价方式分析 …………………………… (216)
　　（三）综合评价分析 ……………………………………… (217)
　二　评价指标在日本铁路第三部门与城市再开发
　　　第三部门中的运用 ……………………………………… (220)
　三　民众对日本第三部门合理性的认识问题 ……………… (225)
　四　小结：第三部门合理性认识 …………………………… (227)

第七章　结语 …………………………………………………… (230)
　一　第三部门的挑战和改革 ………………………………… (232)
　二　日本第三部门合理性对中国的借鉴意义 ……………… (242)
　　（一）日本铁路第三部门改革对我国支线铁路改革借鉴
　　　　　意义的分析 …………………………………………… (243)

（二）日本城市再开发第三部门对我国中小城市发展改革
　　　借鉴意义的分析 …………………………………………（245）
（三）研究的创新之处 …………………………………………（247）
（四）研究的不足之处 …………………………………………（248）

参考文献 ………………………………………………………（249）

第一章

绪　论

在日本，第三部门是一种不同于第一部门国家和第二部门市场的为居民提供公共产品和公共服务的组织形式。第三部门企业是由地方公共团体与民间企业共同出资设立以提供公共产品和公共服务为目的的企业。第三部门概念最早出现在日本是1973年日本政府制定的"经济社会基本计划"。第三部门企业大量出现则是在20世纪80年代，当时，随着人口、资金等资源向东京过度集中，地方人口和雇佣机会不断减少，为了改善这种状况，促进地方社会经济的发展，以开发主题公园、休闲设施、宾馆、商业设施为目的的第三部门企业，以及经营日本国铁改革中从干线分离出来的支线铁路的铁路第三部门企业在日本各地犹如雨后春笋，迅速增加。到了20世纪90年代，随着日本泡沫经济的破灭，大量第三部门企业出现亏损。随着亏损和破产的第三部门企业数量不断增加，社会上对第三部门方式的批评声音也越来越多，认为第三部门方式增加了地方公共团体的财政负担，特别是在第三部门企业出现亏损时，地方公共团体为了维持第三部门企业的发展，不得不为第三部门企业提供大量的补贴。这使得第三部门方式合理性受到质疑。本书期待通过对案例研究分析，论证第三部门方式仍然有存在的合理性。

根据日本总务省的统计，目前在日本采用第三部门方式提供公共产品和公共服务的行业共有13个，主要涉及城市开发、住宅、运输与道路等。本书选取其中具有代表性的铁路第三部门和城市再开发第三部门，通过对这两种第三部门的案例研究论证第三部门方式存在的合理性。

一 第三部门和合理性概念界定

在探讨日本第三部门存在合理性问题之前,需要对第三部门和合理性概念进行界定。虽然日本第三部门概念最早是从欧美引入的,但是第三部门概念在引入日本社会之后发生了很大的变化。

(一) 欧美第三部门概念

第三部门的概念最早起源于欧美,最早提出第三部门这一概念的是美国学者列维特,他在其著作 The Third Sector: New Tactics for a Responsive Society 当中提出:"以往人们把社会组织一分为二,非公即私,非私即公的划分方法忽略了大批处于政府和私营企业之间的社会组织,这类社会组织所从事的是政府和私营企业不愿做、做不好、或不常做的事,并进而把这类社会组织统称为第三部门。"[①] 而第三部门在不同地区和不同国家的叫法则不同,例如,第三部门、非政府组织、非营利组织、志愿组织、公民社会组织、慈善组织。

美国学者萨拉蒙则在《全球公民社会:非营利部门视界》中指出:"近年来,全球出现了非常重要的浪潮,即市场和国家以外大范围的社会机构发挥着重要的作用。这机构被冠以'非营利的''自愿性的''公民社会的''第三的'或'独立的'部门,然而这些机构常常包含令人迷惑的实体名称——医院、大学、社会俱乐部、职业组织、日托中心、环境组织、家庭咨询服务代理机构、体育俱乐部、职业培训中心、人权组织以及其他等。然而,不论它们如何多样化,这些实体都有一些共同的特征,主要表现在以下几方面:组织性,即这些机构都有一定的制度和结构;私有性,即这些机构都在制度上与国家相分离;非营利性,即这些机构都不向它们的经营者或'所有者'提供利润;自治性,即这些机构都基本上是独立处理各自的事务;自愿性,即这些机构的成员不是法律要求而组成

[①] T. Levitt, "The Third Sector: New Tactics for a Responsive Society",转引自张军涛、曹煜玲《第三部门管理》,东北财经大学出版社2010年版,第2页。

的,这些机构接受一定程度上的时间和资金的自愿捐献。"①

根据联合国宪章第71条的定义,第三部门即非政府组织是指在国际范围内从事非营利性活动的政府以外的所有组织,其中包括各种慈善机构、援助组织、青少年团体、宗教团体、工会、合作协会、经营者协会等。

通过上面的介绍,我们可以看出,欧美等国家第三部门是独立于第一部门的政府和第二部门的市场之外的部门,其具体概念在各国也是有所差别,比如在德国叫作"Verein",在法国叫作"Economiesociale",在英国古代叫作"Public Cherities",在日本叫作"公益法人",在美国叫作"Nonprofit Sector",在中欧叫作"Foundation",在拉美以及非洲叫作"Nongoverment Organization"等。

(二) 中国第三部门概念

目前,在中国也存在第三部门这一概念。例如,康晓光在《依附式发展的第三部门》中指出:"在中国,第三部门内的组织极为丰富,包括:人民团体类组织、国家规定的免登记社团、事业单位、地域性组织、在民政部门登记注册的社团团体、民办非企业单位、基金会、在其他政府部门登记注册的第三部门组织(例如业主委员会、宗教活动场所等)、海外力量第三部门组织在中国的分支机构、挂靠在合法组织下的各种第三部门组织、在单位、社会内部活动的各种第三部门组织、公园街头的各种兴趣组织、互联网上的虚拟社团、政治反对组织。此外,大量以企业法人身份登记注册,但按照第三部门组织的理念和方式,从事非营利活动的组织,按照功能来看,也应该归入第三部门的范畴。"② 张军涛和曹煜玲在《第三部门管理》一书中,指出:"我国的第三部门组织主要有6种类型:社会团体、民办非企业单位、事业单位、单位内部的社会团体、特殊社团法人、以企业法人形式存在的非营利组织。"③

通过整理以上概念,我们可以看出,在我国第三部门的概念应当与欧

---

① [美]莱斯特·M.萨拉蒙等:《全球公民社会:非营利部门视界》,贾西津、魏玉等译,社会科学文献出版社2002年版,第2—3页。

② 康晓光:《依附式发展的第三部门》,社会科学文献出版社2011年版,第8页。

③ 张军涛、曹煜玲:《第三部门管理》,东北财经大学出版社2010年版,第6页。

美第三部门的概念类似，要求非营利，其设立的目的是为社会服务。

（三）日本第三部门概念

在日本，有关第三部门的概念目前尚未统一，其主要原因是目前日本国内尚未制定一部有关第三部门的法律，而有关第三部门的一些政策或者法律都是分散于其他的法律条文中，例如1986年实施的《有关利用民间企业的能力完善特定设施的临时措施法》（简称《民活法》）以及1987年实施的《综合保养地区整备法》（简称《休养地法》）等。但是，就目前日本第三部门整体而言，主要可以分为官方概念和学界概念。

1. 官方概念

日本总务省每年都会发布一个《有关第三部门等情况的调查结果》的报告，在这份调查报告当中，有关第三部门概念，规定为："地方公共团体出资或者捐赠的社团法人、财团法人、特例民法法人以及公司法法人"。其中的社团法人和财团法人以及特例民法法人，根据《有关一般社团法人与一般财团法人的法律》（2006）的规定，社团法人可以分为三种形式：一般社团法人、公益社团法人和特例社团法人。其中，一般社团法人，其设立的目的可以不必为公益性，原则上同公司法法人一样，其所有的项目都为课税的对象，但是与营利性法人的企业不同，一般社团法人不可以把盈余或者剩余财产分配给法人所有人；公益社团法人，是根据《公益法人认定法》认定其具有公益性的社团法人，在满足一定条件下其收到的捐款等可以作为免税对象；特例社团法人，与特例财团法人一样，是特例民法法人的一种，到2013年11月30日之前，其组织形式必须转换为一般社团法人、公益社团法人、株式会社三种形式中的一种形式，或者采取解散组织的形式。

财团法人，是在个人或者企业等法人出资的基础上设立的，其运营主要依靠本金的利息等。2008年11月之前，只有具有公益性目的一种财团法人，但是随着公益法人制度的改革，2008年12月以后，即使不具有公益性目的，也可以设立一般财团法人，或者之前的财团法人（特例民法法人）经过主管部门的批准可以转为一般财团法人。同社团法人一样，财团法人也可以分为三种形式：一般财团法人、公益财团法人和特例财团法人。其中，一般财团法人，其设立的目的可以不必为公益性，原则上与公司法法人一样，是课税的对象。与之前需要批准才能够设立的财团法人不同，新法律下，只需经过一些特定的手续和登记，即使没有主管部门的批准，也是可以设立的，但是在组织名称中必须有"一般财团法人"这一字样。与营利性的株式会社等法人不同，一般财团法人不可以把盈余或者剩余的财产分配给法人的所有人；公益财团法人是根据《公益法人认定法》设立的被认定为具有公益性的财团法人。在满足一定的条件下，其收到的捐款可以作为免税的对象；特例财团法人是根据之前的民法相关规定设立的公益性目的的财团法人，与特例社团法人一样，是特例民法法人的一种，到2013年11月30日之前，其必须转为一般财团法人、公益财团法人、株式会社三种形式中的一种或者解散。

有关特例民法法人，是在1896年日本引入公益法人制度以后设立的公益法人（社团法人、财团法人），在2008年生效的新公益法人制度规定的组织转换的最后期限2013年11月30日之前存在的特例社团法人和特例财团法人的总称。

通过以上的分析，我们可以发现，总务省规定的第三部门概念中的社团法人、财团法人以及特例民法法人与欧美概念中的非营利组织、志愿者组织、宗教团体、社会福利团体等第三部门很相似，因而总务省的概念可以划分为公司法第三部门和民法第三部门。同时，官方的概念中，还有一个特别之处，那就是无论是什么形态的法人，只要是地方公共团体出资或者捐赠的法人，就被称为第三部门。其中，包括地方100%出资的地方三公社（地方住宅公社、地方道路公社、土地开发公社），以及地方独立行政法人等。

2. 学界概念

与官方的概念不同，在学术界，主流学者认同地方公共团体与民间企业共同出资一说。清水康之在《地方制度的多样化》中指出："国家和地方公共团体等公的部门是第一部门，民间企业等营利部门是第二部门的话，公共与民间合作实施的项目，这种混合方式的组织就被称为第三部门。"[1] 监察法人朝日新和会计社编写的《第三部门的设立、运营手册》中指出："第三部门就是国家与地方公共团体的官方与民间企业共同出资设立的法人，同时以地区开发与城市开发为主要目的。"[2] 山下茂在《特

---

[1] 清水康之：『地方制度の多様化』，第一法规出版社，1983，p. 3。
[2] 监查法人朝日新和会计社：『第三セクターの設立・運営ハンドブック』，第一法规出版，1990，p. 5。

别地方公共团体与地方公社、第三部门、NPO》中有关第三部门的概念：概括为"地方公共团体出资的民法法人（社团法人以及财团法人）以及地方三公社称为地方公社，而地方公共团体出资的商法法人称为第三部门。"① 宫木康夫在《第三部门与 PFI：功能划分与正确评价》中指出："所谓的第三部门是自治体与民间企业共同出资的株式会社。国家直接出资的基于特别法的株式会社、自治体与民间企业共同出资的民法法人不是第三部门。"②

通过以上的分析，我们可以看出，学界在第三部门的概念上大体方向是一致的，也就是说，认为第三部门是"地方公共团体与民间企业共同出资设立的公司法法人形态的企业"。但是，在国家出资设立的法人是否是第三部门这一问题上又有不同的声音。例如，大阪关西国际机场以及东京湾跨海大桥的建设，就是国家通过制定《关西国际空港株式会社法》(1984) 以及《东京湾横断道路建设相关的特别措施法》(1986 年) 而实现的，但是国家出资设立的这些企业都是具有特殊的目的性，同时数量很少，属于"特殊法人"③，其运行会受到相关法律的严格限制，所以从第三部门设立的目的性出发不应当把其看作是第三部门；在国家级别的企业中，除了通过特别立法成立的第三部门之外，还有 JR、NTT、JT 等虽然国家持股但是已经完全民营化的企业，而且有的企业已经上市，把这些企业看作第三部门也不合适。

通过以上对欧美、中国和日本第三部门概念的比较分析，可以看出欧美第三部门概念和中国第三部门概念类似，主要是指非营利组织；在日本，根据民法设立的民法法人在功能上与欧美和中国的第三部门概念相似，而日本最早引入第三部门概念主要是为了在公共项目中引入社会资本和民间企业的技术等资源，所以，本书从设立第三部门的初衷或目的出

---

① 山下茂：『特別地方公共団体と地方公社・第三セクター・NPO』，ぎょうせい，1997，p. 5。
② 宫木康夫：『第三セクターとPFI – 役割分担と正しい評価』，ぎょうせい，2001，p. 10。
③ 特殊法人通常情况下是按照市场原理难以实施的项目通过特殊法人的形式设立，其主要形式有公团、公社、事业团、金库、公库、特殊会社等。在运营上，可以免除法人税、固定资产税等，同时可以通过国家财政贷款，但是同时其项目计划等需要国家的同意，也不可以任意撤销亏损的项目，国家处于主导性地位。由于特殊法人很多都接收政府退休人员，而且其运营效率也不高，所以广受批评。为此，根据新的《特殊法人等改革基本法》的规定，特殊法人将采取退出、整理、缩小规模等方式，逐渐向民间企业以及独立行政法人转化。

发，把日本第三部门的概念限定为"地方公共团体与民间企业共同出资设立的公司法法人"。

而所谓的合理性概念包含两重含义，一是指事情符合道理和伦理；二是经济学当中的合理性是指个人或行为主体在采取行为的过程中努力实现自身效用的最大化[1]。本书的目的是论证日本第三部门方式存在的合理性，由于第三部门企业是提供公共产品和公共服务的一种方式，其最终的目的不是追逐利益的最大化，而是通过第三部门方式以更低的成本和更高的效率为居民提供服务，所以此时第三部门存在的合理性就是指能够满足居民对公共产品和公共服务的需求，同时与政府直接提供的方式相比，在降低成本的同时，提高了企业运营效率。正如合理性概念中的第二层含义，第三部门的合理性既包括直接的经济效用，同时也包括间接的经济和社会效用。

二　研究目的

在日本，有关第三部门问题的研究较多，例如，从法律的角度论证地方公共团体为第三部门企业提供补贴是否合理、向第三部门派遣公务人员是否违背公务员应当专注于本职工作的相关规定；如何从信息公开、议会监督检查等方面强化对第三部门企业的监督；从经营角度分析第三部门如何改善经营；等等。但是这些研究并没有从本质上分析第三部门的问题——第三部门是否具有存在的合理性？如果第三部门存在具有合理性，应如何判断第三部门企业的合理性？对于此问题，宫木康夫指出，"第三部门出现经营不善的真正原因并不是第三部门本身的原因，而是使用第三部门方式经营那些不合适的以及不必要的项目造成的"[2]，"第三部门首要的作用就是经营那些公共性大的，但是难以盈利，而且民间企业不愿意经营的项目，通过努力改善收支情况，减少亏损，从而减轻地方公共团体的负担"[3]。

虽然宫木康夫从理论上指出了第三部门存在的部分问题，并且提出了

---

[1] 维基百科：《合理性》（http://ja.wikipedia.org/wiki/%E5%90%88E7%90%86%E6%80%A7）。
[2] 宫木康夫：『第三セクターとPFI―役割分担と正しい評価』，Gyosei，2001，p.26。
[3] 同上书，p.73。

相应解决方案的理论，但是这些理论缺乏有力的现实佐证。

对于较早采用第三部门方式经营的铁路第三部门，虽然之前有学者进行了相关研究，比如安藤阳（1987）分析了三陆铁道的经营问题[①]；香川正俊在《第三部门铁路》中分析了国家对第三部门铁路的补贴制度、第三部门有关税收方面的制度，其主要目的是"介绍建设中的第三部门铁路的现状，分析铁路存在的意义以及其未来的情况，针对经济衰退地区等的现状和地区振兴政策等问题，借鉴国外的案例，谈论各种交通方式的作用，考察地区振兴政策与交通政策之间的关系"[②]。但是这些研究并没有站在第三部门角度，而是具体考察了企业的经营问题以及第三部门铁路与地区发展之间的关系。

对于最近开始采用第三部门方式经营的城市再开发第三部门，第三部门研究会编写的《地区经营的革新与创造——分权时代的第三部门》，通过与欧美国家的城市再开发组织对比，分析了城市再开发组织的作用[③]。高田升在《城市再生中的城市管理》一文中分析了城市再生的目的、方法是如何变化的，通过探讨新的城市再生方式，分析正确的城市管理组织应有的形态，明确了市民、民间组织以及行政机构在城市管理中的作用[④]。

然而，随着出现亏损的铁路第三部门数量不断增加，越来越多的企业需要地方自治体的补助才能维持运营，因此社会上开始出现要求废除亏损的铁路第三部门的呼声。铁路第三部门企业出现亏损，是否就应当废除铁路第三部门，应当如何看待和评价铁路第三部门，其是否有存在的合理性。这是本书研究的一个重要方面。另外，城市再开发第三部门作为新出现的企业形态，是伴随着一些城市商业设施向城市周边迁移以及城区人口流失从而造成城区空洞化而提出的一项重新振兴城区经济和促进市场繁荣的措施。那么，作为新出现的第三部门形态，在具体的运营过程中，应采

[①] 安藤陽：『第三セクター鉄道の経営問題：三陸鉄道株式会社を中心にして』，経営学論集，1987.57，pp. 139，145。

[②] 香川正俊：『第3セクター鉄道』，成山堂書店，2000，p. iii。

[③] 第3セクター研究学会：『地域経営の革新と創造—分権時代の第3セクター』，透土社，2000。

[④] 高田昇：『都市再生におけるタウンマネージメント』，政策科学，2008.3（15），pp. 3 – 25。

取什么样的措施,以及如何判断采用第三部门方式是否具有合理性,这是本书需要解决的另外一个重要问题。

因此,本书的研究目的可以归纳为两个方面:

第一,论证日本第三部门存在的合理性,通过对铁路第三部门与城市再开发第三部门具体案例的研究,分析铁路第三部门与城市再开发第三部门的公共性。论证铁路第三部门在找到更为有效的替代方式之前,以及沿线居民存在需求的情形下,其存在仍然具有合理性;在城市再开发第三部门案例研究部分,通过成功的案例与失败的案例,分析城市再开发第三部门企业如何获得成功,以及根据项目公共性大小判断是否采用第三部门方式。通过对两个行业第三部门的分析,论证日本第三部门存在的合理性,在判断合理性时最重要的是判断项目公共性大小,进而通过先行研究和案例分析总结出判断第三部门企业所从事项目公共性的三个指标。

第三部门作为地方公共团体与民营企业共同出资设立的一种企业形态,它可以发挥行政机构在资源、政策、法律、财政、税收等方面的优势,以及民营资本在技术、管理、市场影响、服务方面的优势,通过两方面的优势组合期待能够探索出一种更有效的公共产品供给渠道。当然,在当今社会,提供公共产品的渠道多种多样,比如在西方国家以及中国也有很多第三部门,而这些第三部门在日本有时被称为民法法人或者第四部门。但是,每种渠道或者组织形态其作用又有所不同,例如,NPO等组织提供的公共产品主要是那些小范围或者不以追求效率为目标的公共服务,如孤儿救济、老人养老、环境保护等;而政府部门目前所提供的公共服务很多是公共性非常大,前期需要大量投资,而民营资本却不愿意单独进入的部门,如一般的公路、下水道、垃圾回收等。但是在这些公共产品的夹缝中,存在着具有一定公共性,亦可以说公共性比较高,但是又可以追逐效率或者利润的公共产品,比如铁路服务、经济衰退地区的再开发、城市轨道交通等,而这些部门则可以通过第三部门方式来提供产品。现代社会还存在一种与第三部门比较类似的组织形态,即 PFI(Private Finance Initiative),在我国被翻译为"民间主动融资",这种组织形态是以民间资本为主,政府提供协助或者出资从民间企业购买公共产品提供给居民。但是这与第三部门有一定区别,在 PFI 方式中,民间资本处于主导地位,而且 PFI 方式最终的目的是追逐利润。通过对提供公共产品和公共服务的多种方式进行分析比较,指出日本第三部门方式的合理性。

第二，虽然"第三部门"的概念不仅仅存在于欧美等发达国家，在中国也存在第三部门，但是在中国，第三部门的概念和功能与欧美等国家相似，主要指非营利组织等。然而，日本第三部门概念却很少在中国被提及，目前能够检索到的介绍日本第三部门的研究也较少，即使有这方面的介绍，也主要是简单分析日本第三部门的某个方面，例如黄金峰、孙永恩的《论日本农村的第三部门》[①]，缺少综合研究日本第三部门的资料。本书虽然是对日本第三部门的案例研究，但是在文献综述、第三部门理论部分以及日本第三部门分析部分总结研究了日本第三部门的整体情况，这为中国研究人员了解日本第三部门提供了参考。同时，通过具体行业的企业案例研究，分析了日本第三部门成功运营的合理性因素、指标，并且通过分析日本第三部门反面案例的失败因素，为中国今后在公共产品供给方式选择提供借鉴。

目前，在中国，提供公共产品的方式主要包括：政府单独提供、政府与私人共同提供、社会组织提供。这些方式中，政府与私人共同提供表面看上去与日本的第三部门有些相似，但是在我国主要指的是PFI方式，其在企业设立、管理运营、补贴、重组、破产等各个环节都与日本第三部门有所不同。需要特别指出的是，当前中国有关改革国有铁路的呼声很高，但是关注的重点集中在所有制的改革，对一些偏远地区的支线铁路的关注不够，而日本铁路第三部门在其改革过程中的做法和经验，对于中国今后的支线铁路改革具有重要的借鉴价值。同时，中国目前正在推进城市化改革，年轻人更愿意到大城市发展，那么对于一些财政薄弱的中小城市和乡镇来说，如何吸引年轻人在当地发展，为当地的社会经济带来活力是需要认真思考的问题。日本的中小城市经历了类似的发展过程，在经历人口减少、经济衰退以及中心城区空洞化之后，一些地区积极探讨如何恢复当地的活力，而城市再开发第三部门是其中一个重要的方式。通过城市再开发第三部门方式，一些地区成功实现了中心城区的复苏，进而通过中心城区的发展带动整个城市的发展。这些做法和经验对中国今后的城市化改革具有积极的借鉴意义。

---

① 黄金峰、孙永恩：《论日本农村的第三部门》，《现代日本经济》2005年第6期。

三 研究方法

　　本书目的是论证日本第三部门方式的合理性，为此本书选取了两个具有代表性的行业，分别是铁路第三部门和城市再开发第三部门。

　　之所以选择铁路与城市再开发两个行业作为分析对象，主要是基于下述因素：第一，铁路在日本是较早引入第三部门方式的行业，通过研究铁路第三部门方式可以发现第三部门方式在引入到日本的早期阶段是如何发展及发挥作用；第二，城市再开发部门是随着日本社会经济形势的发展而采用第三部门方式的新兴部门，通过研究城市再开发第三部门可以发现第三部门方式在日本的最新动向，为今后其他部门是否应当采用第三部门方式提供借鉴。

　　在日本，铁路第三部门是较早引入第三部门方式的行业，特别是在20世纪80年代日本国有铁路进行民营化改革时，对于那些每日乘坐的乘客数不足四千人的线路认定为"特定地方交通线"，其中有45条铁路被转换为公共汽车，38条铁路被转换为第三部门；同时，随着国铁的改革，建设中的一部分线路被冻结，后来这些被冻结的线路中有13条线路转换为第三部门，重新开工建设；同时，随着地方新干线的建设，原来与新干线平行的线路中有4条也被转换为第三部门；目前，一部分城市中新建的单轨电车（例如，千叶城市单轨电车）以及新交通系统（例如，横滨新都市交通）也采用了第三部门的形式。但是，本书论述的铁路第三部门主要是以国铁改革中从国铁分离出来的线路以及随着新干线开通而被转换为第三部门的铁路为研究对象。在这些铁路线路上，其公共性显而易见，虽然目前由于汽车的普及、高速公路的建设以及沿线人口的减少，铁路的公共性相对而言，有所降低，但是对于那些不能够驾驶汽车，或者气候、地理条件比较恶劣地区的居民，特别是对于小孩、学生以及老人等群体而言，铁路仍然是他们出行的主要交通工具之一。在国铁改革时以及后来民营化后的JR公司从减少亏损或者保持盈利的角度出发，把这些特定地方交通线路剥离出来。但是为了确保沿线居民的出行权利，沿线的地方自治体以及企业共同出资成立了铁路第三部门。因此，可以说铁路第三部门是一种典型的第三部门，其代表着较高的公共性并且负有减少亏损的义务。本书调查研究的两家铁路公司中，北近畿丹后铁道是所有第三部门中亏损情况最为严重的一个线路，2011年底亏损金额达到8亿日元，目前完全依靠京都府与兵库县政府的补贴才得以维持。但是，其沿线多是自然灾害多发的山区，同时沿线有很多中小学，有很多学生、上班族和老年人利用北近畿丹后铁道出行，所以在找到更为合适的替代手段之前有必要让其继续存在；而北越急行则是第三部门铁路中盈利最多的一个线路，从1997年开业至今一直维持盈利状态，成为第三部门铁路的一个典型。从中我们也可以看到，第三部门铁路并不都是亏损的，经过自身的努力，是可以改善经营情况的。

  城市再开发第三部门是新出现的产业形态，是伴随着日本国内社会经济环境变化而出现的。所谓的城市再开发并不仅仅意味着城市的硬件设施建设，而是在人口不断减少，大型超市与商场不断向城市外围迁移，同时居民的居住地点也向外不断扩散，城市中心地带出现空洞化，经济萧条的情况下，通过地方自治体与当地的企业或者居民共同出资设立第三部门企业，以恢复城市中心地区活力，把居民从外围吸引到中心地带，最终保持人口不流失。通过上述分析可以看出，其公共性也是非常大的，在本书作者调查的几个地区，城市人口不断减少，经济衰退，在此种情况下只有官民的共同合作才能够改善城市经济活力。但同时，在很多地区，比如本书将要论及的一个城市开发第三部门企业（京都御池），其设立时的口号是："事业本身是公共性非常高的城市建设事业，可以促进民间活力，也就是减少公共资金的投入，最大限度地利用民间的资金、创意、经营能力等"（京都市 ZEST 御池经营改革计划）。虽然京都市出资60%，同时每年以各种名义提供补贴、无息贷款等，但是企业的经营状况依然不乐观，企业自身的公共性大小备受质疑，特别是在周围存在很多民营的停车场以及商业区的环境下，京都市政府却在这样一个高度市场化的区域建设了一个与民营企业经营业务基本相同的商业设施，一旦这种企业出现亏损，或者需要政府补贴的话，就会受社会舆论、民众的指责。这也是本书将要指出的，第三部门不是万能的，在采取第三部门方式之前，一定要认真评估其公共性以及将来的盈利性。

  为了通过对铁路第三部门和城市再开发第三部门的案例研究，分析铁路第三部门的合理性，本书主要通过文献研究、采访调查、现场体验、数据分析四种方法进行研究。

  （1）文献研究。本书的文献主要包括四种：第一种是出版书籍，例如《第三部门的经营改善与事业整理》（宫胁淳，2010）、《第三部门与PFI》（宫木康夫，2000）等书籍；第二种是针对第三部门各种不同情况分别论述的学术论文，比如"The Third Sector and Daisan Sector"（望月正光关东学院大学《经济系》第224集，2005年7月），"开发主体的政治经济学第三部门的意义与问题"（高良有政）等；第三种是各个第三部门企业内部制作或者出版的资料，如《第三部门铁道等协议会10年史》《第三部门铁道等协议会20年史》《北近畿丹后铁道二十年的历程》等，这部分资料主要是对这些企业或者行业协会做调查访问时获得的，由于这些属于不对外公开出版的刊物，因而更具有真实性。第四种是从相关自治体获得的资料，由于第三部门是自治体与民间资本共同设立的企业，因此自治体或者地方公共团体在第三部门中占有重要的地位，而这必将涉及行政、司法、立法等部门，而通过采访这些部门的相关人士可以获得第一手的资料，如"草津城市再开发株式会社概要""城市再开发公司设立、活性化基本计划制定"等。

（2）访谈法。在日本期间，除了搜集相关书籍及资料之外，另外一项重要工作就是去相关第三部门的企业、自治体进行实地调查。例如，拜访了北近畿丹后铁道、饭田城市再开发公司、第三部门铁路等协议会、福知山市市政府、福知山市城市再开发公司等，通过半结构访谈方式，同相关负责人沟通交流，听取了他们对第三部门的意见以及对自己公司发展情况的介绍。通过实地调查，了解清楚第三部门是如何开展工作的，现场工作人员的工作情况以及地方自治体对第三部门的态度。

（3）现场体验。做现场调查的同时，尽可能去第三部门企业的工作现场，与顾客接触，感受现场氛围，从中找出其独特之处以及不足之处。通过实际乘坐第三部门铁路的电车，体验电车上工作人员的服务态度和电车的舒适程度，观察乘客构成和沿线道路的地形地貌等；在京都御池，通过多次参与其举办的各种活动，体验作为一名顾客的感受，同时与周围的人进行交流，获得其对第三部门企业的态度。

（4）定量研究。定量研究所用的数据，主要用日本总务省每年发布的《第三部门等情况的调查》、各个地方公共团体对外公布的本辖区内的第三部门企业的数据、第三部门企业内部统计的数据。通过对这些数据的分析，从中分析第三部门的现状、成果、问题，并且对成功的第三部门企业是如何获得成功的、失败的第三部门企业是由于什么原因失败的进行分析，从而总结出如何才能确保第三部门的有效性。

四 本书结构

　　本书首先从理论入手，探讨第三部门成立的理论依据，阐述第三部门提供公共产品是具有理论依据的。然后，结合统计数据对日本第三部门的整体情况进行介绍，让读者对第三部门有一个整体性的把握。接下来，在案例研究部分，分别选取了铁路第三部门与城市再开发第三部门加以论证，从项目策划、计划制订、企业设立、管理运营、破产重组、政府补贴等环节分析第三部门是如何运作的，以及如何处理自治体与民营资本之间的关系、如何处理纳税人对第三部门进行监督的问题。最后，分析第三部分不是万能的，必须在特定的条件下才能够发挥应有的作用。

　　第一章，序章部分主要针对本书所涉及的概念进行了界定，并介绍了本研究所用的研究方法和章节安排。

　　第二章，先行研究部分重点阐述了第三部门理论以及第三部门在设立、经营、评价等方面的问题。从理论部分，特别对公共产品的概念、种类进行区分，指明不同种类的公共产品应当通过不同的方式提供，从而推导出在公共产品中，只有那些具有一定的公共性，或者在某种情况下其公共性相对较高，同时项目的收益性较低或者实现盈利需要较长的时间，因而对民间资本的吸引力比较小，这时候就需要地方公共团体和民间资本合作共同提供公共产品。同时，分析了提供公共产品的主体的变迁，从最初的由政府提供服务，到后来由于政府失灵，公共产品的提供主体变为市场，又到后来由于市场失灵，政府重新变为提供公共产品的主体，再到后来变为市场提供，从而明确第三部门在公共产品供给主体变迁过程中的地位。

　　涉及日本第三部门的研究主要可以从第三部门是如何设立、第三部门的经营问题进行分析。通过对这两方面的分析，了解日本第三部门研究的整体情况。

　　第三章，主要分析日本第三部门的整体情况。通过研究日本第三部门的历史，分析日本第三部门出现的背景，而通过背景的分析可以知道一些开发型第三部门是在政策推动下盲目上马，这些没有经过仔细论证的项目，最终出现了亏损，这也造成了社会对第三部门方式的质疑。通过对第三部门现状的分析，可以了解目前日本第三部门的规模、收益、亏损等情况。

第四章与第五章，主要讨论铁道第三部门与城市再开发第三部门。由于铁道与城市再开发都具有一定的公共性，但是铁路第三部门的盈利水平较低，或者很难盈利，而城市再开发第三部门虽然前期很难盈利，但是如果项目进展顺利的话，依然能够获得较高的盈利水平。在铁路第三部门，通过分析铁路第三部门的历史、企业经营情况以及现状，指出第三部门铁路仍然具有可行性，其存在也是有必要的。在城市再开发第三部门，情况比较复杂，既有公共性较高的项目，也有假借公共性之名义而从事私营企业应当从事之工作的情况。因此，本书将通过分析两种第三部门中几个具体的企业情况，分析第三部门的实际运营情况，并且指出第三部门不是万能的，在策划项目时，要仔细确认是否适合采用第三部门形式。本书主要的贡献之一就是案例研究，通过具体的案例分析第三部门的情况，同时希望今后在引进第三部门形式时，能够参考这些企业在取得成功或者遇到失败的影响因素，从而汲取经验和吸取教训。本书共选取了四个公司，包括两家铁路公司，两家城市再开发公司。两家铁路公司中，北越急行经营状况较好，其存在的意义自然不用说；另外一家北近畿丹后铁道则亏损严重，但是由于该铁路线路具有较高的公共性，因而其依然有必要继续存在，这也正体现了第三部门设立的初衷和目的。在两家城市再开发公司中，饭田市城市再开发公司是日本全国的样板企业，通过对该公司的介绍，可以总结分析出其采用第三部门方式成功的原因；另外一家城市再开发公司——京都御池则是广受批判的第三部门，其设立初期只是以高公共性为借口，在繁华地区设立与民营企业相互竞争的商业区与停车场，结果导致较高的负债，需要京都市提供很多补贴，因而通过京都御池我们可以看出哪些第三部门在设立初期就是错误的，或者不应当采取第三部门方式，而应当采用其他的方式，例如PFI或者民营化方式。

第六章，通过以上对铁路与城市再开发第三部门的分析，探讨日本第三部门合理性问题，分析对铁路与城市再开发第三部门进行评估的评价指标，以及日本民众对第三部门部门存在合理性的认识问题。并且结合中国的国情现状，分析日本第三部门对中国铁路改革和城市开发建设等方面的借鉴意义。

第七章，结论与展望。分析日本第三部门方式对中国的借鉴意义，所面临的挑战及改革问题，明确铁路与城市再开发第三部门今后改革的方向。

第二章

研究综述

本书主要研究日本第三部门的合理性问题，在进行研究分析之前，需要分析和总结现有的相关研究成果。因此，本章将主要总结分析相关先行研究。

在日本，第三部门概念在1973年出现在日本内阁的"经济社会基本计划"政府公文之后，有关第三部门的研究才开始出现。有关第三部门研究集中出现则是在20世纪90年代之后，特别是随着1987年国铁改革，日本一些地方线路开始采用第三部门方式，此时第三部门才开始受到广泛关注，所以有关日本第三部门的研究历史主要可以分为两个阶段：20世纪90年代和2000年之后。

20世纪90年代有关第三部门的研究。此时有关第三部门研究集中出现的历史背景是随着日本泡沫经济的不断扩大，一些开发型的第三部门不断出现，这些项目主要通过第三部门方式从事主题公园、休闲设施、商业设施等项目的建设。例如，最早集中介绍日本第三部门情况的研究是冈山自治体研究社出版的《地方都市与第三部门》，书中分析了第三部门法律定位问题、第三部门概念与动向、第三部门的公共性以及民主管理问题，最后结合冈山县第三部门具体事例分析了开发型第三部门的相关问题。[①] 佐藤进与林健久编著的《地方财政读本》则结合地方公社分析了第三部门从事项目的情况。[②] 宫木康夫在《第三部门经营理论与实务》一书中分析了第三部门现状与问题、第三部门理论。[③] 太田昭和监查法人在《第三

[①] 岡山第3セクター研究会：『地方都市と「第3セクター」―岡山からの検証』，自治体研究社，1994。

[②] 佐藤進・林健久：『地方財政読本』，東洋経済新報社，1994。

[③] 宮木康夫：『第三セクター経営の理論と実務』，ぎょうせい，1995。

部门经营 Q&A 导入、设立、运营、会计、税务要点》中分析了第三部门运营问题。① 读谷山洋司在《第三部门明日课题》中分析了第三部门亏损、破产、合并等问题。富沢贤治在《社会经济部门分析》中分析了欧洲和美国第三部门情况。② 三桥良士明与田窪五朗在《第三部门法的验证》中分析了第三部门出资、融资、补助等问题。③ 成濑龙夫在《公社、第三部门改革问题》中分析了地方自治体向第三部门派遣公务员问题、公共设施委托第三部门经营问题以及第三部门破产处理问题。④

2000 年之后有关第三部门的研究。另外一个有关第三部门研究的集中出现时期是 2000 年之后，此时的社会背景是第三部门，特别是大量开发型第三部门破产引起了广泛的关注，另外一方面是铁路第三部门等从采用第三部门方式之初就备受关注，到 2000 年后大量铁路第三部门集中出现亏损。

第三部门研究学会在《地区经营改革与创造——分权时代的第三部门》中从地区政策的角度分析了第三部门。⑤ 香川正俊在《第三部门铁路》中从地区经济发展的角度分析了铁路第三部门。⑥ 宫木康夫在《第三部门与 PFI》中从理论上进一步探讨了第三部门理论问题，并且把第三部门与 PFI 方式进行了对比，从而指出第三部门与 PFI 方式作用的不同。⑦ 其田茂树在《分权型社会制度设计》中，分析了第三部门交通现状与问题。⑧ 内山哲朗、柳沢敏胜翻译了《欧洲第三部门》，从中可以看出欧洲第三部门与日本第三部门之间的不同。⑨ 堀场勇夫、望月正光在《第三部门再生指南》中介绍了第三部门的现状，并且从设立、经营、监督、信

---

① 太田昭和監査法人公会計本部：『第3セクターの経営 Q&A』，中央経済社，1996。
② 富沢賢治：『社会的経済セクターの分析』，岩波書店，1999。
③ 三橋良士明・田窪五朗：『第三セクターの法的検証（地域と自治体）』，自治体研究社，1999。
④ 成瀬龍夫：『公社・第三セクターの改革課題』，自治体研究社，2002。
⑤ 第3セクター研究学会：『地域経営の革新と創造』，透土社，2000。
⑥ 香川正俊：『第3セクター鉄道』，成山堂書店，2002。
⑦ 宮木康夫：『第三セクターとPFI 役割分担と正しい評価』，ぎょうせい，2001。
⑧ 日本地方財政学会：『分権型社会の制度設計』，勁草書房，2005。
⑨ A. エバース・J. - L. ラヴィル：『欧州サードセクター——歴史・理論・政策』，日本経済評論社，2007。

息公开、破产处理等角度分析了第三部门。① 入谷贵夫在《第三部门改革与自治体财政重建》中分析了第三部门与自治体财政之间的关系。② 田渕直子在《农村第三部门论》中分析了欧美式第三部门的作用。③ 伯野卓彦在《自治体危机——与亏损第三部门之间的战斗》中从反面批判了第三部门。④ 宫胁淳在《第三部门经营改善与事业整理》中分析了第三部门经营状况、改革措施以及破产重组的问题。⑤ 地方公营企业制度研究会在《地方公营企业，第三部门等根本性改革的实务手册》中提出了针对第三部门彻底改革的注意事项。⑥ 河藤佳彦在《分权化时代地方公共团体经营论》中分析了第三部门的意义与内容、地方自治制度与第三部门之间的关系。⑦

通过对以上两个阶段相关研究的总结分析，可以看出，有关第三部门的研究主要可以分为对第三部门理论的研究、对第三部门设立程序的研究和对经营模式的分析。因此，本章将主要从第三部门理论、第三部门设立、第三部门经营三个方面总结先行研究。

一　公共产品供给主体选择

日本第三部门是供给公共产品的一种方式，因此，研究第三部门合理性问题的一个重要方面是选择的供给公共产品的主体是否合适。所以，有关第三部门理论问题研究主要可以从公共产品供给主体选择进行分析。

宫木康夫在《第三部门与 PFI》一书中分析了第三部门相关理论问题，首先从公共项目出发，分析了公共产品的种类等问题。根据马斯洛需求层次理论，人类的需求主要分为生理需求、安全需求、情感和归属的需求、尊重需求和自我实现需求五类，依次由较低层次到较高层次。其中，

---

① 堀場勇夫・望月正光：『第三セクター再生への指針』，東洋経済新報社，2007。
② 入谷貴夫：『第三セクター改革と自治体財政再建』，自治体研究社，2008。
③ 田渕直子：『農村サードセクター論』，日本経済評論社，2009。
④ 伯野卓彦：『自治体クライシス　赤字第三セクターとの闘い』，講談社，2009。
⑤ 宮脇淳：『第三セクターの経営改善と事業整理』，学陽書房，2010。
⑥ 地方公営企業制度研究会：『地方公営企業・第三セクター等のための抜本改革実務ハンドブック』，ぎょうせい，2010。
⑦ 河藤佳彦：『分権化時代の地方公共団体経営論』，同友館，2011。

生理上的需求，包括饥、渴、衣、住、性方面的要求；安全上的需求，这是人类要求保障自身安全、摆脱失业和丧失财产威胁、避免职业病的侵袭、解除严酷的监督等方面的需要；情感和归属的需求，这一层次的需求包括两个方面的内容：一是友爱的需求，二是归属的需求；尊重的需求，人人都希望自己有稳定的社会地位，要求个人的能力和成就得到社会的承认。尊重的需求又可分为内部尊重和外部尊重；自我实现的需求，这是最高层次的需求，它是指实现个人理想、抱负，发挥个人的能力到最大程度，完成与自己的能力相称的一切事情的需求。而满足这些需求的产品主要分为公共产品与私人产品，其中公共产品又可以分为纯公共产品和准公共产品。

公共产品与私人产品相对，是指具有消费或使用上的非竞争性和受益上的非排他性的产品。按照萨缪尔森在《公共支出的纯理论》中的定义，公共产品或劳务具有与私人产品或劳务显著不同的三个特征：效用的不可分割性、消费的非竞争性和受益的非排他性。[1] 而凡是可以由个别消费者占有和享用，具有敌对性、排他性和可分性的产品就是私人产品。

其中，那些具有非排他性或者排他成本过高，同时其效用具有不可分割性以及消费非竞争性的产品在公共经济学上被称为纯公共产品，如国防、环境保护等。但是这种既具有非排他性以及非竞争性的公共产品在现代社会种类非常少，而这类纯公共产品一般情况下都是由政府负责提供，市场在这种情况下处于失灵状态。即使在美国、英国等一些发达国家，许多国防工业都是由私人企业负责提供军工产品，或者在部队当中也有一些是由私人企业雇用的雇佣兵，但是整体的国防政策都是由政府负责，而且在世界上绝大部分国家国防仍然是由政府负责提供。在环保方面，由于环保需要大量的投资，而且短期内回报很小，所以一般私营企业也不愿意承担，大多情况下都是由政府利用政府财政预算进行环境保护。现在，一些环保组织以及一些企业从社会责任出发开始从事环保工作，但是其影响仍然有限，环境保护工作仍然由政府主导。将来，随着市民社会的发展，民间组织的社会影响力会越来越大，这些社会组织在日本之外的地区一般称为"第三

---

[1] Paul A. Samuelson, "The Pure Theory of Public Expenditure", *The Review of Economics and Statistics*, Vol. 36, No. 4, 1954, pp. 387 – 389.

部门"，而在日本被称为"民法法人"或者"第四部门"①。而除了这些纯公共产品之外，公共产品当中更多的是准公共产品。

准公共产品是指具有有限的非竞争性或有限的非排他性的公共产品，它介于纯公共产品和私人产品之间，如教育、政府兴建的公园、拥挤的公路等都属于准公共产品。准公共产品从性质上可以划分为拥挤性公共产品和价格排他性公共产品。对于准公共产品的供给，在理论上一般采取政府和市场共同分担的原则。

就准公共产品的提供途径而言，主要由市场供给和政府供给，或者两者共同供给，很难简单地说私人物品是由私人部门通过市场提供，而公共产品则是通过政府提供。这主要是由于：

第一，在拥挤性公共产品的情况下，当消费的数量没达到拥挤点之前，其消费都不具有消费性，同时新增加一个消费的边际成本也为零，此时可以从公共性的角度出发采取与纯公共产品相同的方式，无偿提供，由政府出资；当到达拥挤点的时候，就需要采取一定的措施控制拥挤的程度，这个时候采用经济手段，比如收费就是可行的措施，在这种情况下，是采用市场提供还是由政府提供，具体情况应当具体对待。例如，一些公共性相对较低，而且其收益是可以预见的，收益在短期内就可以出现的项目可以采用市场化手段，比如高速公路；而一些公共性相对较高，而其收益是难以保证，或者需要长时间的努力才能实现利润的项目，需要采用政府提供或者政府与私人企业共同合作的方式，比如地方铁路、体育设施等。

第二，在价格排他性公共产品的情况下，由于可以通过技术等手段实现排他性，这类物品可以由市场提供，比如一些私立学校和私立医院；而一部分则可以通过政府提供，比如公立医院和公立学校等，从而确保医疗和教育的公平性，防止单独由私人部门供给而出现供给不足的情况。但是，即使是由政府提供，也不会像计划经济那样，一切都是政府承办，可以采用不同的手段，比如政府购买服务，而运营管理交由私人企业负责，或者政府和私人企业共同出资、共同管理，比如第三部门的方式。而本书

---

① 在日本，第四部门主要指根据企业的分类，由民间资本出资设立、不进行利润分配的非营利企业。其中包括，医疗法人、学校法人、NPO 法人、农业协同组合、渔业协同组合以及生活协同组合等。

论述的第三部门所能提供的公共产品主要是准公共产品，这是因为第三部门设立的初衷就是将政府提供公共产品的优势与市场提供公共产品的优势相结合，从而克服政府失灵和市场失灵的情况。而且，因为有私人企业的参与，这也就决定了其目的是盈利或者是改善企业财务情况，减少亏损。

公共产品中有三个基本的参与者：消费者、生产者、安排者或提供者。消费者直接获得或接受服务，这些消费者可以是个人、特定地理区域的所有人、政府机构、私人组织、拥有共同特征的社会阶层（穷人、学生、出口商、汽车制造商或农民等）或者获得辅助性服务的政府机构。由于服务提供和生产之间的区别，我们可以据此确定公共服务供给的不同制度安排。但应清楚地认识到，角色划分和责任界定不一定总能做到清晰明确。不同制度安排的原因在于，政府既能作为一个安排者，也可作为一个生产者，私人部门也一样。由此形成制度安排的4种基本类型。根据安排者、生产者和消费者之间的动态关系，可以把这4种基本类型细分为20种具体形式，主要包括：政府服务、政府出售、政府间协议、合同承包、特许经营、政府补贴、凭单制、自由市场、志愿服务、自我服务。[1]如表2—1[2]。

表2—1　　　　　　　　公共服务提供的制度安排

服务安排	安排者	生产者	谁支付成本
政府服务	政府	政府	政府
政府出售	消费者	政府	消费者
政府间协议	政府（1）	政府（2）	政府（1）
合同承包	政府	私营部门	政府
特许经营（排他）	政府	私营部门	消费者
特许经营（非排他）	政府和消费者	私营部门	消费者

---

[1] [美] E.S. 萨瓦斯：《民营化与公私部门的伙伴关系》，周志忍等译，中国人民大学出版社2002年版，第68—69页。

[2] 同上书，第106页。

续表

服务安排	安排者	生产者	谁支付成本
补助	政府和消费者	私营部门	政府和消费者
凭单制	消费者	私营部门	政府和消费者
自由市场	消费者	私营部门	消费者
志愿服务	志愿消费者团体	志愿消费者团体	N. A.
有合同承包的志愿服务	志愿消费者团体	私营部门	志愿消费者团体
自我服务	消费者	消费者	不适用

注：政府（1）和政府（2）指两个不同的政府。

此观点是萨瓦斯针对美国公共产品提供中不同的形式提出的观点，基本上涵盖了公共产品提供的主要方式。但是，当中没有涉及本书论述的日本第三部门的形式，这是日本独特的社会经济环境造成的。因此，如果把日本的第三部门形式一同涵盖的话，大体上可以划分为以下四种形式：政府单独提供、市场供给、政府市场供给、志愿供给。

（一）公共产品的政府供给

从国家发展历史的角度来看，在国家产生的最初阶段，社会生产力水平较低，这产生了与较低生产力水平相适应的奴隶社会、封建社会。在这样的初级阶段，国家的主要职能是政治职能，主要包括对内的统治和对外的保护阶级统治以及对外扩张，而国内的一些经济发展都是从属于这一重要目的。但是随着经济社会的发展，国家的职能也开始发生相应的变化，由政治职能开始向经济职能转变，再由经济职能向社会管理职能转变。随着国家职能的变化，由政府负责供给的公共产品的范围、种类以及数量也不断变化，由于社会分工的不断发展，产业种类不断增加，人们的需求也更加多样化，这也就决定了公共产品种类的增加，而随着政府提供公共产品种类的增加，公共支出也随之增长。

19世纪的德国经济学家阿道夫·瓦格纳曾经致力于公共支出占国内生产总值比例的研究，提出公共支出不断上升的趋势，也就是"瓦格纳定律"。他认为：(1) 随着社会的发展，完善国内外法律规章以及维护社会秩序的需求随同递增，以保证市场机制发挥作用所必须的社会"环境条件"；另外，在经济工业化和随之而来的管理集中化、劳动力专门化的条件下，经济结构以及当事人之间的关系越来越趋于复杂化，所有这些，都有赖于公共部门活动的加强。（2）政府从事物质生产的经济活动越来越多。因为随着劳动生产率的提高，规模较大的公营企业较之规模较小的私营企业变得相对优越起来，这又促进了政府对生产领域的介入。（3）政府提供的公共物品的范围越来越大了。诸如交通、银行、教育、卫生保健等项目，通常具有一种天然垄断的属性，且投资额大，外部效应显著，如果交由私人部门经营，则很容易因私人垄断而导致社会的不安定。所以，政府介入这些项目，将这些物品或服务的提供纳入其职能范围，是一件必然的事情①。而随后，无论是英国经济学家伯尔德，还是后来的皮考克和怀斯曼都认同瓦格纳的理论。

从以上学者的研究，我们可以看出政府的作用不断被强化，而且其涉及的范围也越来越广。西方经济学当中强调国家在经济生活中的主导作用的思想风潮，最初是在15世纪出现的重商主义兴起。重商主义强调国家必须发展对外贸易，而在对外贸易中必须遵守多卖少买、多收入少支出的原则，为了达到这个目的，国家必须积极干预经济生活，以保证货币尽可能多地流到国内，尽可能少地流向国外。

之后，英国学者霍布斯在《利维坦》当中论述了公共产品的利益和效用由个人享用，但个人本身难以提供，只能由政府或集体来提供。大卫·休谟在《人性论》中指出供给公共产品是政府的一项基本职能。"约翰·穆勒在《政治经济学原理》中，以灯塔为例指出这类物品由于收费困难且无法排他，导致市场机制的失灵，只能通过政府收税供给这些物品。伴随着边际革命兴起的奥意学派、北欧学者使系统的公共产品理论得以形成，这些理论同样蕴含着政府供给的思想，如萨克斯、潘塔莱奥尼、马尔科、马佐拉及维克塞尔和林达尔。以萨缪尔森为代表的新古典学派关于公共产品供给效率条件问题的阐释同样是以政府供给为前提，等等。总之，传统智慧认为，由于'外部性''囚徒困境''集体行动的逻辑'等原因，决定了公共产品应该由政府供给，这其中不乏公共产权的思想火花。"②

---

① 高培勇、崔军：《公共部门经济学》，中国人民大学出版社2011年版，第105页。
② 杨美英、齐晓安：《公共产品产权结构多元态势下的供给效率分析》，《税务与经济》2008年第2期。

鲍德威和威迪逊认为："完全自由的市场无法提供公路、国防、教育、电力供应及污染治理等产品，公共产品市场供给失灵，在此种情况下一种可行的办法是政府直接提供公共产品。"[①] 比如，本书当中的第三部门铁路最初是日本国有铁路的一部分，而日本国有铁路成立之前，日本国内的铁路主要是由五大私有铁路组成（北海道碳矿铁道、日本铁道、山阳铁道、九州铁道、关西铁道），后来经过日清战争和日俄战争，日本军部感受到由于私人铁路的存在，影响了统一的调度以及铁路效率，所以提议对私有铁路采用国有化。而后来，在1949年，日本出台《日本国有铁路法》，成立了日本政府独资的公企业（公社）。但是后来由于政治、行政等不断介入日本国铁，比如为了拉选票要求国铁在自己的选区修建铁路等，从而导致效率较低，同时加上政府式的管理方式，使得日本国铁从20世纪60年代开始出现亏损。面对越来越多的亏损，日本政府最后在1987年对日本国铁采取了民营化，把国铁分解为6家客运公司、1家货运公司以及其他的一些清算事业团等机构。从中我们可以看出随着社会经济的发展，原本是自由市场无法提供的公共产品，随着社会经济环境的变化，变为由市场提供效率更加高效。

（二）由市场提供公共产品

在论述第三部门存在合理性和意义时，日本学者大水善宽在《第三部门》一文中，从"政府失灵"和"市场失灵"的角度进行了分析。[②] 除此之外，日本学者出井信夫在《第三部门概念和定义》一文中，也分别从"政府失灵"和"市场失灵"的角度分析指出，正是由于存在政府失灵和市场失灵，所以第三部门方式作为弥补上述两种方式的不足而出现的。[③]

政府在提供产品当中存在着不可回避的"政府失灵"。所以在遇到政府失灵的情况下，由市场提供公共产品成为了一种潜在的方式。

---

① ［美］鲍德威、威迪逊：《公共部门经济学》，邓力平译，中国人民大学出版社2000年版，第2页。

② 大水善寛：『第3セクターについて』，青森中央学院大学研究紀要，2003 (3)，pp. 69—84。

③ 出井信夫：『第3セクターの概念と定義』，新潟産業大学経済学部紀要，2006 (30)，pp. 21—85。

所谓政府失灵,指个人对公共物品的需求在现代代议制民主政治中得不到很好的满足,公共部门在提供公共物品时趋向于浪费和滥用资源,公共支出成本规模过大或者效率过低,政府的活动达不到预期目的的这样一些情况。

造成政府失灵的主要原因有以下几个方面:

1. 政府部门之间缺乏竞争

政府对经济领域的干预行为与市场中的经济行为之间有一个本质的区别,即利润概念在政府部门中是不存在的。市场中的企业在提供某项产品或服务时存在激烈的竞争,为了在竞争中求生存,它必须关注其本身的利润水平,将生产成本压缩到最低限度。这一点是企业的一条行为法则和约束机制。与此相对照,政府部门是一个独占性的主体,在社会中不存在竞争对象,政府为弥补市场经济不足而采取的行动也就没有必要用利润标准来衡量。这样造成的结果是施加于企业经营上的利润约束机制对政府活动不起作用,政府没有降低活动成本的压力,从而使社会支付的成本超出了社会本应支付的成本。而且,政府中的官僚与市场中的"经济人"一样是个人效用最大化者,在缺乏利润约束之类机制的限制下,政府公职人员将最有可能追求个人利益最大化。因此,政府虽抱着弥补市场缺陷的初衷,而实际上往往干下很多更糟糕的事,从而导致政府失灵。

2. 政府干预缺乏完全准确的信息

政府干预的合理性与正确性必须以信息的完备性与准确性为前提。然而,在以社会化大生产为基础的现代经济中,政府不可能充分了解经常变化的经济生活,也不可能对要调控的行业以及自己做出的调控决策进行充分的经济分析与论证。因此,政府任何干预经济的良好愿望与理性都具有一定盲目性,以此为基础做出的调控决策难免出现失效的情况。此外,即便政府获得了信息,也未必就是真实有用的。在约束机制失衡的情况下,基层单位就会根据其需要任意地扩大或缩小这些数字。

3. 政府干预活动的时滞性

政府对经济活动的干预,取决于所要干预的客观经济形势,当客观经济形势发生急剧变化后,势必要求政府的干预行为乃至政府自身的组织结构和权力结构也要发生相应的变化,进行更新和职能转换。但是,政府机构的自我扩张行为只能使机构扩大和人员增加,其结构变化对经济结构的变化敏感性差,缺乏弹性,它往往滞后于现实经济的变化。由此可见,政府干预过程中种种非线形、多变量的经济社会变化和各种突发事件的出现，会阻碍政府贯彻既定政策，达不到预期目标，使政府干预滞后或出现政策的时滞效应，同样会导致政府失灵。

4. 对政府行为缺乏合理的规则约束和有效的监督

政府决策者是人而不是神。既然是人，他与企业决策者就没有本质区别，同样要追求个人利益的最大化。而企业决策者由于受多种制度规则制约，决策行为可能更规范和谨慎，而政府官员所受的约束比企业家少，因此，更容易出现决策失误，从而导致政府干预失灵。中国正处于社会主义初级阶段，制定政策的决策过于集中且无规则可循，决策往往取决于决策者对经济的主观评价，难以切合实际，而且现行政治规则难以约束少数当权者的利己主义，进而导致了不同程度的"政府失灵"。

除了上面所说的政府在公共产品供给低效率方面的表现，而在公共产品的提供方面，政府的失灵主要表现在搭便车行为的存在以及无法提供多样化产品等方面。"搭便车"在纯粹公共产品当中广泛存在，因为很难判断什么人使用了这种公共服务，什么人没有享用这种产品，所以即使使用了这种产品的人，也不会愿意为此种产品支付相应的费用，从而造成了"搭便车"行为的存在。同时，随着社会经济的发展，人们的需求越来越多样化，同时对公共产品的需求更加多元化。比如，在学校教育当中，除了基础教育之外，很多人对艺术、体育或者其他方面也有一定的需求，但是政府不可能满足所有人的需求，这也就造成了政府提供的公共产品不足的现象。返回到日本社会当中，民营化之前的日本国有铁路提供全国主要干线的服务，但是到了1964年，其赤字达到300亿日元，到了1980年企业赤字达到了1万亿日元，而且其赤字还不断增加。在田中角荣内阁时期，为了实现"日本列岛改造论"，实现高速增长，盲目建设新干线，导致国铁新线建设投资和设备投资的大幅增加。从中，我们可以看出由政府提供铁路公共产品，其效率低下导致不合理投资和重复建设。由此我们认为政府在提供此类公共产品当中是失灵的，需要探索其他的可行方式。

通过市场方式提供公共产品的情形很多。比如高速公路、铁路、机场、电力、电信等很多行业都存在着众多的民间企业。例如，上面提到的日本国有铁路民营化当中，经过国铁公司与日本政府以及议会等各方交涉，有关国铁改革的八法案①在 1986 年 11 月 28 日的参议院当中获得通过，从而拉开了日本国铁改革的大幕。最终，日本国铁被分为 JR 北海道、JR 东日本、JR 东海、JR 西日本、JR 四国、JR 九州、日本货物铁路公司、国铁清算事业团、新干线保有机构、铁路综合技术研究所等民营单位。改革后的 JR 各公司运输状况良好，公司财务情况得到改善，见表 2—2。由此可见，市场在提供部分公共产品当中也是可以发挥其效用的。

表 2—2　　　　　　旧国铁与 JR 公司的资产与负债　　　　　单位：亿日元

	旧国铁				JR 公司			
	1983 年	1984 年	1985 年	1986 年	1987 年	1988 年	1989 年	1990 年
资产	224257	243764	260239	279724	325222	340393	351029	350058
当期利润	-16604	-16504	-18478	-13817	-22630	-16820	-5640	4861

资料来源：《日本国有铁道检查报告书》以及 JR 各公司的会计报告。

虽然在提供公共产品方面，存在着"政府失灵"，但是，并不等于公共物品应当完全由市场提供，这是因为市场方式中也会存在"市场失灵"。

市场失灵指的是市场价值规律难以实现资源的最佳配置以及效率最高的情况。导致市场失灵的原因主要有以下几个方面：垄断、外部性、公共产品、非对称信息。

（1）垄断。主要表现在与完全竞争市场情况下相比，生产不足。在这种情况下，垄断者为了谋取超额利润，不会按照社会福利最大化的产品量进行生产，会使社会损失部分福利，无法将资源进行最有效的配置。正如列宁所说："从自由竞争中生长起来的垄断并不消灭竞争，而是凌驾于竞争之上，与之并存，因此产生许多特别尖锐特别剧烈的矛盾、摩擦和冲突。"②

---

① 国铁改革八法案是指：《日本国有铁路改革法案》《关于旅客铁路股份公司及日本货物铁路股份公司的法律案》《新干线铁路保有机构法案》《日本国有铁路清算事业团法案》《关于促进日本国有铁路希望退休职工及日本国有铁路清算事业团职工再就业的特别措施法案》《铁路事业法案》《日本国有铁路改革法实施法案》《关于地方税法及国有资产等所在市町村补助金及捐现金法律的部分修正法律案》。

② 《列宁全集》第 22 卷，人民出版社 1963 年版，第 258 页。

(2) 外部性。一个经济活动主体的经济活动对其他的经济活动主体带来的影响就是外部性。外部性进一步可以分为，给他人带来满足、快乐的正的外部性（外部经济）和给人带来痛苦与不安的负的外部性（外部不经济）。例如，在自己门口种上很多花卉，这样花会给经过此处的行人带来感官上的美感与精神上的愉快，这就是外部经济；相反地，工厂在生产过程中向周围的河流排放废水，向大气中排放废气，这会给周围的居民的生活带来不好的影响，甚至影响到居民的健康，这就是外部不经济。对于外部经济，由于个人或者企业不能从受益方获得相应的报酬，比如种花者难以从过路人收取相应的费用，从而导致种花人的积极性受损，从而最终使整个社会利益受到损害。为了解决这个问题，政府可以提供相应的补贴，或者创新制度和技术，能够确认受益者，并收取相应的费用。而对于外部不经济，则可以通过"庇古税"①等方式，从排污者收取相应的费用，用于支付受污染者的损失以及治理污染。

(3) 公共产品。经济社会生产的产品大致可以分为两类，一类是私人物品，一类是公共物品。简单地讲，私人物品是只能供个人享用的物品，例如食品、住宅、服装等。而公共物品是可供社会成员共同享用的物品，具有非竞争性和非排他性。因此，公共产品当中，如果通过市场供给的话，因为存在搭便车行为，企业难以从受益者收取费用，这使得企业不愿意去提供公共产品。虽然亚当·斯密认为："他（经济人）通常既不打算促进公共的利益，也不知道他自己是在什么程度上促进那种利益——由于他管理产业的方式目的在于使其生产物的价值能达到最大程度，他所盘算的也只是他自己的利益。在这种场合，像在其他许多场合一样，他受着一只看不见的手的指导，去尽力达到一个并非他本意想要达到的目的。也并不因为是否出于本意，就对社会有害，他追求自己的利益，往往使他能比在真正出于本意的情况下更有效地促进社会的利益。"②但是，市场经济并没有像亚当·斯密所设想的那样，理性的"经济人"的目的是追求自己利益的最大化，所以在"搭便车"现象频发的公共产品领域，市场经

---

① 根据污染所造成的危害程度对排污者征税，用税收来弥补排污者生产的私人成本和社会成本之间的差距，使两者相等。由英国经济学家庇古（1877—1959）最先提出，这种税被称为"庇古税"。

② ［英］亚当·斯密：《国民财富的性质和原因的研究》下卷，郭大力、王亚楠译，商务印书馆 1972 年版，第 25 页。

济就很难兼顾个人利益与公共利益。虽然，瑞典经济学家林达尔曾经提出过著名的"林达尔均衡"，指出：如果每一个社会成员都按照其所获得公共物品的边际效益的大小，来捐献自己应当分担的公共物品的资金费用，则公共物品的供给量可以达到具有效率的最佳水平。但是，实现林达尔均衡需要两个条件：第一，每个社会成员都愿意准确地披露自己可以从公共物品的消费中获得的边际效益，而不存在隐瞒或低估其边际效益从而逃避自己应分担的成本费用的动机；第二，每个社会成员都清楚地了解其他社会成员的嗜好以及收入情况，甚至清楚地掌握任何一种公共物品可以给彼此带来的真实的边际效益，从而不存在隐瞒个人边际效益的可能。在现实社会中，特别是随着人口的增加，由于信息的不对称以及每个人受到社会以及自身条件的限制，很难实现上面的两个条件，所以林达尔均衡在现实社会当中是很难实现的。由于市场不愿意提供公共产品，所以需要探索其他的途径，比如第三部门等，这也正是本书的重点。

（4）非对称信息。经济学当中的非对称信息是指，卖家和买家对产品的品质等所能获得的信息并不完全一致，一般情况下卖家会拥有更多的信息，所以在产品买卖当中会处于相对有利的位置。信息不对称理论是由三位美国经济学家——约瑟夫·斯蒂格利茨、乔治·阿克尔洛夫和迈克尔·斯彭斯提出的。该理论认为：市场中卖方比买方更了解有关商品的各种信息；掌握更多信息的一方可以通过向信息贫乏的一方传递可靠信息而在市场中获益；买卖双方中拥有信息较少的一方会努力从另一方获取信息；市场信号显示在一定程度上可以弥补信息不对称的问题；信息不对称是市场经济的弊病，要想减少信息不对称对经济产生的危害，政府应在市场体系中发挥强有力的作用，加强对经济运行的监督力度，使信息尽量由不对称到对称，由此更正由市场机制所造成的一些不良影响。

（三）公共产品供给的其他方式

上面论述了政府提供公共产品和市场提供公共产品的情况，但是由于同时存在政府失灵和市场失灵，所以仅仅依靠这两种方式还是不能完全满足人们对公共产品的需求。当政府不能有效配置社会资源，市场中的企业为了追求利润的最大化也不愿意提供公共产品，这时候就需要其他的方式来提供公共产品，例如介于第一部门政府和第二部门市场之间的第三部门方式。此部分主要介绍一下欧美概念中的第三部门方式。

"美国约翰·霍普金斯大学非营利组织比较研究中心的萨拉蒙从结构—运作角度出发，对西方国家从范围上属于第一部门和第二部门之外的组织的特征进行了界定。萨拉蒙认为，西方社会的第三部门组织通常具有以下特征：一是组织性。强调组织有内部规章制度，有负责人，有经常性活动。纯粹的非正规的、临时聚合在一起的人不能被认为是第三部门组织。第三部门组织应该具有根据国家法律注册的合法身份，这样才能具有契约权，并使组织的管理者能对组织的承诺负责。二是民间性。强调第三部门组织不是政府的一部分，也不是由政府官员主导的董事会领导，但这并不意味着第三部门组织不能接受政府的资金支持。三是非利润分配性。第三部门组织不是为其拥有者积累利润，第三部门组织可以营利，但所得必须继续用于组织的发展，而不是在组织缔造者中进行分配。四是自治性。第三部门组织能控制自己的活动，有不受外部控制的内部管理程序。五是志愿性。无论是实际开展活动，还是在管理组织的事务中均有显著程度的支援参与。特别是形成由志愿者组成的董事会和广泛使用志愿工作人员。"[①]

根据约翰·霍普金斯非营利部门比较项目第二阶段的研究，第三部门（约翰·霍普金斯项目中称为"非营利部门"）是除了社会和政治影响之外，区域中的一种重要的经济力量，因为它在就业和国家支出中占有非常重要的比例。首先，"它是一个1.1万亿美元的产业：即使排除了宗教团体，22个国家（约翰·霍普金斯非营利部门比较项目第二阶段的研究对象，主要包括西欧国家、中欧和东欧国家、其他发达国家、拉美国家）的非营利部门是一个1.1万亿美元的产业，它雇用了相当于近1900万个全职工作人员。这些国家的非营利支出因此平均达到国内生产总值的4.6%，非营利就业占所有非农就业的近5%，占所有服务行业就业的10%，占所有公共部门就业的27%。"[②] 同时，根据约翰·霍普金斯非营利部门比较项目的调查，22个调查对象国家当中，非营利部门的结构大体可以分为五种类型：教育为主的类型（阿根廷、比利时、巴西、爱尔兰、以色列、墨西哥、秘鲁、英国）、卫生保健为主的类型（日本、荷兰、美国）、社会服务为主的类型（奥地利、法国、德国、西班牙）、文

---

① 康晓光：《依附式发展的第三部门》，社会科学文献出版社2011年版，第8页。
② [美]莱斯特·M.萨拉蒙：《全球公民社会非营利部门视界》，贾西津、魏玉等译，社会科学文献出版社2007年版，第8页。

化和娱乐为主的类型（捷克共和国、匈牙利、罗马尼亚、斯洛伐克）、平衡类型（澳大利亚、哥伦比亚、芬兰）。从非营利部门的收入来源划分的话，主要有会费、公共部门，以及私人慈善。根据约翰·霍普金斯非营利部门比较项目对 1995 年的调查对象国家的非营利部门收入的主要来源的划分，结果如表 2—3 所示。

表 2—3　　　　1995 年不同国家非营利收入的主要来源

单位：%

	会费收入	公共部门	慈善
所有国家	49	40	11
墨西哥	85	9	6
巴西	74	15	11
阿根廷	73	20	7
哥伦比亚	70	15	15
秘鲁	68	19	13
澳大利亚	63	31	6
荷兰	58	36	6
美国	57	30	13
斯洛伐克	55	22	23
奥地利	55	27	18
日本	52	45	3
西班牙	49	32	19
捷克共和国	47	39	14
爱尔兰	16	77	7
比利时	18	77	5
德国	32	64	10
以色列	26	64	10
芬兰	38	59	3
法国	35	58	7
奥地利	44	50	6
英国	44	47	9
罗马尼亚	28	45	27

资料来源：［美］莱斯特·M. 萨拉蒙：《全球公民社会非营利部门视界》，贾西津、魏玉等译，社会科学文献出版社 2007 年版，第 28—29 页。

以上是萨拉蒙对世界主要国家的统计,而有关中国第三部门的资金来源,根据康晓光的统计,2009 年中国第三部门的资金来源中,企业捐赠 58.45%、个人捐赠 30.4%、政府 4.76%、组织 2.75%、其他 3.65%。从这些资金来源,可以看出我国第三部门在资金来源方面和其他国家的第三部门差别较大。

(四) 日本式第三部门提供公共产品

日本式第三部门是与以追求公众福利改善为目的的自治体(第一部门)与追求经济性的企业(第二部门)不同的第三部门,由于其法律基础是公司法,所以按照其性质划分的话,属于一般的企业法人,但是由于其出资方以及经营管理层当中有公共部门的参与,同时其所从事的事业涉及公共利益,所以就这一方面而言不同于普通的公司法法人。

公共产品是由特定的主体供给的,由于公共产品具有公共性的特点,所以在供给主体的选择方面会有特殊的要求。特别是在准公共产品的供给当中,由于准公共产品要求一定的效率,在个别的情况下对效率的要求比对公平的要求更高,比如在高速公路方面,就会要求在确保公平的同时,实现更高的效率,用最短的时间内完成运输任务。所以,在公共产品供给主体的选择上,需要用一定的标准选择出最佳的主体,使这些主体在提供公共产品的时候能够实现最优的状态。

1. 帕累托改善标准

帕累托最优是指资源分配的一种理想状态,即假定固有的一群人和可分配的资源,从一种分配状态到另一种状态的变化中,在没有使任何人境况变坏的前提下,也不可能再使某些人的处境变好。换句话说,就是不可能再改善某些人的境况,而不使任何其他人受损。在实现帕累托最优之前,需要经过帕累托改进。所谓的帕累托改进是指在没有使任何人境况变坏的前提下,使得至少一个人变得更好。帕累托改进是达到帕累托最优的路径和方法。一方面,帕累托最优是指没有进行帕累托改进的余地的状态;另一方面,帕累托改进是达到帕累托最优的路径和方法。帕累托最优是公平与效率的理想王国。帕累托最优是以提出这个概念的意大利经济学家维弗雷多·帕累托的名字命名的,维弗雷多·帕累托在他关于经济效率和收入分配的研究中使用了这个概念。如果一种生产方式或者经济制度,存在着不使其他人情况变坏的情况下,至少可以使一个人或者一部分人的情况变得更好的话，那么就是说这种制度还存在改进的余地，并没有达到最高的效率。因此，帕累托最优是评价一种经济制度效果的一种重要的标准。

要实现帕累托最优，一般需要具备三个条件：

（1）生产最优条件

这个经济体必须在自己的生产可能性边界上。此时对任意两个生产不同产品的生产者，需要投入的两种生产要素的边际技术替代率是相同的，且两个生产者的产量同时得到最大化。

（2）交换最优条件

即使再进行交易，个人也不能从中得到更大的利益。此时对任意两个消费者来说，任意两种商品的边际替代率是相同的，且两个消费者的效用同时得到最大化。

（3）产品混合最优条件

经济体产出产品的组合必须反映消费者的偏好。此时任意两种商品之间的边际替代率必须与任何生产者在这两种商品之间的边际产品转换率相同。

虽然，帕累托最优是一种资源分配和生产销售的最佳状态，要求市场处于完全竞争状态，但是由于存在着各种不合理的规章制度、信息不对称等因素，所以帕累托最优在现实经济当中是很难实现的。特别是在理性"经济人"的社会当中，虽然亚当·斯密强调理性"经济人"通过追求自己利益的最大化，从而最终实现社会整体的利益最大化，但是我们却看到，比如在"囚徒困境"当中，警方逮捕甲、乙两名嫌疑犯，但没有足够证据指控二人入罪。于是警方分开囚禁嫌疑犯，分别和二人见面，并向双方提供以下相同的选择：若一人认罪并作证检控对方（背叛），而对方保持沉默，此人将即时获释，沉默者将判监10年；若二人都保持沉默（合作），则二人同样判监1年；若二人都互相检举，则二人同样判监8年。结果，两个人都招供了。在博弈论中，这种结果是一种纳什均衡，即给定别人策略的情况下，没有任何单个局中人有积极性选择其他策略，从而没有任何人有积极性打破这种均衡。在上述囚徒困境模型中，如果甲相信乙招供，那么他的最佳策略是招供，而如果乙相信甲招供，那么他的最佳策略仍是招供，这就是一个纳什均衡。即每个人从自己利益最大化的角度出发，结果带来的却不是最佳的结果，也就是没有达到帕累托最优状态。那么我们应当追求帕累托改进，因为帕累托改进是通向帕累托最优的途径，通过帕累托改进则可以逐步改善资源分配效率和生产效率。

就公共产品提供而言，在纯粹公共产品中，由于每个人都能享用这种公共产品，而其边际成本也为零，所以就目前来说这种资源配置处于帕累托最优状态。但毕竟纯粹公共产品的数量是极少数的，更多的是准公共产品。在准公共产品中，由于存在着拥挤性公共产品和价格排他性公共产品，也就是说，生产和分配很难达到一种最优的状态，也很难实现帕累托最优，此时判断一种方式是否适合用于提供公共产品，就需要用帕累托改进的方式，即通过这种方式，可以在不减少一个人效用的基础上，增加了另外一个人效用。例如，在日本铁路服务方面，在民营化之前，由于国有铁路公司提供公共服务，其提供的公共服务质量较差，而且公司亏损严重，这都需要国家运用纳税人的钱去补贴，所以根本算不上帕累托改进，更不用说帕累托最优；在民间企业提供铁路服务方面，虽然在一些干线上，民营铁路通过改善经营效率实现了帕累托改进，但是在一些难以实现盈利的地方线路上，民营公司不愿意接收。这个时候就需要另外一种方式在这些难以盈利的地方线路上提供铁路服务，比如第三部门方式，这种方式相比以前的国有铁路时代，经营效率和服务都有所改善，所以从这一角度来看，可以说第三部门方式体现了一种帕累托改进。

2. 公平与效率标准

在私人物品领域，一个企业能否在市场竞争中取胜，其中的一个判断标准就是其产品的好坏和其效率的高低。如果一个企业能够保持高的效率，那么其就能在私人物品市场中取胜。公平与效率之间的权衡取舍是许多公共政策讨论的核心，效率的标准同时也适用于公共产品，特别是在准公共产品。由于纯粹公共产品具有非排他性和非竞争性，所以公平和公共性是其最大的目标，效率就降为次要的位置。而在准公共产品当中，效率被看作与公平具有相同重要性，最为理性的状态是在追求公平的同时，能够提高效率，降低财政负担。亚当·斯密也强调以效率为标准，认为只要私人供给效率高就应该交由市场来供给。而判断效率则可以通过单位时间内的生产量或者提供同样的产品用的资源多少进行计算。

除了效率之外，公平或者公共性作为判断公共产品提供主体是否合适的重要标准，特别是在准公共产品当中，虽然也强调效率问题，但是公平或者公共性仍然居于重要地位。当然这其中也要区分不同的情况，比如一些公共性相对较小，或者医疗服务当中，公立医院更加强调公平性，而私立医院则更加强调效率问题。由于准公共产品的资源是相对有限的，因此把竞争和激励机制引进到准公共产品的提供中，通过价格机制反映准公共产品的稀缺程度和公共性的大小。但是，由于对准公共产品采取受益者付费原则，所以就存在着交易的过程，就会产生交易费用问题，根据新制度经济学中的"科斯定理"，若交易费用为零，无论权利如何界定，都可以通过市场交易达到资源的最佳配置。但是，现实经济生活中，由于受到限制的理性思考、机会主义以及资产专用性[①]，造成了交易费用的存在。因此，在准公共产品提供中，为了降低成本，需要注意减少交易费用，提高公平性。特别是，随着准公共产品的公共性的提高，更要求公平性。例如，在通信服务中，现在很多国家的通信服务都是由民营公司提供服务，所以，其公共性就相对较小，因此要求企业在提供此类服务时更加注重效率问题，但是，在人口稀少地区，如何确保民众的出行，此时公共性就明显高于效率问题。

3. VFM（物有所值原则 Value for Money）原则

宫木康夫在其著作《第三部门和PFI》一书中指出"今后，在我国公共事业中，无论是项目策划、项目实施主体选择、项目实施还是在项目评价过程中，都应当彻底贯彻VFM原则。"[②]

VFM原则最早出现在英国，其含义是物有所值。当用到公共产品提供当中的话，意思就是相对于投入的资金，能够产出相应的价值。在英国，VFM成为衡量公共项目是否合适的一个重要标准，最初的时候，是用在对PFI（Private Finance Initiative 英文原意为"私人融资活动"，在我国被译为"民间主动融资"，是英国政府于1992年提出的，在一些西方发达国家逐步兴起的一种新的基础设施投资、建设和运营管理模式）方式当中项目的评价。一个公共事业项目可以分为策划、建设、运营等阶段，那么在所有的阶段都需要用VFM标准去评价项目是否成功。

目前，在公共产品提供主体的选择以及提供方式的选择中，也可以采用VFM原则进行评估。

VFM的计算公式可以表达为：VFM(%) = (原来方式的总成本 − 新方

---

① 卢现祥、朱巧玲：《新制度经济学》，北京大学出版社2010年版，第159页。
② 宫木康夫：『第三セクターとPFI—役割分担と正しい評価』，Gyosei, 2001, p.54。

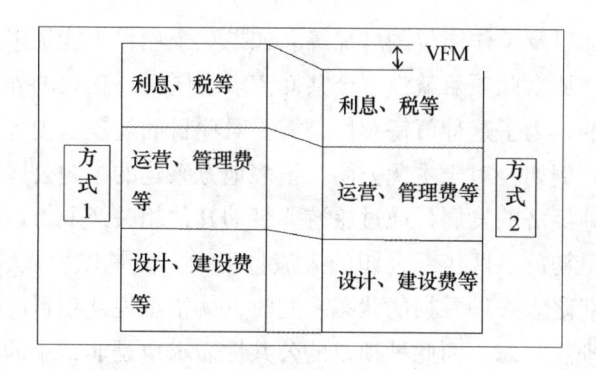

		VFM ↕	
方式1	利息、税等	利息、税等	方式2
	运营、管理费等	运营、管理费等	
	设计、建设费等	设计、建设费等	

式的总成本)/原来方式的总成本×100%。

其中，总成本包括项目从策划阶段的费用到项目结束阶段的所有费用。除降低总体费用之外，另外一个要求就是服务的改善或者产品的改善。如果费用和服务都有所改善的话，那么这种方式就认为是有效的方式。

4. 公共性与外部效果之和与成本大小的相比较原则

除了以上的几个标准之外，日本学者宫木康夫在《第三部门和PFI》一书当中，提出了"$n+b>c$"的标准，其中n=事业的公共性需求，b=事业所产生的外部效果，c=事业所需的成本。其中的c是比较容易把握的，可以通过计算项目的具体支出、人工费、材料费等，通过价格进行计算。但是n和b的计算则是相对较为困难，如果n和b之和大于c的话，而且项目本身也符合当地的需求的话，则可以认为是可以实施的项目。

所谓的公共性需求就是指项目本身所能带来的一种满足感以及一种需要；外部效果指的是随着项目的实施所产生的经济的以及非经济的效果，也就是"价值"。公共需求只要从两个方面进行判断，一方面是规模，另一方面是外部需求。

(1) 规模。可以通过需求设想的方法，也就是设想一下此地方对某种公共产品有多大的需求，而此需求就决定了公共产品的规模。例如，两个地区之间的铁路服务，可以按照沿线城市有多少居民，而多少居民是通过汽车出行，有多少居民是通过铁路出行，同时乘坐铁路的居民的出行目的地以及出行频率，这些都是可以通过调查获得的，这样就可以计算出此地区对铁路产品的需求规模。对于公共性需求规模的把握，主要按照个例进行分析，针对具体情况不同，区别对待。

(2) 外部需求。也就是项目所能带来的经济的以及社会的影响，比如收入的增加以及工作岗位的增加等。如果一个项目不能带来一定正的外部效果的话，那么此项目就没有公共性需求。同时，项目的外部需求必须是可持续性的，为了这种可持续性，需要对项目的规模、内容等方面做好充分的调查。例如，对于主题公园，很多地方兴建的主题公园最初的目的都是促进当地经济的发展，通过旅游业带动其他相关产业。但是很多情况下，都是在最初的一两年，公园的人流量很大，但是以后人数大幅减少，而最后则可能陷入一种亏损的状态。此时，就很难说此项目的外部需求可以保持一种理想状态，而此种项目的公共性需求也是非常小的。

有关外部效果的把握，可以通过项目实施当时的效果以及项目持续过程中所产生的效果进行衡量。外部效果中，除了正的外部效果（经济效果和社会效果）之外，还有负的外部效果。

（3）经济效果。通过提供公共产品的满足公共需求，促进经济的发展和人民生活水平的提高。此种经济效果可以通过统计的方式进行计算，比如土地价格的增加、出行交通费用的减少等。当然，除了这些直接的经济效果之外，还有波及的经济效果，比如通过公共产品的投资，促进了相关企业的发展，进而促进了周围土地价格的上升，其中，可能会产生两种波及效果，一种是好的波及效果，一种是不好的波及效果。例如，虽然企业和地区经济的发展，员工的收入增加了，生活质量得到改善，这就是好的波及效果；就土地价格的提高导致房价升高而言，对于那些低收入家庭来说，这就是不好的波及效果；还比如，在第三部门铁路中，虽然对于一部分沿线居民来说，可以为出行提供便利，但是对于其他不利用此种交通工具的人来说，地方自治体对第三部门铁路部分的补贴使用的是整体纳税人的钱，对于这些人而言就是一种不好的波及效果。

（4）社会效果。与经济效果不同，社会效果不会产生直接的经济利益，而是通过一种无形的影响对使用者或者地区产生效果。例如，通过饭田市城市再开发第三部门的努力，在城市中修建了一条种植了苹果树的街道，在街道两旁有很多餐饮行业，这种人与自然和谐统一的项目，不仅促进了地区经济的发展，同时提高了当地的知名度并且给城市带来了一种新的活力。因而可以说，社会效果是与经济效果并驾齐驱的，犹如一个车上的两个轮子。

把握或者计算外部经济效果，则可以通过很多方式，例如，通过实地的调查采访、运用产业关联表，找出相关产业，从而预测项目产生的波及效果。对于社会效果的把握，则可以通过对居民或者企业的采访，调查其在项目开始后所产生的直观感受，然后通过简单的打分进行量化。

通过以上分析，明确了如何计算公共性需求与外部效果以及成本。但是，有时通过这些标准或效果去衡量仍然是不准确的。比如为了修建公共性娱乐设施，在项目评估的最初阶段，项目实施方故意降低项目的成本，或者高估项目所带来的收益，从而确保项目的开工建设。因此，在对 n、b、c 进行评估的时候，需要引入由社会专业人士、居民、地方自治体等组成的评估小组作为第三方，客观公正地进行评估。

5. 其他的理论标准

公共产品应当由谁提供，其判断标准除了上面的四个标准之外，还有很多学者提出了另外一些标准。比如，提出了著名的"政府是掌舵而不是划桨"一说的 E. S. 萨瓦斯提出了："我们可以用以下几个重要标准来评价不同的安排方式：服务的具体性、生产者的可得性、效率和效益、服务规模、成本收益的关联度、对消费者的回应性、对欺骗行为的免疫力、经济公平、种族公平、对政府指导的回应性、政府规模。在这些特征上，不同安排方式差别很大，没有一种安排是十全十美的，每种安排都有许多有利的特性但缺乏其他特征，每种安排都有各自的优点和缺点，这取决于如何应用。每种服务的有效提供方式不止一种，规划新服务或审视现有服务时应充分认识到这一点。服务供应方式的选择应该基于理性而非灵感。[①]"

黄恒学通过对理论的归纳总结，认为公共产品供给主体的选择标准主要有：技术标准、需求标准、伦理标准和交易费用等理性判断。以上标准成为衡量公共产品由谁生产、怎么生产的重要依据[②]。

以上分析了有关第三部门的公共产品供给主体选择理论问题，下面将从日本第三部门的设立和经营问题分析两个方面，论述有关日本第三部门的相关先行研究问题。

二　第三部门设立程序分析

太田昭和监查法人公会计本部在《第三部门的经营 Q&A——导入、

[①] [美] E. S. 萨瓦斯：《民营化与公司部门的伙伴关系》，周志忍等译，中国人民大学出版社 2002 年版，第 106 页。

[②] 黄恒学：《公共经济学》，北京大学出版社 2002 年版，第 30—32 页。

设立、运营、会计、税务等方面的注意事项》一书中指出，第三部门的设立主要涉及项目的选择、项目实施主体的选择、出资比例的选择以及主导权的归属等问题。这也是今后第三部门能否正常运行以及确保公平性和收益性平衡的第一步。

　　公共事业项目设立的第一步就是要选择正确的项目。第三部门目前在很多行业被广泛应用，其所涉及的行业以及项目也是千差万别，设立第三部门的目的虽然不尽相同，但是无论从地方公共团体还是民间企业来说，在设立第三部门之前都会具有一定的目的性，也就说是设立第三部门的动机。

　　根据地方公共团体第三部门研究会在1989年发布的《第三部门的正确的方式》报告中指出，通过对地方公共团体以及民间企业的调查，双方关于设立第三部门的动机主要分为以下几方面。地方公共团体方面：在制度上能够获得更大的自由、通过民间企业的力量可以实现更高的效率、减轻地方公共团体方面的负担、能够利用民间企业的技术、人才、资金，减少国家预算方面的限制等；民间企业方面：建立与地方公共团体方面的关系、期待获得与第三部门相关的工程、盘活剩余资金获得新的投资机会、利用地方公共团体的信用以及权限等。而两者共同的目的就是"分散风险"。对于地方公共团体来说，在公共事业项目方面，与直接投资，通过与民间企业的合作可以确保项目的高效率，而之前通过地方公共团体设立直营企业方式建设公共事业项目，但是由于受到国家补贴方面的限制，所以更倾向于通过第三部门等方式；而民间企业通过参与第三部门，期待能够促进企业主要项目的发展，通过与地方公共团体建立良好的合作关系，在以后能够获得更多的投资机会。

　　根据地方公营企业进展研究会在1992年发布的《有关准地方公营企业的第三部门》对487家第三部门进行的调查发现，有关采取第三部门方式的原因主要有以下几方面：通过民间企业可以提高效率（63.9%）、不适合地方公共团体直接经营（54.0%）、在人员以及人事管理方面更具有机动性（23.4%）、在融资方面的限制相对较少（18.1%）、国家的补贴以第三部门方式为前提（17.9%）、可以获得开发的收益（12.1%）、在预算以及议会手续方面受到的限制相对较少（8.4%）。

　　根据"有关第三部门的设立、运营等的基本方式研究会"在1993年公布的《第三部门的设立、运营等的基本方式》报告中，有关设立第三部门的原因主要有以下几方面：

行政机构方面：对于那些不适合直接由行政机构参与的项目可以通过第三部门进行推进、根据受益者负担的原则可以扩大这些产品的供给、可以利用民间企业高效的经营手法、可以利用民间企业的资金以及人力资源，由于受到年度预算等的限制，第三部门可以更机动、更具有弹性。

民间企业方面：可以开拓新的事业、通过参与公共事业项目提高企业的形象、通过第三部门方式简化行政手续以及享受财政与税收方面的优惠、通过第三部门方式与直接由民间企业经营更容易获得融资、强化与地方公共团体之间的关系。

其中，行政机构方面和民间企业方面共同的动机主要有：可以利用第三部门的调查功能、确保两方在政策方针以及项目方面的整合、在投资的时候可以集中资金、调整与居民之间的关系。

太田昭和监查法人公会计本部总结出了第三部门的优势和不足。第三部门方式的主要优势包括：

第一，通过第三部门可以提供同样的公共产品。在项目的主导权在地方公共团体的情形下，通过利用民间企业，可以提供与由地方公共团体直接提供公共产品相比更低的成本提供相同的产品。

第二，可以建设规模较大的公共项目。由于公共项目需要地方公共团体通过税收或者国家交付税以及补贴进行建设，当资金不足时，很难通过发行地方债的方式筹措资金，同时其他方面也会受到较大的限制。因此，通过第三部门，地方公共团体在出资的同时也可以通过民间企业的资金，实施规模较大的公共项目。

第三，通过第三部门提供公共产品可以具有更大的机动性以及灵活性。第三部门是采用公司法人形式，因此形式上是独立于地方公共团体的组织，可以通过项目获得收入作为企业再发展的资金，而且通过公司法人形式治理，决策更具有效率，可以更快处理第三部门出现的问题或状况。

第四，可以发挥地方公共团体与民间企业各自的优势，实现协同效应。地方公共团体与民间企业可以发挥各自的优势以及擅长的方面，通过优势互补实现 $1+1>2$。

以上介绍了地方公共团体与民间企业在设立第三部门时的动机以及第三部门可以带来的益处。但是第三部门同时也具有一些不足之处，而这些不足之处有时会左右第三部门的发展，甚至导致第三部门的失败。其不足之处主要有以下几方面：

第一，地方公共团体与民间企业思想不统一。通过以上的分析，我们可以看到在设立第三部门时，地方公共团体与民间企业存在着不同的动机，而这些动机会导致两者思想的不统一。第三部门负责提供的是公共产品，所以要求其把公共贡献放在第一位，而在此基础上才考虑收益的问题。现实中，很多第三部门所从事的都是亏损体制的项目，所以其首要目标是如何通过官民合作的方式改善经营，而不是如何去将盈利进行分配，所以追求公共效益的地方公共团体与追求利益的民间企业之间就容易出现目标不一致的问题。

第二，低收益性。第三部门是以提供公共产品为目的的企业，具有很强的公共性，而所提供的公共产品中很多又是难以盈利或者收益水平较低的项目，这与民间企业相比，其收益性较差。为了让项目能够维持下去，需要官民双方找到合适的契合点，但是以公共贡献优先的第三部门即使改善了经营，很多也会出现亏损，这就需要在设立第三部门的阶段预先设想好亏损的情况，从而确定公共部门需要提供的补助。这对于维持第三部门是必不可少的，但是在由公共部门提供补贴这一议题上，需要获取相关利害各方的同意。

第三，高风险。第三部门中，大都是在经济衰败的地方提供必要的公共产品，或者在一些新兴产业，由于风险较高，民间企业不愿意单独进入，需要公共部门的引导，相对而言，这些行业的风险较高。比如，在经济衰败地区从事城市再开发的第三部门，由于人口的减少以及企业向大城市以及海外的转移，在这些地方从事商业振兴以及旅游开发本身就是一种高风险的行为，需要官民共同合作。本书在下面将要论述的第三部门铁路，都是那些民营铁路不愿意经营的线路，但是从确保公众出行，提供最低限度公共产品的角度出发，需要公共部门提供服务，因此地方公共团体通过与民间企业合作的方式设立了第三部门铁路，但是这些铁路从设立之初就决定了其很难盈利，而且风险较大。

第四，难以获得居民的理解。由于第三部门是官民共同出资设立的，特别在地方公共团体向第三部门派遣员工、提供补贴等方面很难获得居民的理解。因此，在第三部门设立阶段，要进行充分的讨论以及与当地居民进行沟通，确保项目的信息公开，只有这样才能获得居民的理解。

第五，难以获得专业人才。对于一些地域性较强的第三部门，很难从其他地区获得合适的专业人才，并且第三部门的人员很多都是由地方公共团体和民间企业派遣的，来自两方的这些派遣人员所代表的立场也不同，很多人都期望回到原来的单位，因而第三部门也很难获得持续稳定的专业人才。而人才又是项目能否成功的关键因素之一。

在分析了第三部门的优点和不足之后，在项目选择时，需要周密考虑和论证哪些项目是具有可行性的，哪些是没有必要去做的。只有在确认项目本身具有一定的意义的情形下才进入下一个环节，也就是选择项目实施的主体。而在考察项目是否具有可实施性时，可以参考很多标准，例如，项目的成本、项目的公共需求与外部效果[1]；是否符合居民的需求、给本地区带来的效益是否大于项目的成本、如果很多民间企业已经进入的行业是否会与民间企业形成竞争、与地方公共团体直接经营第三部门具有的优点是什么或者不足之处是什么、与向民间企业提供补助方式、公益信托方式、PFI方式、制定管理者制度方式等相比第三部门的优势是什么[2]；而有关债务调整等调查研究会在1998年发布的《有关第三部门、地方公社以及公营企业根本改革推进的报告》中指出"首先要确认项目本身的意义（与行政机构目的的一致性）"。而是否与行政机构目的一致，可以从经济学中的公共产品，也就是消费的非排除性以及集体消费的角度进行考察，比如，满足消费的非排除性的有公园、公路（不含包收费公路）、免费的公共设施，而满足集体消费条件有自来水以及下水道、交通等，而同时满足两个条件的则有消防和警察等。但是，从这些条件判断的话，很多第三部门都不符合，所以可以从"可以从居民需求的大小以及与民间企业竞争可能性的高低等标准进行判断"[3]。

宫木康夫认为判断项目是否具有实施的可行性，可以从项目的成本、项目的公共需求以及外部效果，以及由民间企业单独负担可能性的大小这三方面进行判断。

第一，项目的成本。即使都是公共事业，但是其项目本身所需成本的

---

[1] 宫木康夫：『第三セクターとPFI—役割分担と正しい評価』，Gyosei，2001，p. 27。

[2] 堀場勇夫・望月正光：『第三セクター—再生への指針』，東洋経済報社，2007，pp. 113–114。

[3] 宮脇淳：『第三セクターの経営改善と事業整理』，学陽書房，2010，p. 92。

大小以及是否需要公共补贴都不相同。宫木康夫把公共事业分为可以排他的与不可排他的两种，在可排他的事业中，又具体分为高收益事业、低收益事业以及非收益事业，具体情况参见表2—4。

表2—4　　　　　　　　　　公共事业的种类与成本

	排他性事业			D 非排他性事业
	A 高收益事业	B 低收益事业	C 非收益性事业	
实现盈利所需时间	开业后0—5年	10—15年	30年前后	—
事业是否可以持续	可以（富余）	可以（有限制）	不可	不可
是否需要公共补贴	不要	不要	要	要

　　项目的成本需要综合考虑，比如项目建设、运营等成本。在 A 类型事业中，这种公共事业在项目开始后数年内就开始实现盈利，属于高收益项目，因此不需要行政方面负担额外的补贴，从事业本身的盈利体制来看，很接近民营事业当中的高收益事业，因此如果属于类型 A 的话，不需要行政机构方面过多的干预，但是在公共事业中，这类项目本身就很少。在 B 类型事业中，当项目建成运营后至少需要十年以上的时间才能实现盈利，属于低收益事业。这种类型的公共事业其收支一直处于一种紧张的状态，很难进行收益的分配，其在很长时间内都会处于一种入不敷出的状态，但是同时这种项目从长远来看，是可以实现盈利的，暂时也不需要行政方面提供补贴。这种类型的公共事业，对于需要在短期内实现盈利的民间企业来说，并不具有吸引力，但是由于该类型项目是一种公共事业，所以其仍然具有一定的吸引力。C 类型的项目，在项目建设运营后至少需要20年以上的时间才有可能实现盈利，属于很难实现盈利的项目。其收支情况非常困难，利润的分配更是无从谈起，如果仅仅依靠项目本身的努力很难长久维系，因此需要行政机构方面提供扶持，并且公共方面的扶持也就成为项目本身的一种成本。但是，这种项目提供的公共产品很多都是居民生活中必不可少的，所以即使是一种亏损性的项目，也要确保其正常的运营。第三部门中很多项目都属于此种类型，但是社会上的很多人都看不到亏损背后的必要性，因此对第三部门提出了批评。此处的成本，即行政机构方面提供的支援可以通过很多种途径实现，比如通过配套高收益项目、无偿提供相应的设施、无偿提供相关人员、提供利息补贴、提供

补贴等形式。同时也要注意到，行政方面提供的补贴不是为了促进项目的持续发展而提供支援，而是在项目建设初期就应当提供配套的公共支出。D类型的事业属于不能排除的营利性事业，其建设运营资金的绝大部分都需要行政机构方面负担，因此其成本比C类型要高得多。

在对公共事业的成本进行分析后，接下来要在项目开始之前计算出项目实施后的收支情况以及相应成本的大小。在制定不同年份收支计划时，需要特别强调的是，不能笼统或者故意缩小相应的支出，而应当实事求是地计算出相应的成本。为此，首先，要估算出项目运营后相应需求的大小，例如，在建设休闲娱乐项目时，在项目建成后的一两年内其利用的人群可能会很大，收入也相应地增加，但是随着其他相应同质化设施的出现，利用者在体验过新的设施后，其利用可能会出现较大的下滑，此时如何确保回头客将变得非常困难。其次，要充分估算设施设备的投资情况。如果此时的估算不足的话，在项目运营后，就会出现较大的亏空，那时候这种原本应当计算到设施设备中的成本就会转嫁到行政机构补贴中。

第二，事业的公共需求的大小与外部效果的高低。公共事业需要从公共需求的角度出发，因而是否具有公共需求是决定行政机构是否需要参与此项目的前提。而公共的需求是项目的实施带来的价值，而项目实施所带来的经济的以及非经济的效果都是外部效果，两者的总和就是项目的价值。项目的价值又可以分为对公共产品直接的需求以及地区振兴效果。对公共产品的直接需求是当地居民以及使用者对公共产品的需求，因此也可以作为当地的一种社会基础设施。而这种直接需求又会直接地或者间接地带来经济的效果和非经济效果。而有关地区振兴效果并不是当地居民所直接追求的公共产品，而是随着项目的实施，所带来的收入的增加、雇用的增加等。

在讨论公共需求大小时，主要从内容和规模进行计算。例如，在一个地区可以计算出当地对公共交通有多少需求，沿线有多少居民以及居民的平均利用次数。

对于外部效果方面，既包括经济的效果，也包括非经济的效果（主要指社会效果）。经济的效果除了直接带来的经济活力以及其他相关资产价值升高等直接效果之外，还包括能够带来的经济波及效果，比如由于项目的建设，促进了投资以及消费，同时增加了相关建设企业的收入，企业收入的增加也相应地促进了员工工资的增加，这又促进了个人的消费，从而促进了税收的增加。非经济的效果主要是指在经济效果之外，能够带来的一种无形的影响，比如声誉的提高以及给当地居民带来的一种希望。非经济的效果与经济效果同样重要，也是公共事业所追求的结果。但是，任何事物都具有两面性，在带来积极影响的同时，也可能会带来一种消极的影响。例如，随着公共项目的推进，可能会破坏自然环境、带来交通拥堵等，这就是外部不经济，而这些外部不经济是很难量化的，其主观性较强，但是在建设项目时，同样要考虑这些可能带来的外部不经济。对于外部效果的计算，宫木康夫（2001）提供了三种方式，分别是：个别实际情况调查、利用产业关联表、地区宏观经济模型。

第三，民间企业单独负责的可能性。公共事业除了由行政机构直接经营以及由行政机构全额出资的法人负责之外，还可以通过非营利组织等方式，除此之外，作为利用民间资本的方式，除了第三部门之外，还有纯民间企业以及 PFI 等方式，由于第三部门和纯民间方式以及 PFI 方式一样作为利用民间资本的方式，所以在实施公共项目时，应当把第三部门方式和纯民间方式以及 PFI 方式进行对比。PFI 方式与第三部门方式一样属于行政和民间资本的合作，有关 PFI 方式，将在后面的章节详细叙述。在此主要讨论公共事业单独由民间企业单独负责的可能性。

由于民间资本都是一种理性经济人，具有趋利避害的特性，这就决定了其以追逐利润最大化为目的。这也就决定了其所愿意从事的公共项目是高收益性的项目，比如，收费道路等。如果公共项目属于此类高收益性项目，或者说其公共性相对较少，具有排他性以及消费的竞争性，其性质与纯市场化产品有很多相同之处，这类公共产品对于居民来说并非不可或缺，或者只是为了一部分对公共产品有更高消费需求的人提供的，对于这类公共产品应当采用受益者付费的原则，让民间资本去负责。以高速公路为例，高速公路只是针对一部分追求速度以及效率的人，因而可以采用纯民营化的方式。但是即使属于公共项目，在一定程度上也具有公共性，比如从确保公平的原则，一般的人也可以利用此类公共产品，所以政府在把这类公共项目交予民营企业负责的同时，也应加强监督与管理，必要的时候可以采用管制的方式，限制过高的价格以及排除低收入居民消费的行为。

因此，在建设公共项目的时候，要考虑此项目是否属于高收益性项目，是否可以由民间企业负责。如果是高收益项目的话，应当由民间企业负责，这样既可以节省行政机构的支出，同时促进此类项目的效率的提高。第三部门主要应当从事一些低收益性的公共项目，避免从事高收益性项目，出现与民争利的行为。同时，民间企业可以通过趋利避害的本性去判断一个公共项目是否具有实施的价值。因此，民间企业选择也成为了一个项目是否具有价值的重要参考标准。

通过以上三条标准，可以判断一个公共项目是否具有实施的可能性，只有满足了以上三条标准，才能考虑项目应当交由谁负责，即选择项目实施的主体。

在日本，企业的形态各种各样，主要可以分为纯公共部门、公私共同企业以及纯民间部门。三种不同形态的企业其作用各不相同，在建设一个公共项目的时候，首先要分析清楚主要有哪几种类型可以选择。

第一，在日本，纯公共部门主要是官厅企业，也就是企业的所有权与经营权统一由行政机构负责的企业形态。官厅企业主要有可以直接反映公共需求、可以确保企业公共性这些优点。但是，同时官厅企业由于所有权与经营权的统一，容易导致政治、行政、公共财政的相互影响，影响企业的效率。官厅企业又可以细分为国家所有的官厅企业，主要有邮政（2007年已经实现民营化）、国有林野事业（农林水产省林野厅管辖）、印刷事业、造币事业、酒类专卖事业。这五类官厅企业除了国有林野事业之外，目前都已经实行民营化或者转变为独立行政法人。地方级别的官厅企业，主要包括根据1952年的《地方公营企业法》设立的自来水、工业自来水管道、轨道、汽车运输、地方铁道、电力、燃气、医院、下水道、停车场等，根据地方公营企业法的规定，这类企业在经营、财务以及人事等方面具有一定的自主权。

第二，公私共同企业又可以分为从国家独立出来的特殊法人（公团、事业团、银行、金库、公库等）、公共企业体（已经民营化的国铁、电电公社、专卖公社）、特殊会社（根据特别的法律设立的政府与民间企业公共出资的株式会社，主要有电源开发、国际电信电话、关西国际机场等）以及地方自治体的公企业以及公私共同企业（例如，地方公社、第三部门、民法法人等）。

第三，纯民间部门。纯民间部门是社会经济生活中重要的组成部门，提供了生活中必不可少的生活用品等，是按照市场经济规律活动的企业。

根据以上的分类，可以将各种不同形态的组织按照其适应的业务相匹配，具体如表2—5所示。

表 2—5　　　　　　　　　　事业主体与适合的事业

			营利事业											非营利事业
			类型1 公共性中				类型2 公共性大				类型3 公共性很大				
			高收益	低收益	非收益	排他不可能	高收益	低收益	非收益	排他不可能	高收益	低收益	非收益	排他不可能	
公共直营	1	官厅直辖	—	—	—	○	—	—	—	○	—	—	—	○	○
	2	官厅企业	—	—	—	—	—	—	—	—	○	○	—	—	—
	3	特别法人	—	—	—	—	—	○	○	—	—	—	—	—	—
	4	特别法企业	—	—	—	—	△	△	△	—	—	—	—	—	—
利用民间资本	5	纯民间企业	○	—	—	—	○	—	—	—	—	—	—	—	—
	6	PFI	—	—	—	—	—	○	△	△	—	—	—	—	—
	7	第三部门	—	—	—	—	—	○	○	○	—	—	—	—	—
其他	8	公共性民法法人	—	—	—	—	—	—	—	—	—	—	—	—	○
	9	纯民法法人	—	—	—	—	—	—	—	—	—	—	—	—	○
	10	NPO	—	—	—	—	—	—	—	—	—	—	—	—	○

注："○"适合此类事业；"△"不适合此类项目，没有特别的利用应当由"○"负责；"—"不适合。

资料来源：宫木康夫：『第三セクターとPFI —役割分担と正しい評価』，Gyosei，2001年，p.78。

从上表中，我们可以看出适合第三部门的事业主要有类型2中的"低收益""非收益""排他不可能"三种。

当然，随着社会经济的发展，还可能会出现更多的组织形态，比如在"利用民间资本"一项当中，除了"纯民间企业""PFI""第三部门"之外，还可包括 BOT、TOT、PPP、ABS 等。

目前社会上对第三部门的批评主要集中在行政机构参与第三部门的运营以及提供补贴方面，与第三部门方式形成竞争的主要有利用民间资本中的纯民间企业方式以及 PFI 为代表的其他方式。但是正如在上一节中分析的那样，纯民间方式主要适用于收益性较高的项目，因而对于第三部门方式所代表的低收益以及高公共性相比不会形成竞争；而 PFI 方式也主要适用于具有一定的公共性，但是由于项目运营的主体是民间企业，追求利润是其首要目的，因而对于收益性不高或者项目本身难以盈利的项目来说并不适合。

因此，在一个公共项目上马之前，需要认真分析项目的公共性，然后参照上述表格进行对比，从而找到合适的运营主体。

在确认项目实施主体之后，接下来需要考虑的一个重要问题是第三部门企业中的"公""私"出资比例问题。

第三部门的性质决定了是公私合作的方式，两者的出资比例不同不仅仅决定了主导权的归属问题，同时也关系到第三部门是不是处于民众、行政机构以及议会的监督之下。根据相关法律的规定，地方公共团体对第三部门的出资比例可以分为三种：地方公共团体的出资比例在25%以下、地方公共团体出资比例在25%以上到50%以下以及地方公共团体出资比例在50%以上。

第一，出资比例在25%以上。根据日本自治法以及自治令的规定，当地方公共团体的出资比例在25%时，第三部门就会成为监察委员的监督对象，当监察委员认为有必要的时候，或者地方公共团体的首长提出要求的话，可以对第三部门进行监察。而监察的对象包括第三部门与行政机构提供的财政援助相关的出纳以及项目的执行情况。本项规定主要是为了保证公共资金得到合理的使用。但是对于监察制度的运用应当慎重，因为接受财政援助的第三部门是独立的企业法人，具有自主经营的权利，同时根据公司法的相关规定，具有内部监督监察的功能，只有在必要时，才能对第三部门进行监察。根据自治法的规定，监察委员在认为有监察必要的时候，可以要求相关人提供相应的账目以及资料或者其他的记录，在对方不配合的情形下，监察委员没有强制性。同时，在监察委员对第三部门监察完毕后，应当制作相关的报告，并把报告提交给相关的部门，同时向社会公布。

第二，出资50%以上。在地方公共团体的出资在50%以上的情形下，行政首长具有对预算执行情况调查的权力。其主要目的是掌握第三部门的经营情况，确保经营的合目的性以及预算执行的合理性。调查的主要内容包括：第三部门的收益以及支出情况或者估算情况、现场调查预算执行的情况、根据前述两项的调查要求第三部门采取必要的措施；在地方公共团体的出资在50%以上的情形下，地方行政首长应当把第三部门每年的经营情况制作成报告提交给议会。报告的主要内容包括：第三部门每年的事业计划和第三部门每年的事业决算资料。

由于第三部门提供的是公共产品，同时地方公共团体是利用税收出资的，同时在第三部门运营的过程中，经常会提供财政方面的援助，所以应当把第三部门置于行政机构和民众的监督之下。因此，就出资比例而言，第三部门中地方公共团体的出资比例应当维持在25%以上，或者在第三部门中拥有主导权。

上面分析了第三部门出资的比例问题，而出资比例问题又与第三部门主导权的归属密切相关。在项目实施时，第三部门的主导权问题又会决定第三部门的性质，如果第三部门是由行政机构方面主导的话，更能保证其公共性，而如果主导权在民间企业，民间企业的追逐利润的本性又会让第三部门偏离航向，变为追求利润的企业，这就偏离了设立第三部门的初衷。

第三部门的主导权可以分为地方公共团体主导、民间企业主导以及官民双方共同主导。

第一，地方公共团体主导。在这种情况下，当存在特定公共需求的时候，由地方公共团体制订相应的计划，然后选择采用何种方式执行计划，当决定采用第三部门方式的时候，选择特定的民间企业参与到第三部门中。此时，选择的民间企业应当具备项目实施的技术、技能以及专业人才和一定的经济实力。在这种模式下，地方公共团体主动向民间企业提出参与的请求，然后通过双方的协调最终确定项目的实施，在此过程中，地方公共团体居于主导地位。在地方公共团体主导的情况下，公共事业可以分为两种：一种是具有盈利的可能性，通过民间企业的参与可以进一步提高效率，此时，民间企业会表现出一定的积极性；第二种是项目本身很难盈利，在这种情况下，更需要地方公共团体主导项目的推进，并约定提供相应的财政支援，此时，民间企业的积极性不高，但是通过一些附加条件，以及可以建立与地方公共团体的良好关系，民间企业也可能会参与。

第二，民间企业主导。在这种情况下，民间企业会表现出对提供特定公共产品的兴趣，此时民间企业从自身的收益情况考虑出发，主动要求参与到第三部门。首先，民间企业会制订项目的基本计划，然后要求地方公共团体的参与。要求地方公共团体参与的目的主要是使项目顺利进行以及获得一定的优惠政策。这种模式下的公共事业一般都具有可靠的收益性。当民间企业的出资比例达到50%以上的时候，民间企业可以按照自己的计划推进项目的发展。地方公共团体由于在出资比例上低于民间企业，其作用更多的是第三部门的出资人，当地方公共团体在企业经营过程中从公共性优先的角度出发，有可能与民间企业冲突，而公共团体则有可能沦为民间企业的一种工具。

第三，官民共同主导。在这种情况下，官民双方的动机虽然不尽相同，但是双方都表现出一定的积极性，在项目计划的制定以及具体实施方面，双方通过协商解决。这种情况应当是项目具有一定公共性的时候，同时其收益在一定情况下是有可能实现的。当公共团体与民间企业的出资相同的时候，由于出发点的不同，所以即使双方通过协商处理第三部门事务，但是有时也很难达成共识。

对于主导权在民间企业的情况，由于民间企业主动表示想从事公共产品的提供，其收益应当属于民间企业单独提供类型，而官民共同主导型由于具有一定的收益性，可以通过PFI等方式，在这种方式下，公共团体可以通过补贴或者把项目的建设委托给民间企业，这样可以降低公共团体的财政成本。而主导权在地方公共团体则更适合第三部门。

三 第三部门经营模式分析

以上介绍了有关设立第三部门的项目主体选择和出资比例等问题的先行研究，下面将介绍有关日本第三部门经营模式问题的先行研究。第三部门的经营是第三部门提供公共产品中最重要的一环，其经营的好坏也是决定第三部门是否成功的关键。而第三部门的经营也同一般企业的经营一样，涉及制度建设、人事管理、生产、销售、服务等。但是第三部门作为地方公共团体出资设立的提供公共产品的法人组织，要求其必须具备公共性，而同时与一般直接由地方公共团体经营的形式不同，民间企业也参与到第三部门经营中，这就决定了第三部门具有自己特色的地方。因此，本研究将从公共性与营利性的平衡、管理人员的选择、官民经营责任的分担以及与当地社会的关系四个方面分别介绍相关先行研究。

（一）第三部门公共性与营利性的平衡

第三部门的一个重要使命就是在提供公共产品方面，应当比地方公共团体直接经营更具有效率，能够减少一定的运营成本。而第三部门中很多都是收益性很低的项目，或者一些民间资本不愿意进入的新兴产业，公共服务就成为了其第一要务。但是，由于民间企业的加入，这也要求第三部门同时也会追求效益和效率，即使第三部门出现亏损，但是其亏损应当是比地方公共团体直接运营少，能够以相对较低的成本提供公共产品，只有这样第三部门的经营才算是成功。

如何在确保公共性的前提下实现效益的改善，当然由于第三部门面临的环境不同，从事的事业内容也不同，所以采取的措施也不相同。其中主要可以分为：高收益性项目与低收益性项目的搭配、积极利用政府财政补贴等支持制度。

高收益性项目与低收益性项目的搭配。第三部门可以通过高收益性项目的盈利去弥补低收益性项目的亏损，这样高收益性项目就成为支持具有公共性项目的低收益性项目的辅助性项目。例如，在笔者调查的铁路第三部门中，铁路第三部门在经营铁路运输主业的同时，为了弥补铁路项目的亏损，很多都会同时开发一些旅游产业以及在车站内通过销售特产来弥补一些亏损。但是，这里面就会存在一个问题，由于第三部门是地方公共团体的出资设立的企业，公共性是其首要任务，而如果从事高收益项目经营的话，就有可能形成与民争利的状况，但是由于没有相关第三部门法律，所以这种高收益性项目与低收益性项目的搭配究竟是否合法还具有一定的争议。

积极利用政府的财政补贴以及各种利息或者提供低息和无息贷款的优惠措施。例如，可以利用NTT无息贷款、减免税收等方式。

在平衡公共性与收益性时，公共性永远是第一位的，而收益性只是保障公共性能够持续进行的一种手段。如果把两者的定位颠倒，那么就会使得第三部门沦落成挣钱的工具，无论是在法律上还是在舆论上都是不合适的。

（二）管理人员选择

无论是在民营企业还是在第三部门，企业管理人员的选择都是非常重要的，有的时候甚至可以决定一个企业的存亡。不同于民间企业通过业绩以及能力去选择企业管理人员，第三部门由于地方公共团体出资的特殊性，特别是在行政机构主导类型的第三部门中，第三部门的社长很多都是公共团体的行政首长兼任。当然这种兼任的形式可以保证第三部门充分贯彻和执行地方公共团体的要求，保证其公共性，但是另外一方面，由于很多采用兼任的形式，所以经营者的精力不可能全部用在第三部门，因此，其工作更多的是由下属人员负责，这就导致了第三部门的低效率，以及行政化情况，也影响了民营企业的积极性。在企业经营方面，行政人员是难以与民营企业的人员相比的，民营企业的人员更容易把握机会和规避风险，同时也更具有专业的管理等知识，所以第三部门的管理人员通过向社会公开招募现在也成为了一种趋势，比如在笔者调查的京都市御池第三部门，在2007年开始向全国公开招聘社长。随着这种管理人员选择的公开，可以确保第三部门的效率，但是另外一个重要问题就是非地方公共团体的社长首先考虑的是如何降低运营成本以及提高企业的收益，而这也是考核第三部门管理者的重要指标，为了追求效益，那么就有可能牺牲公共性，比如地方铁路的票价，废除亏损的线路等，但是这违背了第三部门设立的初衷。因此，如何在管理人员追求效率与确保公共性的过程中寻求结合点就成为亟须解决的问题。

例如，宫木康夫在《第三部门和PFI》中指出，确保地方公共团体在第三部门中的主导权或者把地方公共团体的出资比例保持在25%以上是一个有效可行的办法。如果地方公共团体的出资在25%以上的话，那么地方行政机构的首长就有权利和义务去认真监督第三部门的运营情况，而出资在50%以上的话，就需要向议会汇报第三部门的运营情况，可以通过这些制度建设，确保第三部门的管理者在努力改善效率的时候，能够确保公共性。况且地方行政首长以及议会议员都是民众直接选举产生的代表，他们也有向民众公开自己的工作内容和相关信息的义务，因而民众除了可以直接要求第三部门公开信息之外，可以通过选举制度间接监督第三部门，从而确保公共资金的有效利用。

（三）官民经营责任分担

太田昭和监查法人公会计本部在《第三部门的经营》指出，在讨论设立第三部门时，首先要讨论通过第三部门可以从民间企业获得什么，以及民间企业在参与第三部门后，能够给公共产品的提供带来哪些好处和改善。民间企业通常在技术、人才、资金、运营等方面具有优势，但是不同的公共项目对民间企业的要求也不相同，因此在设立第三部门之前一定要认真论证哪些是第三部门需要的，同时在寻找合作的民间企业时，不片面追求大而全的企业，更应当从实际的需求出发。也就是说，在设立第三部门之前要明确在今后的经营过程中，官民的责任应当如何分担，如果这个问题在开始的阶段没有处理好，没有明确责任分担，那么在今后的实际运营过程中双方就有可能发生冲突。

一般情况下，在第三部门运营过程中，地方公共团体负责基础设施的建设和完善、各种需要向政府申请的收益、同政府关系的处理以及与当地居民的沟通，而民间企业则是发挥自己在计划制订、项目推进、市场营销等方面的优势。官民经营权力的大小在很大程度上是由出资比例决定的，地方公共团体为了在经营中获得主导权，应当在第三部门出资方面更具有主导性，但是这并不是说地方公共团体要完全控制第三部门，如果这样的话，就很难吸引民间资本的参与，而是要求从确保公共性的角度出发去获得第三部门的主导权，在保持了第三部门公共性方向的情况下，地方公共团体应当把第三部门的经营交予更具有优势的民间企业。

在确认双方责任的时候，应当通过合同、协议等方式加以确认。其中一个重要原因就是，地方公共团体方面由于会定期进行人事调整，有可能因为从具体的负责人到行政首长的调整，第三部门的政策也会发生变化，特别是当两种完全相反意见的行政首长前后当选后，那么第三部门的政策就可能发生很大的变化，这对于合作伙伴的民间企业来说，也是一种不可预测的风险，所以从公平的角度来说，官民双方的责任应当通过书面的具有法律效力的文件确定下来，这样能够使得双方更安心从事第三部门的经营。

以上，从公共产品供给主体选择、第三部门设立程序分析和第三部门经营模式分析三个方面介绍了相关的先行研究。在论证日本第三部门合理性之前，需要明确日本第三部门的过去和现在，为此在下一章主要介绍日本第三部门的历史和现状情况。

第三章

日本第三部门的历史和现状

为了论述日本第三部门方式有效性问题及日本铁路和城市再开发第三部门如何确保项目公共性问题，那么就需要了解日本第三部门的历史以及现状。本章主要分析了日本第三部门形成的历史、采用第三部门方式的行业以及第三部门的现状。

一 日本第三部门历史分析

虽然，第三部门是从欧美的"The Third Sector"这一概念翻译而来，但是，在第三部门概念被引进到日本之前，日本国内就有着政府（中央或者地方）与民间企业合作的历史，这导致了第三部门概念在日本国内的变形。因此，研究第三部门在日本的历史可以了解其变形的原因以及过程，并且分阶段了解日本第三部门的发展与变化，这些发展与变化与当时的社会经济以及政治因素密切相关。

（一）日本第三部门概念的产生

在日本，第三部门概念最初出现在政府公文中是1973年2月日本内阁通过的"经济社会基本计划"。但是在"经济社会基本计划"之前，在1969年5月内阁通过的"新全国综合开发计划"中，写到："在选择项目主要实施主体的时候，应当对设立公共与民间的混合主体，对那些适合大型项目内容的引进民间资本的方式进行讨论。"[①] 文中的"公共与民间的

[①] 公共投資ジャーナル社編集部：『第3セクター——設立・運営の指針』，公共投資ジャーナル社，1989，p. 59。

混合体"这一概念应当是第三部门概念的前身,虽然当时没有明确提出第三部门的概念,但是当时应当已经意识到第三部门的内容。

在"经济社会基本计划"中,对于扩大社会资本的基本方针,写道:"鉴于紧急需要完善社会资本,同时民间企业对于进入社会资本的欲望不断提高,有必要在扩大公共投资的同时,积极利用民间企业的能力以及资本。此时,不仅仅是纯粹市场性项目,对于那些确保项目公共性,而且初期投资很大,投资周期长的项目,为了促进民间企业的投资,可以采用公共部门也参与的公司共同企业,也就是第三部门。"这在日本是第三部门概念第一次正式出现。

(二) 第三部门概念出现之前的时期

在现代第三部门概念出现之前,日本国内的第三部门企业可以分为两种:一种是国家与民间企业共同设立的第三部门,另外一种是地方公共团体与民间企业设立的第三部门。

1. 国策公司

根据今村都南雄的研究,日本的国策公司可以分为四种:以实现近代化国家为目的而设立的公司、以在殖民地推进统治政策为目的而设立的公司、以支援侵略战争为目的而设立的公司以及以战后复兴为目的而设立的公司,具体见表3—1。

表3—1　　　　　　　　日本国策公司

设立目的	设立时间	公司名称	备注
实现近代化国家	1880年	横滨正金银行	开展国际金融
	1882年	日本银行	中央银行
推进殖民地统治政策	1899年	台湾银行	对外发行债券
	1906年	南满洲铁道株式会社	对外政策
	1909年	鸭绿江採木公司	对外政策
	1909年	东洋拓殖株式会社	
	1911年	朝鲜银行	对外投资募集资金
	1919年	台湾电力株式会社	
支援侵略战争	1925年	日本无线电株式会社	
	1934年	日本制铁株式会社	

续表

设立目的	设立时间	公司名称	备注
战后复兴	1952 年	电源开发株式会社	
	1953 年	日本航空株式会社	

资料来源：根据今村都南雄：『「第三セクター」の研究』，中央法规出版，1993 年整理而出。

虽然，今村都南雄把日本战后的由国家和民间企业共同设立的混合企业也作为第三部门，但是在本书的概念一节当中已经指出国家出资参与的企业首先其数量很少，第二其运营会受到法律等各种的限制，因而不适合看作第三部门。

2. 地方公共团体与民间企业共同出资设立的第三部门

上面介绍的国策公司虽然是政府和民间企业共同出资设立的，但是其设立的目的不是为了提供公共产品，而是为了谋求国家的强大以及对外侵略，所以不适合将其看作现代意义上的第三部门。

而在第三部门概念出现之前，还有一种是地方公共团体与民间企业共同出资设立的混合企业。这些公私混合型企业就是现代第三部门的原型，在二战之前，主要有 1902 年设立的横手植林社和 1913 年设立的佐渡汽船株式会社。其中佐渡汽船最初是运营新潟到佐渡之间渡轮的民营企业，但是由于经营不善陷入危机，当时新潟县为了支持企业的发展，通过直接出资的形式出资 50%，设立了新的佐渡汽船公司。从现代第三部门的角度出发，佐渡汽船经营的还是渡轮业务，具有一定的公共性，因而新潟县的出资也是在一定程度上促进了公共事业的发展，与现代第三部门的理念相符合。

在二战后到 1973 年，第三部门概念正式出现之前，特别是经济进入高度成长期之后，居民以及企业对国家和地方公共团体的需求不断扩大，而在原来的服务模式下，地方公共团体在满足居民以及企业的需求（主要是完善社会资本）方面，无论是法律还是行政制度都会受到限制，因此需要探索一种新的能够为行政服务提供协助功能的主体，但是地方公共团体没有设立提供此种协助功能的特殊法人的权限，因而能提供相同功能的民法法人和商法法人成为了选择的对象。另外一个背景是，日本中央政府和地方政府之间行政与财政之间的关系是采用中央集权的方式。二战后，中央政府对地方政府的事务委托不断增加，中央政府对地方政府从人事到财权的控制不断增强，伴随着地方事务的增加，需要地方设立更多的部门或者辅助单位处理事务。为了掌握这些行政辅助功能提供主体的总体情况，当时的日本自治省在 1961 年开始在全国范围内调查统计这些主体的情况。统计的结果又促使 1962 年地方自治法的重新修订。在当时的自治法修正案说明当中提到，"对于这类法人该如何对待，必须要进行讨论。鉴于地方公共团体对于这类法人承担着很大的财政责任，所以地方公共团体的首长以及议会要把握其经营情况，促进其合理发展。为此，需要制定地方公共团体最小限度内参与此类法人的方法"。那时设立的第三部门中，城市开发和地区开发类第三部门比较多，无论企业规模还是项目规模都比较大。根据日本总务省的调查，1967 年株式会社以及其他公司法法人第三部门的数量为 20 家，1972 年为 35 家。而当时第三部门的另外一个特点就是，在出资自治体当中，以都道府县一级最多。

（三）20 世纪 70 年代第三部门概念出现后到 20 世纪 80 年代

到 20 世纪 70 年代后期，随着第一次石油危机的出现，日本经济高度增长出现中断，此时神户市等城市提出了"城市经营论"，同时在国家进行临时行政调查，地方进行财政减量经营的情况下，引入民间活力成为重要的议题，当时地方行政出现了"企业化""收益化"的趋势，随着地方公营企业的扩大，一些与城市开发、住宅城市服务、观光休闲、农林水产等相关的第三部门开始大量出现。1982 年，临时行政调查会提出了引入民间活力的建议。特别是进入 20 世纪 80 年代之后，随着日本经济陷入财政危机，经济结构不合理以及对外贸易盈余过多，在这种背景之下，西方国家出现滞涨，人们开始怀疑强调国家在经济中居于主导地位的"凯恩斯主义"的作用，在这种思潮之下出现了一种回归市场，强调市场作用的新自由主义思潮，这种思潮首先是在南美国家出现，而使其影响波及全球的则是里根政府和撒切尔政府的上台，两者都强调市场的作用，缩减政府规模，对国营或者国有乃至政府机构进行民营化。同时，随着日本与欧美特别是美国贸易摩擦的增多，1985 年召开的"广场协议"决定采取措施推进日元升值，这样导致了日本经济结构出现了重大变化，开始逐渐重视国内需求，从外向型经济向内需型经济转变。为促进国内需求，需要对国内的基础设施以及其他公共产品进行大量的投资，此时日本公共部门由于财政压力的限制，只能采取引入民间资本的形式进行公共设施的建设，这也直接导致第三部门出现了一个高潮。

正是在此期间，一系列有关第三部门的法律被制定并颁布。如1986年实施的《有关利用民间企业能力建设特定设施的临时措施法》（简称《民活法》，通过此法律，从1986年开始，对于建设特定设施的第三部门，可以适用特别的国税、地税政策以及NTT无利息融资政策，此法律的目的在于积极利用民间企业，促进有利于经济社会基础建设的特定设施的建设。适用于此法律的特定设施见表3—2。这些设施都具有一定的公共性，但是由于其低收益性以及投资回收期限长等原因，之前民间资本很少涉入，通过此法律在补贴、税收方面以及出资融资方面的优惠措施，促进民间资本的进入）。1987年实施的《综合保养地整备法》（简称《休闲法》）、1987年实施的有关NTT无利息融资制度的《有关利用日本电信电话株式会社股份销售收入促进社会资本改善的特别措施法》（简称《NTT无利息借款法》。1985年日本电信电话公社被实行民营化，民营化后成立的公司就是NTT，对于通过销售所持有的NTT的股份获得的收入，运用收入中的一部分完善社会资本。无利息贷款可以分为三种，其中，A类型和C类型适合第三部门。A类型：目标项目是地方公共团体之外的组织不从国家直接或者间接接受补贴建设公共项目，以公共建设项目中所产生的收益作为费用支出的项目。比如运营地下街以及地下停车场的第三部门企业通过地下街以及地下停车场所产生的收益建设公共地下通道的项目；C类型：国民经济基础设施建设中，利用民间企业的资本，采用第三部门形式，而且项目会对周边产生较大的经济效果。无利息贷款主要由日本开发银行等实施，国家为日本开发银行等提供无利息贷款所需的资金）、1987年实施的针对从事城市开发和城市规划设施特许项目的第三部门提供无利息融资的《有关推进民间城市开发的特别措施法》以及针对在特定地区从事产业振兴以及地区活性化项目的第三部门提供无利息融资的《产业构造转换顺利进行的临时措施法》等。

表3—2　　　　　　　　《民活法》的特定设施

序号	设施名称	主管大臣
1	研究开发、产业化基础设施	通产
2	电信研究开发促进设施	邮政

第三章 日本第三部门的历史和现状　　61

续表

序号	设施名称	主管大臣
3	信息化基础设施	通产
4	电信高端基础设施	邮政
5	国家经济交流等设施（国际会场设施、国际会议会场设施、国际交流研修设施、国际市民交流基础设施）	通产、邮政
6	港湾设施（旅客码头设施、港湾业务用设施、港湾文化交流设施、临海开发设施、港湾交流研修设施）	运输、通产
7	国际信息地区开发基础设施（地区信息管理基础设施、卫星通信基础设施、特定电信基础设施、特定供热设施）	通产、建设、邮政
8	国家商业交流基础设施	通产
9	农林水产研究开发、产业化基础设施	农林水产
10	渔港设施（渔港综合利用设施、渔港业务用设施）	农林水产
11	综合流通设施（物流基础设施、卸载流通场站）	运输、农林水产、通产
12	大规模城市铁路新线旅客候车楼设施	运输
13	商业基础设施	通产
14	食品商业基础设施	农林水产
15	进口基础设施	农林水产、通产、运输
16	资源回收利用设施（物料循环设施、热回收设施）	厚生、通产
17	大型体育场	通产

在此阶段，第三部门的作用主要体现在通过对主题公园、休闲设施、宾馆、商业设施的开发建设，缓解人口、资金等资源过度向东京等大城市集中；同时，随着日本国铁改革，为了解决支线铁路的存废问题，第三部门作为支线铁路是地方公共团体与民营企业共同出资的企业，承担了支线铁路的运输业务，从而确保沿线居民出行的权利。

（四）泡沫经济破灭后（20世纪90年代到现在）

随着日本土地价格和股票价格的下跌，日本经济进入了"失去的20年"。在这二十年当中，日本经济进入全面的调整期，此时开发型的第三部门很多都陷入了财务危机，虽然这些第三部门的经营危机不仅仅是由于泡沫经济破灭造成的，但是其中的很多企业都是在 20 世纪 80 年代随着地价的上涨，没有进行详细的项目分析就轻易上马，而且其经营也是很难按照标准的第三部门方式进行。这些破产的第三部门本质上很难说是具有公共性的，其中很多都是为了在土地价格上涨前以公共性的名义取得土地，同时此时建设的很多高尔夫球场等也广受民众批评。这也导致了媒体舆论对第三部门的批评，本书的一个重要目的就是要重新定义第三部门，把那些假借公共名义行私人企业之实的企业从第三部门当中剔除。从总务省的统计来看，1992 年新成立的第三部门公司为 189 家，而到了 1997 年为 183 家，2000 年为 144 家，2010 年为 24 家。

当第三部门出现经营困难，面临破产时，其公司的债务等的处理会对地方公共团体的财政造成很大负担，这是由于第三部门中有地方公共团体的出资，因而也不能像私人企业那样可以随意地申请破产，这也造成了债务情况的不断累积。

到了 2000 年之后，第三部门又进入了一个新的阶段。这个阶段可以用"洗牌"来形容，其背景主要有以下几方面：第一，近年来，由于经济的不景气，金融机构对第三部门的融资也越来越严格，即使有地方公共团体的担保，但是现在随着地方公共团体财政情况的恶化，也出现了像北海道夕张市一样陷入财政破产的自治体；第二，2003 年，地方自治法进行了修改，对于政府所有设施的管理运营，之前可以委托第三部门等进行管理运营，但是 2003 年之后不仅仅是政府下属单位以及政府出资的第三部门，而且所有符合条件的民间企业也可作为委托的对象，这样原本以公共设施的管理与运营为主要业务的公益法人和第三部门等将会在市场上与民间企业进行竞争，但是无论是企业规模还是人员以及技术方面，第三部门都处于不利的地位，所以其生存将面临重要考验；第三，2009 年实施的《自治体财政健全化法》规定，地方公社以及自治体提供亏损代偿的第三部门等所持有的负债被计算到自治体未来将要产生的债务中，因此自治体的债务规模将扩大，而到达一定的比例后，就会被认定为"早期健全化团体"，从而被日本政府要求制订财政健全计划，按照制订的计划逐步削减支出。因此，要求地方自治体从 2009 年开始五年内集中对第三部门进行改革和处理，而经营不善的第三部门将面临巨大的困难。通过以上三方面的背景描述，我们可以分析出，日本第三部门在新世纪将进入一轮"洗牌"的过程，那些经营不善，或者一直亏损的第三部门将可能被淘汰。

出现这些情况的背景主要有以下几方面：第一，公共设施的多功能化。随着公共设施的大型化以及设施的不断完善，由于小型以及单一的设施在申请政府补贴方面耗时、耗力，不受地方自治体欢迎。在这种情况下，公共设施的多功能化以及大型化成为了趋势。同时，这些设施的管理运营由之前的自治体直接管理运营逐渐改变为自治体出资的第三部门方式。第二，经济衰退地区以及人口减少地区的经济社会振兴。致力于城市再开发以及地区再开发的自治体倾向于采用第三部门的方式。特别是，在人口减少以及经济衰退的地区和山区等自然条件恶劣的自治体，在实施城市再开发或者地区再开发的时候，作为促进公益性事业和收益性事业共同发展，能够积极利用民间企业的技术以及人才的第三部门受到了广泛的重视。在这些小型自治体，之前很少有民间企业愿意从事地区再开发以及城市再开发等项目，很多情况下都是自治体本身去推动这些项目。地方自治体可以通过自己直接运营的地方公营企业去实施这些项目，但是正如之前斯蒂格利茨所指出的那样，公共企业效率整体比私人企业低，特别是在既具有一定的公共性又要求具有民间企业效率的项目中，自治体直接参与管理运营已经不太合适，这是自治体同当地的民营企业以及一些有识之士共同出资设立第三部门，让第三部门去运营管理这些设施。第三，在一些大型公共设施的建设上，由于地方自治体的财政情况，仅仅依靠自治体难以维持，所以如何引进民间资本以及技术成为了重要的课题。另外，对于民间企业来说，由于日本经济从泡沫经济破灭之后一直处于低水平发展状态，如何找到新的投资方向成为了新的问题。综上，大型公共设施就成为了满足双方需求的契合点，但是由于涉及公共利益，盈利水平不会很高，而且由于一些公共设施可以向政府申请补贴，民间企业又不愿意单独进行项目建设与运营。因此，地方自治体从资金、地区振兴等的角度出发，设立第三部门，对于民间企业而言，可以把公共设施作为新的商机，促进企业的持续发展，因而也主张同自治体一同设立第三部门。

二 日本第三部门现状分析

以上分析了日本第三部门出现的历史背景，下面将主要分析日本第三部门的种类和目前发展的情况。

(一) 日本第三部门的种类

第三部门只是一个概念，在这个概念之下，存在着各种各样形态的企业，而这些企业所从事或者经营的项目内容千差万别。根据日本总务省的统计，把第三部门企业按照业务分为 13 个部门，具体而言，包括：地区城市开发、住宅与城市服务、观光与休闲、农林水产、商业与工业、社会福利与医疗保健、生活卫生、运输与道路、教育文化、公害与环境保护、信息处理、国际交流、其他，见表 3—3。

表 3—3　　　　　　　　　第三部门的具体内容

业务分类	内　容
地区城市开发	土地开发、住宅小区及工业区开发、土地规划、公园开发、土木工程设计监理、城市规划调查等
住宅与城市服务	住宅建设、住宅服务、煤气供应、供热等
观光与休闲	观光资源开发、观光大巴运营、休闲设施管理运营等
农林水产	葡萄酒生产、农林水产产品的生产销售与宣传、农林水产的流通等
商业与工业	产业展示、工业材料分析、国际贸易、特产的制造销售和宣传等
社会福利与医疗保健	高龄老年人问题、社会福利、体检中心、急救信息、医学综合研究等
生活卫生	自来水、下水道、垃圾处理、产业废弃物处理等
运输与道路	快艇、高速公路、机场、铁路、单轨电车、停车场等
教育与文化	体育、音乐、市民活动等
公害与环境保护	环境保护、公害防止等
信息处理	计算机、流通业务服务等
国际交流	国际交流等
其他	政府办公楼、政府人员宿舍管理、行政信息、咨询等

注：统计表中的业务内容，有的是公社或者独立行政法人从事的业务。
资料来源：根据日本総務省：『第三セクター等の状況に関する調査結果』（http://www.soumu.go.jp/menu_news/s-news/01zaisei06_02000037.html）整理而成。

关于不同业务类型中，第三部门企业的数量，日本总务省每年也都进行统计。详见表 3—4。

表3—4　　　　　　　日本第三部门分类（2011年）

业务种类	株式会社	其他公司法法人	合计	（参考）2010年
地区城市开发	248	2	250	258
住宅与城市服务	60	1	61	61
观光与休闲	863	61	924	939
农林水产	527	156	683	688
商业与工业	400	17	417	417
社会福利与医疗保健	17	1	18	18
生活卫生	80	8	88	89
运输与道路	410	13	423	424
教育与文化	51	3	54	55
公害与环境保护	5	0	5	4
信息处理	85	1	86	87
国际交流	1	0	1	1
其他	573	11	584	585
合计	3320	275	3595	3626

资料来源：根据日本総務省『第三セクター等の状況に関する調査結果』（http://www.soumu.go.jp/menu_news/s-news/01zaisei06_02000037.html）整理而成。

通过以上统计我们可以看出，日本第三部门所从事的业务内容多种多样，但是例如国际交流、信息处理、环境问题、社会福利与医疗保健等原本属于第一部门，即政府部门从事的行业或者最近在欧美出现的非营利组织或者志愿者组织从事的业务中，第三部门企业的数量很少，而相对的社团法人和财团法人在生活卫生、教育文化、环境保护和国际交流等方面相比第三部门数量多了很多。从中我们可以得出，日本的第三部门和欧美是不同的，日本的社团法人和财团法人则是与欧美的第三部门相同。同时，从业务的具体内容来看，比如第三部门企业数量最多的前三位分别是观光与休闲、农林水产和运输与道路，其中观光是从振兴观光业出发，也就是为了促进地区与城市的发展，从开发观光资源的公共利益角度出发，通过地方公共团体与民间企业共同出资设立第三部门，由其负责开发相关资源；农林水产则是通过农村第三部门实施的，黄金峰和孙永恩在其论文《论日本农村的第三部门》中将日本农村第三部门划分为农林生产支援型、农村区域综合振兴型、健康·福利支援型、综合环境保护型四大类；运输与道路产业中的第三部门很多是从事停车场的经营、快艇的运营等。通过对这三类第三部门业务的分析，我们可以看出，第三部门所从事的项目都是具有一定的公共性，但是同时也是要求效率的项目，从中可以看出第三部门与社团法人和财团法人的不同。

以上是总务省对第三部门按照业务类型的不同进行划分。除此之外，按照企业主导权或者项目主导权的所在可以划分为政府主导、民间主导和政府与民间共同主导；按照项目的功能可以划分为地区开发型、企业经营型、设施运营型；按照项目的目的可以分为地区开发、地区振兴、项目推进、项目开发、设施委托、共同利益创造等，参见表3—5。

表3—5 第三部门的不同分类

	项目目的	经营主导权	事例
地区开发型	地区开发 地区振兴	政府主导 政府与民间共同主导	机场、公路、码头 休闲设施、观光
企业经营型	项目推进 项目开发	政府主导 民间主导	交通枢纽 特产开发
设施运营型	设施委托 共同利益创造	政府与民间共同主导 民间主导	设施管理、铁路 残疾人工厂、体育文化设施

资料来源：宫木康夫：『第三セクターとPFI—役割分担と正しい評価』，Gyosei，2001年，p.17。

另外，按照政府部门出资的多少，可以划分为出资少于四分之一的第三部门和出资大于或等于四分之一但是小于百分之五十的第三部门以及出资大于或等于百分之五十但是小于百分之百的第三部门。根据日本现行的地方自治制度，自治体在出资设立民法以及商法法人的时候，只要满足民法以及商法的要求就可以，没有特别的规定，但是会对自治体出资行为本身有所限制。由于自治体的出资是要通过预算批准的，所以，对预算具有审议权的地方议会拥有决定是否同意出资的权限。对于自治体出资超过二分之一的法人（民法第34条的公益法人以及株式会社），自治体的领导每年要总结相关企业的经营情况，提交给议会审议（地方自治法第243条第2项），或者自治体的领导要求出资超过二分之一法人汇总企业的收入、支出，以及前景预测等情况，调查预算执行的情况并根据调查的结果采取相应的措施（地方自治法第 221 条第 3 项）。对于自治体出资超过四分之一的法人，监察人员可以审查法人的出纳、业务的执行情况（地方自治法第 199 条第 6 项）。

通过上述我们可以看出，在自治体出资比例超过四分之一以上的情况下，自治体才可以更好地管理或者掌握企业的情况，而在自治体出资比例低于四分之一的企业，其主动权更多地在民间企业，其经营与管理也具有更多的裁量自由。

（二）日本第三部门发展现状

本小节的分析主要是利用日本总务省每年发布的"有关第三部门等情况的调查结果"报告。此调查当中的"第三部门等"主要包含三部分：

第一，第三部门。具体又可以分为两种，一是一般社团法人以及一般财团法人和特例民法法人中，地方公共团体出资的法人；二是根据公司法设立的株式会社、合名会社、合资会社、合同会社以及特例有限公司中，地方公共团体出资的法人。

第二，地方住宅供给公社、地方道路公社以及土地开发公社（地方三公社）。

第三，地方独立行政法人。

但是，项目范围涉及全国的以及国家级的法人、银行等金融机构或者跨地区开展经营的电力公司以及燃气公司等不属于调查的范围。

"第三部门等经营状况"以及"信息公开、经营审查评价"章节当中的调查对象包含以下四部分：

第一，地方公共团体以及地方公共团体出资过半的法人出资比例超过25%的社团法人、财团法人以及公司法法人（包含数个地方公共团体出资比例合计超过 25% 的法人）。

第二，虽然出资比例未超过 25%，但是从地方公共团体获得资金支持（补贴、贷款、损失补偿）的社团法人、财团法人以及公司法法人。

第三，地方三公社。

第四，地方独立行政法人。

但是正如本书之前所说明的那样，第三部门是地方公共团体与民间企业共同出资设立的企业法法人，在讨论第三部门现状的时候也会根据此定义进行分析。但是，由于目前有关第三部门总体情况的统计很少，所以本研究在介绍第三部门经营情况以及信息公开、经营审查评价的时候，主要根据以上总务省的相关数据。

1. 第三部门的数量

有关第三部门数量的最新统计是2011年的数据，至2011年3月31日止，日本第三部门的数量为3594家，其中株式会社3320家，其他公司法法人形态274家。其中，省一级单位的都道府县设立的第三部门数量为581家，指定都市为255家，市区町村为2758家。具体请参考表3—6。

表3—6　　　　　　　　　　第三部门的数量　　　　　　　　　（单位：个）

		都道府县	指定都市	市区町村	合计	2010年数据
公司法法人	株式会社	579	253	2488	3320	3341
	其他公司法法人	2	2	270	274	285

资料来源：日本総務省『第三セクター等の状況に関する調査結果』（http://www.soumu.go.jp/menu_news/s-news/01zaisei06_02000020.html）。

从中，我们可以看出市区町村这一最基层的自治单位设立的第三部门数量最多，同时公司法当中采用株式会社形式的第三部门最多。山下茂在《特别地方公共团体与地方公社、第三部门、NPO》一书中指出："指的是商法以及有限会社法基础上的法人。但是，在商法法人当中，地方公共团体在设立第三部门的时候很少会采用对外具有无限责任的合名会社以及合资会社，所以实际上第三部门指的就是株式会社和有限会社。"[①]

2. 不同年份第三部门设立数量的变化情况

有关不同年份设立第三部门的数量，没有完整的统计，如本书中使用的"有关第三部门等的调查结果"中的统计和《地方公社总览》中的统计有些许出入，但是出入不是很大。具体变化情况见图3—1不同年份第三部门设立的数量。

从中我们可以看出不同年代，设立第三部门的数量还是出现了很大的变化。这些变化背后的历史背景主要包括下述几个方面：

---

① 山下茂：『特別地方公共団体と地方公社・第三セクター・NPO』，ぎょうせい，1997，422頁。

第三章 日本第三部门的历史和现状

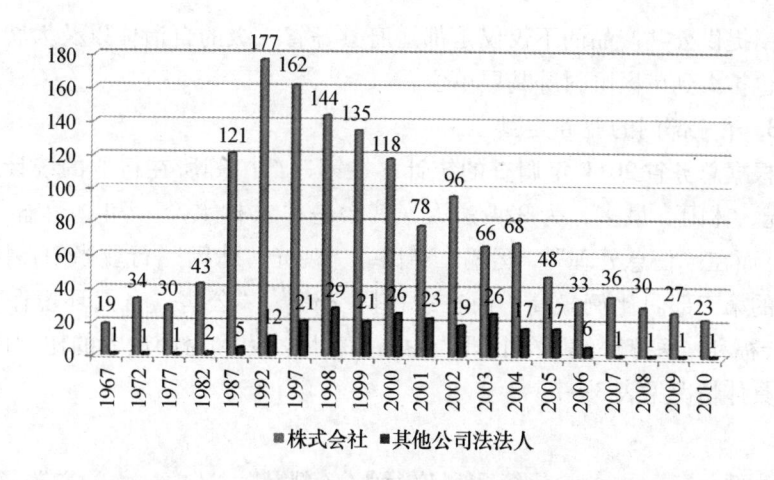

图3—1 不同年份第三部门设立的数量（单位：个）

资料来源：日本総務省：『第三セクター等の状況に関する調査結果』（http://www.soumu.go.jp/menu_news/s-news/01zaisei06_02000037.html）。

第一，在20世纪60年代，随着经济的发展，越来越需要通过大规模的项目开发地区，促进经济发展，但是另一方面由于自治体的财政出现困难，所以迫切需要引入民间资本。此时代表性的第三部门有"MUTU 小川原开发"等临海大规模开发项目，其他的还有"大阪府都市开发"等大规模城市开发项目。

第二，到20世纪70年代，第三部门所涉及的领域变得更多，机场航站楼（福冈机场航站楼等）、办公楼（横滨新都市中心等）、观光休闲（纪伊长岛休闲城市开发等）、单轨电车高速铁路（北九州高速铁道等）、食品（神户葡萄酒等）都采用第三部门形式。虽然，此时的第三部门取得了很大的成绩，但是第三部门的问题也开始显现，社会上也开始出现否定第三部门的声音。

第三，到20世纪80年代中后期，有关第三部门的评价从之前的批评声居多转变为积极评价的声音居多。此时，在国家对城市振兴以及休闲地开发项目采取鼓励措施的背景下，第三部门开始急剧增加。同时，此时出现的泡沫经济也促进了第三部门的增长，此时日本开发银行等政府类金融机构与自治体一同成为第三部门当中公共部门出资的主体。

20世纪70年代第三部门企业规模超过30亿日元的项目很少，而到了20世纪80年代，规模超过100亿日元的项目出现很多。此时，采用第三部门提供公共产品的不仅仅是都道府县等省一级的自治体以及大城市，同时也扩大到市区町村等基层单位。

3. 第三部门的业务类型

根据总务省2011年调查的统计，在第三部门等所在行业的统计中，"观光、休闲"最多，为924法人，其次是"农林水产"和"运输、道路"。而在"信息处理""运输、道路""观光、休闲"行业当中，株式会社的第三部门比例最高，而在"国际交流""公害、自然环境保护""社会福利、医疗保健"等行业当中，则社团法人和财团法人的比例比较高。具体情况见表3—7。

表3—7　　　　　　第三部门的行业分布情况　　　　　（单位：个）

分布行业	株式会社	其他公司法法人	合计	2010年调查数据
观光、休闲	863	61	924	939
农林水产	527	156	683	688
运输、道路	410	13	423	424
商业与工业	400	17	417	417
地区、城市开发	248	2	250	258
生活卫生	80	8	88	89
信息处理	85	1	86	87
住宅、城市服务	60	1	61	61
教育、文化	51	3	54	55
社会福利、医疗保健	17	1	18	18
公害、自然环境保护	5	0	5	4
国际交流	1	0	1	1
其他	573	11	584	585
合计	3320	274	3594	3626

资料来源：日本総務省：『第三セクター等の状況に関する調査結果』（http://www.soumu.go.jp/menu_news/s-news/01zaisei06_02000020.html；http://www.soumu.go.jp/menu_news/s-news/38655.html）。

在观光和休闲产业当中，第三部门主要从事游乐场所、滑雪场、高尔夫球场、主题公园、水族馆、多功能厅等；农林水产中第三部门主要从事水果和农产品的加工、销售，牲畜，奶酪，水产等产业，项目规模以中等居多，很多都是项目很早就存在，后来组织形式改到第三部门而已；运输部门中的第三部门有铁路、城市高速铁路、机场航站楼、码头、仓库等设施；而地区开发和城市开发中的第三部门主要从事工厂以及住宅用地的平整、城市街区再开发、停车场、地下街等。

4. 新设立的第三部门的情况

2010年（2010年1月1日至12月31日）新设立的第三部门数量为24家，按照行业划分的话，最多的是农林水产（7家），其次为观光、休闲和运输道路。具体请参考表3—8。

表3—8　　　　　　新设立第三部门的情况　　　　　　（单位：个）

分布行业	株式会社	其他公司法法人	合计	2009年数据
农林水产	7	0	7	4
观光、休闲	5	0	5	5
运输、道路	4	0	4	7
生活卫生	2	0	2	0
地区、城市开发	1	1	2	6
教育文化	1	0	1	0
信息处理	0	0	0	0
住宅、城市服务	0	0	0	0
商业、工业	0	0	0	3
社会福利、医疗保健	0	0	0	0
公害、自然环境保护	0	0	0	0
国际交流	0	0	0	0
其他	3	0	3	3
合计	23	1	24	28

资料来源：日本総務省：『第三セクター等の状況に関する調査結果』（http://www.soumu.go.jp/menu_news/s-news/01zaisei06_02000020.html；http://www.soumu.go.jp/menu_news/s-news/38655.html）。

根据出资方中的地方公共团体或者自治体的不同级别可以划分为都道府县出资的第三部门、指定都市出资的第三部门以及市区町村出资的第三部门。具体请参考表3—9。

表3—9　　　　不同地方公共团体出资新设的第三部门情况　　　（单位：个）

	株式会社	其他公司法法人	合计
都道府县	2	0	2
指定都市	5	0	5
市区町村	16	1	17
合计	23	1	24
2009年数据	27	1	28

资料来源：日本総務省：『第三セクター等の状況に関する調査結果』（http://www.soumu.go.jp/menu_news/s-news/01zaisei06_02000020.html）。

5. 第三部门的出资情况

地方公共团体对于第三部门的出资总额达到了1.3万亿多日元，占到了第三部门出资总额的45.1%。民间的出资总额为1.5万亿多日元。从中我们可以看出第三部门总体情况，民间企业的出资比地方公共各团体的出资稍多，因此也可以看出第三部门实现了利用民间资本的目的。公共团体出资构成中，又有都道府县、指定都市和市区町村之区别，其所占第三部门的出资比例又有着很大的不同。具体情况见表3—10。

表3—10　　　　　　　第三部门的出资情况　　　　　（单位：百万日元）

第三部门	主要出资团体	出资总额	地方公共团体出资额	民间出资额	地方公共团体出资比例（%）	法人数量	单个法人的平均出资额	单个法人的地方公共团体的平均出资额
公司法法人	都道府县	1716199	868845	847354	50.6	581	2954	1495
	指定都市	580520	256699	323822	44.2	255	2277	1007
	市区町村	586143	174958	411186	29.8	2758	213	63
	小计	2882862	1300501	1582361	45.1	3594	802	362
2010年调查数据	都道府县	1745882	880987	864895	50.5	587	2974	1501
	指定都市	641.475	292627	348847	45.6	255	2516	1148
	市区町村	598344	174274	424071	29.1	2784	215	63
	小计	2985702	1347888	1637813	45.1	3626	823	372

资料来源：日本総務省『第三セクター等の状況に関する調査結果』（http://www.soumu.go.jp/menu_news/s-news/01zaisei06_02000020.html；http://www.soumu.go.jp/menu_news/s-news/38655.html）。

第三章 日本第三部门的历史和现状

在第三部门出资主体中，可以分为出资不满25%，出资大于25%而小于50%，出资大于50%而小于三分之二，出资大于三分之二而小于100%。但是在日本总务省的统计中，也统计了地方公共团体出资达到100%的公司法法人，但是正如本书此前所述，100%出资的法人已经不符合第三部门的概念，也不能说是利用了民间资本，所以不能算作第三部门。地方公共团体出资的比例具体情况见下表3—11。

表3—11　　　　　　　地方公共团体出资比例　　　　　　（单位：个）

	地方公共团体出资比例									合计
	未满25%		大于25%小于50%		大于50%小于三分之二		大于三分之二小于100%		100%		
	法人数	占比(%)	法人数	占比(%)	法人数	占比(%)	法人数	占比(%)	法人数	占比(%)	法人数
都道府县	238	41.0	179	30.8	108	18.6	50	8.6	6	1.0	581
指定都市	112	43.9	57	22.4	52	20.4	19	7.5	15	5.9	255
市区町村	799	29.0	551	20.0	689	25.0	565	20.5	154	5.6	2758
共计	1149	32	787	21.9	849	23.6	634	17.6	175	4.9	3594
2010年调查数据	1153	31.8	806	22.2	859	23.7	645	17.8	163	4.5	3626

资料来源：日本総務省：『第三セクター等の状況に関する調査結果』(http://www.soumu.go.jp/menu_news/s-news/01zaisei06_02000020.html; http://www.soumu.go.jp/menu_news/s-news/38655.html)。

通过表3—11中我们可以看出地方公共团体出资小于25%的第三部门约占到了三分之一，但是根据日本自治法的相关规定，地方公共团体根据出资比例的不同，对于其出资的法人，议会以及政府所拥有的权利不相同。同时，由于第三部门采用的是公司法法人的形式，所以其在受到自治法相关法律约束的同时，也受到公司法的约束。公共团体出资的比例与相应的权利或者义务具体见表3—12。

表 3—12　　　　　地方公共团体出资比例与其权利或义务

地方公共团体出资比例	作为股东的权限	自治法中的规定
1 个股份	股东代表诉讼权（商法 267I）	
1/100 以上	股东大会监事的聘任的请求权（商法 237-2I）、股东提案权（商法 232-2）	
3/100 以上	股东大会召集的请求权（商法 237I II）、董事长、监事的解聘请求权（商法 257III、280I）、会计账目等阅览权（商法 293-6I）	
1/10 以上	检查任命请求权（商法 294I）、公司解散请求权（商法 406-2）	
1/4 以上		地方公共团体中的监察委员可以对出资法人的出纳以及项目执行情况进行监察
1/3 以上	阻止特别决议事情以及特殊决议事情的表决	
1/2 以上	普通决议事项的决议（商法 239I），如：董事长以及监事的选任（商法 254I、280I）	地方公共团体的负责人可以对出资法人的预算执行情况进行调查（自治法 221III），地方公共团体的负责人向议会报告出资法人的财务情况（自治法 243-3III）
2/3 以上	特别决议事项的表决，如：经营内容的全部或者部分出让（商法 245I）、董事长、监事的解聘（商法 257I、280I）、章程的修改（商法 343）、注册资本的减少（商法 375I）、公司的解散、存续（商法 405、406）；特殊决议事项的表决，如：董事长责任的免除（商法 266VI）、股份转让相关章程的变更（商法 348I）、株式会社变更为有限会社（有限会社法 64I III）	

从上述表格我们可以看出，作为出资方的地方公共团体可以行使的权利多为公司法中的规定，而只有当地方公共团体的出资比例超过了25%的时候，才有其他相关的机构或者议会可以监督地方公共团体的出资行为。当地方公共团体的出资比例小于25%的时候，地方公共团体的出资行为将不受其他权力机关的约束，这也是第三部门受到批评的重要原因之一，因为地方公共团体的出资资金来自于纳税人，所以当不受到监控的时候，容易出现权力的滥用甚至出现寻租行为。本书在调查当中，发现一些第三部门的人也为了避免其他权力机关干涉自己的经营，认为应当把地方公共团体的出资比例降到25%以下。但是，如果这样的话，地方公共团体在第三部门当中就很难拥有主导权，而民间资本可以利用主导权获得对自己更为有利的地位以及收益，这会导致第三部门偏离提供公共产品的宗旨。本书也主张第三部门中地方公共团体的出资比例应当高于25%，而公司法对出资方的要求只是要求守法，不要求从公共利益的角度出发维持项目的公共性以及公共资金的保值增值，第三部门应当同地方公共团体一样受到其他权力部门的监督。

但是即使是监察部门以及议会对第三部门的监督也属于一种事后的监督，在设立第三部门之前的项目论证阶段以及项目实施过程中的监督则很少，一些原本就没有必要设立的第三部门或者可以采用PFI方式或者采用独立行政法人等其他方式的项目也采用了第三部门的方式，这样地方公共团体的出资就成了民间资本获得贷款以及申请项目的一种手段，使得第三部门的公共性以及盈利水平受到了限制。如成濑龙夫在《公社、第三部门的改革课题》一书中指出的那样，"现行的地方自治法没有否定（地方自治体）的出资，仅仅是规定了与出资比例相关的（地方自治体）负责人的管理权限与监察委员的权限，而没有规定该如何出资。考虑到由于法律的不完善以及由于之前盲目设立的公社与第三部门会对自治体行政、居民生活以及地区产生重大的影响，所以今后自治体在设立公社与第三部门的时候应当制定相关自律的条例。在此基础上，应当规定明确公共性与公益性的出资目的、出资标准、共同出资者的条件、（地方自治体）负责人的权限与责任、议会的权限与责任、信息公开、居民参与、公社与第三部门的改革与存废等的标准，寻找与自治体相适应的民主方法与管理……从与（地方自治体）负责人的管理权限的大小关系来看，（地方公共团体）的出资比例应当高一些，在政府与民间共同出资的时候，应当把50%以上作为标准。"① 有关如何改善这些问题将在后面章节中详细论述。

6. 第三部门人员情况

第三部门的人员构成情况大体上可以分为两种：一种是民间人士，民间人士可以进一步分为民间资本出资方企业派遣人员和新雇佣的民间人员；另外一种是地方公共团体人员，地方公共团体人员也可以分为地方公共团体中退休人员和地方公共团体派遣人员。具体情况见表3—13。

表3—13　　　　　　　　　第三部门人员构成情况

	2011年调查数据				2010年调查数据			
	总数	地方公共团体退休人员（人）	所占比例（%）	地方公共团体派遣人员（个）	构成比例（%）	总数	地方公共团体退休人员（个）	所占比例（%）	地方公共团体派遣人员（个）	构成比例（%）
人员数量	125430	3969	3.2	4981	4.0	126518	4498	3.6	5054	4.0
董事	31170	2008	6.4	4005	12.8	31892	2087	6.5	4034	12.6
员工	94260	1961	2.1	976	1.0	94626	2411	2.5	1020	1.1

资料来源：日本総務省：『第三セクター等の状況に関する調査結果』（http://www.soumu.go.jp/menu_news/s-news/01zaisei06_02000020.html）。

从此表中我们可以看出，第三部门中有一定比例的地方公共团体的退休人员以及在职工作人员。地方公共团体通过向第三部门派遣职员除了可以参与第三部门的经营与管理之外，还可以让职员学习民间企业的经营方法，掌握在地方公共团体内部很难学到的知识与经验，从而反过来促进地方公共团体的发展。

地方公共团体向第三部门派遣职员的方式具体可以通过四种途径：第一，职务命令，通过命令职员从事第三部门业务，具体的可以通过进修、出差等方式；第二，免除专职义务的方式，根据地方公务员法第35条的规定，在派遣期间，可以免除职员专职于本职工作的义务；第三，请假方式，根据地方公务员法第27条第2项中的请假相关规定，可以让职员采用休假的方式去第三部门从事工作；第四，退休方式，首先让职员暂时退

---

① 成瀬龍夫：『公社・第三セクターの改革課題』，自治体研究社，1997，pp.53-54。

休从事第三部门业务,当需要复职的时候,地方公共团体可以重新录用派遣出去的职员。

不同的方式有着不同的特点与问题。例如,通过职务命令方式,在保证职员的身份方面没有太多的问题,但是,在这种方式中,第三部门在组织上被当作了地方公共团体的下属部门,而派遣的职员的工资由地方公共团体支付的话,原则上是违法的;在免除专职义务方式中,由于派遣的职员在保留地方公共团体公务员身份的同时,不再从事地方公共团体的业务,所以工资的支付也不应当由地方公共团体负责;请假的方式与免除专职义务的方式一样,在保留了职员身份的同时免除了其从事地方公共团体业务的义务,所以工资待遇也应当由第三部门支付,但是在此种方式中,派遣的职员在提高待遇、退休金等方面会受到一定程度的损失;在退休方式中,职员由于临时失去了公务员的身份,所以在派遣期间,地方公共团体也不应当支付其工资等,在这种情况下,职员在复职、待遇提高以及退休金等方面没有特别的损失。

但是围绕地方公共团体向第三部门派遣职员方面,出现了不少由当地居民提起的诉讼案件。例如,上尾市职员派遣事件,在此事件中,上尾市向本市设立的第三部门派遣了市工作人员,而工作人员的工资仍然由市财政负担,因此,上尾市的居民向法院提出派遣员工的工资不应当由上尾市负担,派遣员工应当返还这些不当得利。法院裁定根据地方公务员法第35条对工作人员应当专职于本职工作的规定,而且所设立的第三部门是以盈利为目的的商法上的株式会社,所以与地方公共团体的业务(地方自治法第2条)的性质不同,所以上尾市的职员在保留身份的同时从事第三部门的业务,应当看作违反了专职本职工作的义务。第三部门在接受了派遣职员提供的服务,所以应当负责派遣职员的工资,因此应当把上尾市支付的工资返还给上尾市。而在备前市职员派遣事件中,备前市以职务命令的方式向第三部门派遣了一名职员,而派遣的职员从备前市领取工资的同时也从第三部门获得收入,因此当地居民认为第三部门是备前市经营的以盈利为目的的民间企业,而派遣的职员在保留备前市工作人员身份的同时,从事第三部门的业务,违反了地方公务员法第35条专职本职业务的规定,因此应当停止违法行为,返还备前市支付的工资,停止向第三部门派遣职员。

有关地方公共团体派遣职员这一制度,在地方自治法上只规定了普通的地方公共团体之间可以进行人事交流,派遣职员(地方自治法第252

条第 17 项），但是没有规定向第三部门派遣职员。同时，在地方公务员法第 35 条有关工作人员专职于本职工作的规定中，规定了在法律或者条例有特别规定的时候，可以免除职员的专职本职工作的义务，所以可以看出无论是地方自治法还是地方公务员法中都没有明文禁止向第三部门派遣职员。但是按照第三部门所从事的业务与地方公共团体的业务（地方自治法第 2 条）之间的关系、职员服务的根本标准（地方公务员法第 30 条）、限制从事盈利企业（地方公务员法第 38 条）等的规定，在讨论向第三部门派遣职员的时候，需要认真考虑第三部门的公共性。而一些假借公共性的名义，实际上是民间企业为了规避各种法律法规的限制而采用第三部门的形式的情况下，其公共性则是很难保证的，例如本书在后面的案例论证当中举出的京都市 ZEST 御池项目中，其公共性就很值得怀疑。

但是，地方公共团体为了能够参与第三部门的经营与管理，确保项目公共性的实现，需要向第三部门派遣职员，但是至于采用什么方式更为合理，本书认为应当特别立法，从法律上保证派遣制度的合法性，同时保证派遣职员的合法利益。这也是今后日本第三部门发展所面临的一个重要课题。

7. 第三部门的公共设施管理运营情况

地方自治体的事务，例如教育、文化、体育等是通过学校、市民会馆、图书馆、体育馆、美术馆、公园等设施实现的，而这些设施就属于公共设施，地方自治法中，有关公共设施规定如下：普通的地方公共团体认为有必要实现有效利用公共设施的目的，可以根据相关法律的规定，把这些公共设施的管理委托公共团体或者公共的团体（地方自治法第 244 条）。道路、河流、公园、港湾、机场、下水道等根据相关的法律，其管理者原则上为国家或者地方公共团体。比如，道路法规定，国道的建设或者重建由国土交通大臣负责，都道府县道路的管理由道路所在都道府县负责，市町村道路的管理由道路所在的市町村负责。因此，法律规定管理者为国家或者地方公共团体的公共设施，不能交由民间企业负责。但是随着委托对象的不断扩大，自治体出资的法人也被包含到了"地方公共团体或者公共的团体"中，在公共的团体中，也包含了负责公共活动的町内会、妇女会、老人俱乐部、农协等单位。但是，这也导致了地方自治法明文禁止的向民间企业委托公共设施的管理规定与地方公共团体之间的界限越来越模糊，为此 1991 年地方自治法进行了修改，在可以委托公共设施管理的团体中，除了公共团体或者公共的团体之外增加了自治体出资

50%以上法人，这样第三部门正式成为公共设施委托管理的对象。

但在小泉内阁上台之后，推行了公营组织的法人化和民营化，作为其中的一环，创建了"指定管理者制度"。指定管理者制度以增加居民的福利为目的，通过民间企业的管理促进为居民提供公共服务的公共设施的完善，提高服务的质量。这一制度的前身就是有关公共设施管理运营的管理委托制度。在管理委托制度下，公共团体或者公共的团体抑或自治体出资达到一定比例的法人可以作为公共设施管理运营的对象。但是随着指定管理者制度的引入，公共设施管理运营的对象目标扩大到与地方公共团体没有任何关系的民间企业等，同时管理委托制度也于2006年废除，所以之前委托给地方公共团体、公共的团体或者第三部门的公共设施的管理与运营转换到指定管理者制度或者地方公共团体直营的方式。

在第三部门中，有很多企业都是以管理运营公共设施为主要收入来源，根据总务省的统计，2004年3月第三部门的数量为3823个，其中以公共设施的管理运营为主要业务的第三部门数量为1222个，占到总数的32%，不以公共设施的管理运营为主要业务的第三部门数量为376个，占到总数的9.8%，而不从事公共设施管理运营的第三部门数量为2225个，占到总数的58.2%。所以，可以知道指定管理者制度的实施对第三部门产生了很大影响。而在公共设施的管理运营方面，民营企业无论是在技术还是在人才经验方面都会优于第三部门，所以在今后新的公共设施管理运营项目负责方选择的时候，第三部门将处于明显的劣势。

在2011年的统计中，第三部门当中作为指定管理者的法人数量达到了1205人，占到总数的31.9%。具体情况见表3—14。

表3—14　　　　从事公共设施管理运营的第三部门情况

		2011年调查数据			2010年调查数据		
		法人数（个）	指定管理者法人（个）	所占比例（%）	法人数（个）	指定管理者法人（个）	所占比例（%）
公司法人	株式会社	3320	1058	31.9	3341	1052	31.5
	其他公司法人	274	147	53.6	285	152	53.3

资料来源：日本総務省：『第三セクター等の状況に関する調査結果』（http://www.soumu.go.jp/menu_news/s-news/01zaisei06_02000020.html）。

从 2011 年的统计数据我们可以看出，现在从事公共设施管理运营的第三部门比例比 2004 年有所下降，从中我们可以推断出越来越多的第三部门将从此行业中退出。这一现象也将成为第三部门今后将面临的重大挑战之一。

8. 第三部门的经营情况

此小节将主要分析第三部门的经营状况，利用的数据是 2011 年统计的到 2011 年 3 月 31 日为止的数据，数据调查的对象为地方公共团体比例达到 25% 以及即使出资比例在 25% 以下，但是接受了财政援助（补贴、贷款、亏损代偿）的第三部门。

根据 2011 年调查数据，回答问卷的第三部门的总数为 2536 个，其中实现盈利的法人数为 1702 个，占到总体的 67.1%。具体情况见表 3—15。

表 3—15　　第三部门的经常项目收支情况

		2011 年调查数据			2010 年调查数据		
		法人数（个）	所占比例（%）	金额（百万日元）	法人数（个）	所占比例（%）	金额（百万日元）
第三部门	经常项目盈利的法人	1702	67.1	117124	1853	72.0	110014
	经常项目亏损的法人	834	32.9	36629	720	28.0	41269
	总计	2536		80495	2573		68745

资料来源：日本総務省：『第三セクター等の状況に関する調査結果』（http://www.soumu.go.jp/menu_news/s-news/01zaisei06_02000020.html）。

从中我们可以看出，第三部门中有一半以上的企业实现了盈利，这也说明了第三部门并不像媒体所宣传的那样很多企业都处于亏损状态。根据日本国税厅的统计，2011 年企业法人税的申报金额为 37.2883 万亿，其中申报的税额为 9.5352 万亿，已经连续增加了两年。但是这些申报的企业中，盈利的企业比例却只有 25.9%。具体见图 3—2。

从图 3—2 我们可以看到，日本企业整体的盈利水平只有 25.2%，即使在泡沫经济时代，最高的盈利水平也不到 45%，由此我们可以看出第

第三章 日本第三部门的历史和现状

单位：%

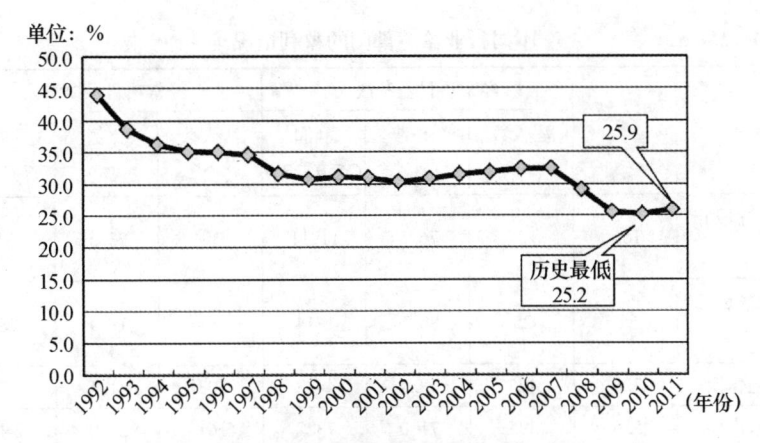

图 3—2 盈利企业比例的变化

资料来源：根据日本国税厅发布的资料整理而成。

三部门的盈利水平绝对不低，反而应当处于较高的水平。但是，为什么第三部门出现亏损的时候，仍然受到广泛的批评，本书认为，这主要是由于下述两个方面的原因：第一，第三部门是地方公共团体出资的企业，而出资的资金来源于纳税人，因此纳税人以及新闻媒体等会特别关注这些税收的使用情况，而当第三部门出现亏损的时候，就会受到批评，认为纳税人的钱没有用到合适的地方；第二，由于第三部门是地方公共团体与民间企业共同出资设立的企业，所以更容易让人联想到官商勾结或者出现寻租行为，特别是当从公务员岗位退休下来的领导干部出任第三部门的相关领导的时候，社会上就会认为第三部门仅仅是为退休的公务员提供再就业的岗位。

不同行业第三部门的盈利情况也不相同，通过分析不同行业的盈利情况，可以为今后在设立第三部门企业的时候提供相应的参考。在实现盈利的第三部门中，除了国际交流之外，信息处理、生活卫生、居住与城市服务的第三部门企业的盈利水平较高，而在经常项目亏损中，观光与休闲行业与教育文化行业出现的亏损比例较高。在不同行业的盈利金额中，运输道路最多，其次是商业与工业和地区城市开发；在亏损金额方面，最大的也是运输道路，观光与休闲和农林水产紧接其后。具体情况见表3—16。

表3—16　　　　　　　不同行业第三部门的盈利情况

行业	法人数（个）	经常项目盈利法人			经常项目亏损法人		
		法人数（个）	比例（%）	利润（百万日元）	法人数（个）	比例（%）	亏损额（百万日元）
地区与城市开发	166	127	76.5	11911	39	23.5	1959
住宅与城市服务	31	25	80.6	1714	6	19.4	285
观光与休闲	728	425	58.4	4488	303	41.6	3826
农林水产	556	395	71.0	7322	161	29.0	2407
商业与工业	315	217	68.9	14153	98	31.1	1821
社会福利与医疗保健	13	10	76.9	148	3	23.1	87
生活卫生	74	62	83.8	8167	12	16.2	125
运输与道路	351	218	62.1	59119	133	37.9	23037
教育与文化	41	24	58.5	769	17	41.5	637
公害与自然环境保护	5	4	80.0	37	1	20.0	4
信息处理	53	46	86.8	2116	7	13.2	105
国际交流	1	1	100	9	0	0.0	0
其他	202	148	73.3	7171	54	26.7	2335
合计	2536	1702	67.1	117124	834	32.9	36629

资料来源：日本総務省：『第三セクター等の状況に関する調査結果』（http://www.soumu.go.jp/menu_news/s-news/01zaisei06_02000020.html）。

从表中我们可以看出"观光与休闲"行业的第三部门收益情况在第三部门中处于最差水平。有关观光与休闲部门的法律主要是1987年制定的《综合保养地域整备法》，当时政府为了振兴地区经济，要在全国各地建设体育、休闲、文化活动等综合性娱乐设施制定了此法律。在建设休闲设施的时候，不仅仅是国家与地方自治体，同时也需要民间企业的参与。为此，日本政府对于从事休闲设施建设的企业从法人税、土地保有税以及事业税等方面对企业提供优惠措施，特别是对于那些由民间企业与地方自治体共同出资设立的第三部门，国家提供无息贷款以及低息贷款。为此，在日本全国各地，很多民间开发企业以参与休闲设施的建设与运营为名同地方自治体共同设立第三部门。而对于地方自治体来说，从20世纪80年代后期开始，由于经济发展缓慢，特别是在如北海道以及广岛等以煤炭或者造船等传统产业为经济支柱的地区，由于经济的不景气，很多年轻人逐渐远离这些地区到大城市就业，而地方自治体的财政收入则不断减少。

当时很多大企业，如松下电器、日本长期信用银行等强制要求员工进行休假。除此之外，由于当时在对外贸易上和美国存在冲突，为了缓和同美国的冲突，日本政府在"前川报告"的基础上采取扩大内需的措施，而这些都促进了国内休闲娱乐产业的发展，根据经济企划厅的计算，"采用双休制可以促进1.07万亿的消费，提高国民生产总值0.5%。而如果再采用一个星期以上的连休的话，其效果将会更大"（日经产业新闻1978年5月13日报道）。在这种背景下观光与休闲产业的第三部门大量增加，但是随着经济的不景气，这些以观光与休闲为目的设立的第三部门面临着经营困难，破产的局面。这也从侧面说明了，那些不经过事先周密策划，盲目上马的第三部门，其公共性很难保证，也可能沦为民营企业获得收益的一种工具。

通过企业资产情况也可以说明第三部门的经营现状。根据日本总务省的统计，目前资产总额超过债务总额的第三部门数量占到第三部门的91.5%，而资不抵债的第三部门只占到总数的8.5%。

9. 第三部门的财政支援情况

地方公共团体对于第三部门从财政方面的支持可以分为三种类型，分别为：提供补贴、提供贷款以及提供损失代偿和债务偿还担保。以下就上面提到的三种类型的支持分别进行讨论。

（1）提供补贴：根据日本总务省2011年截至2011年3月31日的统计，在调查的2536家第三部门企业中，接受地方公共团体提供补贴的企业数量为548家，占到总数的21.6%，而其中把补贴计算到经常项目收入中的法人数量为385家，占到总数的15.2%；而补贴的金额总数达到了75677百万日元，计算到经常项目收入中的金额为12202百万日元。通过上述统计数据，我们可以看出，接受地方公共团体补贴的第三部门数量总数占到了第三部门的五分之一，而更多的第三部门则是通过自有资金或者其他的方式筹措资金，能够维持企业的自我发展。

但是根据日本地方自治法第232条第2项的规定，"普通地方公共团体在存在公益上必要性的时候，可以进行捐助或者提供补贴"。而成濑龙夫在《公社、第三部门的改革课题》当中指出，"如果提供补贴的话，那么就要满足公益性的要求（第三自治法第232条第2项），这里所说的公益性不是随便可以解释，需要严格认定。也就是，本应当由地方公共团体负责的事业，至少是与此相关的事业。"[1] 而很多学者认为，第三部门本来就是有民间企业参与的企业，所以第三部门应当根据自己的判断承担相应的责任以及风险。同时，第三部门也是追求利益的企业，应当按照经济学原理对待，不应当由地方公共团体提供补贴。在提供补贴的时候，应当讨论第三部门与该地区居民之间的利益因果关系，必须以与居民的利益存在客观的关系情况下才能提供补贴。而围绕地方公共团体提供的补贴，也引起了很多相关的诉讼案件，例如，1990年下关市出资5000万日元设立的日韩高速船株式会社由于经营不善，在一年零四个月后破产，而下关市为公司的破产提供了8亿4500万日元的补贴。对此，当地居民提起诉讼要求返还补贴。对此，山口地方法院裁定下关市提供的补贴不满足公益性的要求，所以前任市长要偿还下关市与补贴相同的金额。除此之外，还有宫崎县的围绕宫崎县为PHOENIX RESORT公司提供补贴一事，当地居民也提起了诉讼，最后法院也是裁决补贴不符合公益性原则，要求返还补贴。综上，地方公共团体在对第三部门提供补贴的时候，需要认真考虑补贴是不是出于公益性，以及第三部门是不是尽最大努力去改善经营情况，但是由于所从事的事业本来具有公共性以及较低的收益性而造成的，只有在这种情况下才可以提供补贴。

（2）第三部门第二个融资渠道就是通过地方公共团体贷款。截至2011年3月31日，调查的2536家第三部门中，从公共团体的第三部门数量为285家，占到总数的11.2%，借款金额为1019281百万日元；与从地方公共团体借款相比，从其他途径借款的第三部门数量为990家，借款金额为2413601百万日元。两者相加的总数为1275家，占到第三部门总数将近一半。

（3）地方公共团体对第三部门提供资金支持的第三个途径是对第三部门产生的损失提供代偿或者对第三部门产生的债务提供担保，从而确保第三部门能够维持生存或者从其他渠道获得贷款。2011年3月31日截

---

[1] 成瀬龍夫：『公社‧第三セクターの改革課題』，自治体研究社，2002，p.80。

止，调查的 2536 家第三部门中，从公共团体获得损失代偿或者债务担保的第三部门数量为 170 家，占到总数的 17.2%，涉及资金总额为 302612 百万日元。有关损失代偿的法律是 1946 年制定的《财政援助限制法》。在二战前，由于政府对国策公司提供大量的债务保证，导致了国库的大量亏损，为了防止此情况再次发生，以美军为首的占领军指示日本政府制定了此法律。此法律主要是为了限制不经过日本国会或者地方议会的表决而进行财政援助，但是随着日本宪法以及地方自治法的制定，所有的财政行为都要经过国会或者地方议会的批准，这已经失去了实际的效用。在此法律中，规定"政府或者地方公共团体不能给公司以及其他法人的债务提供担保"。但是，1954 年，当时的自治厅行政科长指出，对于损失补偿，不属于限制政府对法人提供财政援助的法律第 3 条规定的内容。但是现实中，地方公共团体很多都签署了损失补偿合同，究其原因，主要有四点：第一，对于地方自治体而言，没有对于提供债务保证的限制，在制度上可以灵活使用；第二，与不断向第三部门出资相比，债务保证可以减少现金支出；第三，债务保证是针对将来可能发生的损失，因而财政监管较为宽松；第四，作为融资的金融机构，由于同地方公共团体签署了损失补偿协议，所以即使第三部门经营不善，企业亏损破产，也可以降低不良债务的可能性。①

但是，2007 年日本通过了《地方公共团体的财政健全化法律》，此法律已经于 2009 年正式生效，此法律规定作为判断地方公共团体是否符合了早期健全化标准的一个标准是"未来负担比例"，也就是说，对于第三部门等未来可能发生的债务，同出资方签订损失补偿协议的地方公共团体，其未来可能发生的债务也被看作衡量地方公共团体财务情况的一个标准。如果符合早期健全化标准的话，就会被政府要求制订财政健全化计划，这也就意味着，地方公共团体的财务情况出现恶化。有关地方公共团体的财政健全化法律对第三部门的具体影响将在后面的"第三部门面临的挑战"一章中详细论述。

10. 第三部门信息公开情况

作为民主管理的一个重要方面，就是信息公开。第三部门无论是地方公共团体出于什么目的设立，但是因为由地方公共团体出资，应当与地方

---

① 宫脇淳：『第三セクターの経営改善と事業整理』，学陽書房，2010，pp. 77 - 78。

公共团体一样接受居民的监督。为了把第三部门置于议会以及居民的监督之下，需要第三部门公开相关信息。但是第三部门在信息公开方面做得一直都不好，这也是第三部门广受批评的一个重要原因。同时，由于很多第三部门都需要地方公共团体提供补贴、贷款、损失保证等，第三部门的经营情况会对地方财政产生很大影响，需要居民对第三部门进行监督。很多地方自治体都制定了各自的信息公开条例，比如在北海道、秋田县以及高知县等地方的信息公开条例规定自治体应当汇总第三部门经营情况，提供给居民公开阅览。在东京都的信息公开条例修改案中规定，应当采取措施促使出资法人公开信息，东京都应当指导出资法人进行信息公开。

信息公开的方式有很多，比如要求地方自治体公开所获得的第三部门的信息、要求地方自治体的干部职员公开所获得有关第三部门董事会会议记录等。

法律对于第三部门规定了几个监督管理的办法。首先，作为出资方的地方公共团体可以行使出资方的监督管理权力。地方公共团体作为股东所获得的有关股东大会的资料可以作为监督的材料。其次，地方自治法中规定了监督管理第三部门的方法，规定地方自治体获得的资料属于信息公开条例中规定的应当予以公开的"公共资料"。但是，所规定应当公开资料的地方公共团体有多少，是否能够积极搜集相关资料都是很重要的问题。但是从目前的情况来看，地方公共团体中所保存的第三部门的信息与资料仍然很少，比如，在后面将提到的北近畿丹后铁道，在笔者调查的福知山市市政府那里，能够调查到的资料就很少，除了一些简单的北近畿丹后铁道的宣传资料除外，几乎没有什么有价值的资料。因此，今后可以要求自治体搜集整理相关的资料，自治体的负责人有责任向议会以及居民说明第三部门的情况的话，就可以在一定程度上保证信息公开。

另外一方面，很多地方公共团体都会向第三部门派遣职员去担任第三部门的领导与员工，这些人因为身处第三部门，参与第三部门的经营与管理，因而更容易把握第三部门经营情况。这些人所获得的关于董事会会议记录等一般人难以获得信息资料应当进行公开。但是很多地方自治体不愿意主动去公开这些信息，比如大阪国际文化公园都市株式会社，大阪府副知事担任其董事长，大阪府下面的茨木市与箕面市的市长担任公司的董事，但是大阪府却以第三部门是单纯的民间企业，相关资料不存在等为理由拒绝公开相关信息。

因此，信息公开也成为了今后第三部门健康发展不可或缺的重要保障，只有在议会和居民的监督下，才能保证第三部门的公共性以及杜绝寻租行为。

根据日本总务省2011年12月22日公开的截至2011年3月31日对第三部门的统计中，包括第三部门、社团法人、财团法人、地方三公社以及地方独立行政法人的法人总数为7178人，其中积极公开信息的法人总数为5639人，占到总数的78.5%，制定信息公开条例或者规定的法人数为3508人，占到总数的48.8%。此处的统计没有单独统计第三部门信息公开的情况，但是从中我们也可以大体分析出进行信息公开的第三部门总数不少，但是能够设立信息公开制度或者保障的法人数仍然不多，这也是第三部门今后需要改善的地方。第三部门作为公司法法人，根据公司法第939条的规定，企业要通过报纸、电子媒体等公开公司的资产负债表，然而现实情况下，进行信息公开的第三部门，其公开的内容也仅仅是公司的一般会计情况，很少公开企业的决议情况、项目从设立到运营的具体情况。因此，今后第三部门应当通过网络等进行信息公开，让社会居民了解纳税人的税金是否得到合理运用。

通过上述十个方面分析了日本第三部门发展的现状，通过这些分析可以对日本第三部门企业目前处于一种什么样的状态、经营情况等有所了解。

第四章

日本铁路第三部门合理性案例研究

通过以上第一章对第三部门理论部分的分析和第二章对第三部门制度本身的分析，我们可以看到第三部门在现实社会中存在的理论根据和现实需求，但是同时也存在很多问题。以上两章只是总体性的分析，通过总体性分析可以了解第三部门的整体情况，但是第三部门究竟是一个什么样的部门，以及第三部门企业在实际运营过程中是如何操作的，这些都需要通过具体的案例进行分析。铁路第三部门作为较早采用第三部门方式进行改革的行业，其经历了第三部门的高潮也经历了第三部门的低谷，见证了第三部门发展的整个过程，同时由于铁路是一个既具有公共性，同时也要求效率的行业，所以铁路部门的改革该如何进行，是采用国有企业方式还是纯粹的民营化方式或者是第三部门方式，对于这个问题的探讨能够更加明确第三部门是在什么形势下诞生的，以及其在现实社会经济中具体能发挥什么作用。本章通过对第三部门铁路诞生背景、诞生过程以及现状的分析，探讨整个铁路第三部门的过去、现在和未来。同时，作者通过对两家铁路第三部门（北近畿丹后铁道和北越急行）进行调查，能够具体展现第三部门的情况，同时分析铁路第三部门存在的必要性和改革的迫切性。铁路第三部门的案例研究是本研究的重点之一，通过探讨铁路第三部门的情况，从中窥探到整个第三部门的实际情况，希望对我国今后铁路改革提供参考。

这一章主要从日本铁路第三部门的产生、概况和以北越急行及KTR两家第三部门为例进行分析铁路第三部门的有效性。

一 日本铁路第三部门的诞生

日本铁路第三部门的诞生源于日本国有铁路改革。日本的铁路最早出现在1872年的新桥到横滨之间的铁路，当时，明治政府采取通过建设干线铁路的方式，但是存在财政上的困难。所以在日本早期铁路的发展过程中，民营资本扮演过重要的角色，到1890年，私人资本建设的铁路在营业里程上已经超过了国有铁路。但是随着日本对外侵略扩张的需求，分散经营的铁路已经不能满足对外战争的需要，日本在1906年通过了《铁路国有法》，从而把私营铁路转变为国有铁路。

但是，随着二战的战败，日本国有铁路也遭受了沉重的打击。1947年8月，片山内阁以运输省的名义，发布了"国有铁路的现状"，指出国铁的受损情况：轨道1600千米（占全体的5%，下同）、建筑物180万平方千米（20%）、电灯设备9万个（10%）、通信线路3.1万千米（6%）、电话1.3万台（12%）、工厂14家（56%）、车辆1.32万辆（10%）、机车891辆（14%）、客车2228辆（19）、电车563辆（26%）、货车9557辆（8%）、渡船8万吨（65%），受损总额约为18亿日元[1]。但是，通过战后的恢复，日本国铁在1948年基本恢复了基础设施。作为国家复兴计划的一环，日本国铁制定了1948—1952年的"国铁复兴五年计划"，之后在1957年又制定了第二个五年计划。

日本国有铁路在1987年的民营化之前，总共经营着19639公里的铁路线、30个铁路局，除此之外，还经营着与铁路有关的船舶事业、汽车业务等。日本国有铁路的最高负责人总裁是由日本内阁任命的，任期4年。在总裁下面设立了副总裁，副总裁是经过运输大臣批准，由总裁任命的，任期也是4年。其员工总数到1980年约为40万人，其中很多都是作为政治任务接收的从中国等战场上返回的日本士兵。

1949年，日本国铁在组织形式上改组为公共企业体，但是一直以来的国有铁路的身份也导致了国铁缺乏服务精神，距离一般的民营企业的服务精神还相差较远。随着日本经济的发展，以及进入高度成长期，日本国内的交通情况发生了很大的变化，其中汽车、航空以及船舶等交通方式不

---

[1] 原田勝正：『日本の国鉄』，岩波書店，1984，pp.136–137。

断发展，特别是随着汽车的普及，以及汽油作为主要能源使用，同时再加上社会经济结构的调整，使得大量人口和产业向城市集中，在这样的背景下，日本国铁在1964年开始首次出现亏损，由于劳动力成本的增加、运输设备的更新以及新线的建设，从此之后亏损的情况越来越严重。1964年的亏损为300亿日元，而到了1965年亏损扩大到1230亿日元，1966年为601亿日元，1967年为941亿日元，1968年为1000亿日元。在这样的情况下，国铁的改革就成为了亟须解决的问题。

第一，有关国铁改革的第一次再建对策是根据1969年制定的《日本国有铁道财政再建特别措施法》的要求，以10年内重建财政为目标，实现收支均衡。其中的一条是，"有关地方闲散线路，促进其向公路的转换"。在国铁改革过程中，有关地方交通线的改革，1968年9月4日国铁咨询委员会向当时的石田国铁总裁提交了有关"如何处理地方线路"的建议书。在此建议书中，提出，对于20800公里的国铁路线中的13400公里地方线路强化其作用以及进行现代化改造，同时对于4800公里的线路进行彻底的改革，对于另外的2600公里的线路在确保其便利性的同时，要把运输任务交由汽车负责，对于马上切换到汽车有困难的线路，可以提高票价或者由相关地方公共团体负担亏损的部分。这对于地方线路的改革具有历史性的意义，也基本上明确了今后地方线路的改革方向。

第二，第二次再建对策是以1969开始的10年期限的再建计划，但是，在改革的过程中，随着国铁财政情况的恶化，在1973年2月2日，内阁通过了"有关日本国有铁道的财政再建对策"。其中有关地方闲散线路，根据当地的实际情况以及可以替代交通工具的情况和今后地区开发的相关情况，与当地的市町村自治体进行充分的协商，在取得一致意见的地区，积极促进向公共汽车的转换。

第三，第三次再建对策。虽然前两次的再建计划提出了各种改革的措施，随着石油危机的爆发，以及政府财政情况的恶化，政府在1975年12月通过了"日本国有铁道再建对策纲要"，同时在1977年1月对此纲要进一步修正时提出了"有关日本国有铁道的再建对策"。在1976年和1977年的改革过程中，有关地方交通线改革，运输政策审议会在1976年成立了国铁地方交通线问题小委员会，并在1977年1月提出了"有关国铁地方线路的问题"的中间报告。其中，在实施亏损地方线路改革的时候，提出当地的居民应当参与到改革中的想法，为此，提出设立能够反映当地居民意见的协议会。同时提出了协议会可以探讨和选择的方案，包括，民间企业方式、第三部门方式、地方公共团体等。这是铁路第三部门概念首次出现。

第四，第四次再建对策。虽然实施了一些改革，但是国铁由于长期赤字的累积和存在长期债务，导致其改革成效不大。为此，提出了第四次再建对策。政府在1977年12月通过了"日本国有铁道再建的基本方针"，明确了国铁重建的最终方向。在此基本方针的基础上，内阁在1979年12月通过了规定国家以及国铁应当紧急采取措施的"有关日本国有铁道再建"决议。为了实施此决议，日本议会在1980年通过了《日本国有铁道经营再建特别措施法》。此法规明确了到1985年之前完善国铁能够健康经营的基础，应当推进重建的对策。其中对于地方交通线，规定了"向公共汽车运输或者由第三部门、民间企业等负责的铁路运输方式转换"，同时明确了特定地方交通线对策是国铁经营改善计划的一环。特别措施法以及实施细则规定了认定特定地方交通线的具体标准、对策协议会会议、地方交通线转让、外借以及提供支持的措施等，成为地方交通线对策的核心。

1975年内阁通过"日本国有铁道再建对策纲要"后的第二年9月，运输政策审议会设立了"国铁地方交通线问题小委员会"，并在1977年1月提交了"有关国铁地方线问题"的中间报告。

在中间报告中，明确了地方线对策的基本思路、地方线的范围、协议会的设立以及地方的选择等，但是没有提出具体对策。1979年改革的最终报告被提交给运输大臣。在报告中，有关地方线路的范围，规定为"特别是效率低下，成为实现国铁自主经营负担的线路，也就是即使采取措施改善经营效率，但是也难实现盈利的运输密度小的线路中除了特别部分（城市间旅客运输、大城市圈旅客运输以及大量货物运输的线路），把这些线路与公交汽车的经济性相比较，按照运输密度可以划分为三种：铁路运输更具有经济性的线路、转换为公交汽车运输困难的线路、更适合公交汽车运输的线路。同时，在不同的相关都道府县，成立由国家以及国铁的派出机构和相关地方公共团体和其他相关人员组成的协议会，讨论选择是采用公交车运输方式还是第三部门方式等，同时制定相关的支援措施。

国铁按照1977年通过的"日本国有铁道再建的基本方针"，在1979

年 7 月向运输大臣提交了"国铁再建的基本构想计划"。同年，政府在 12 月通过了"有关日本国有铁道的再建"，同时制定了《日本国有铁道经营再建特别措施法》。在"有关日本国有铁道的再建"决议中，明确了作为国铁经营改善措施之一的地方交通线对策，也就是"有关地方交通线，在努力获得当地居民理解的同时，要充分考虑确保居民的出行，采取彻底的改善措施、设定特别的票价、向公共汽车运输转换或者通过第三部门方式和民间企业负责铁路运输方式"。到 1985 年，对每天的运输人次不满 2000 人的线路（约 4000 公里）进行转换。同时，作为行政措施，对于向公交车运输方式的转换或者通过第三部门方式和民间企业负责铁路运输的方式转换过程中所需要的费用以及转换后的公交车服务或者第三部门以及民间企业负责的铁路运输在经营过程中产生的亏损和国铁为了维持地方交通线经营所产生的亏损，国家应当提供相应的补偿。为了实施这些内容，《日本国有铁道经营再建特别措施法》于 1980 年 2 月被提交到第 91 次国会，并在同年 12 月 27 日公布。

《日本国有铁道经营再建特别措施法》为了确保国铁的经营重建和确保地区铁路的效率，综合推进相关措施，而之前实施的基于地方交通线对策的特定地方交通线对策属于此法律的一部分。地方交通线是国铁铁路网（245 条铁路线）中干线之外的营业线路，即使采取相关改善措施，也很难确保其经营的改善，旅客运送密度不满 8000 人的 175 条线路。

有关国铁自身的改革，在 1986 年 11 月 28 日参议院国铁改革特别委员会上，通过了国铁改革关联八法案[①]，这样国铁将于 1987 年 4 月 1 日正式解散。改革后的国铁被划分为 JR 北海道、JR 东日本、JR 东海、JR 西日本、JR 四国、JR 九州、日本货物铁路公司、国铁清算事业团、新干线保有机构、铁路综合技术研究所，这些新公司分别在 1987 年 3 月成立，4 月开始独立运作。

根据《日本国有铁道经营再建特别措施法》以及其实施细则的规定，国铁的线路被划分为干线和地方交通线两种，在地方交通线中，"能够通

---

① 国铁改革八法案分别是：《日本国有铁路改革法案》《关于旅客铁路股份公司及日本货物铁路股份公司的法律案》《新干线铁路保有机构法案》《日本国有铁路清算事业团法案》《关于促进日本国有铁路自主退休职工及日本国有铁路清算事业团职工再就业特别措施法案》《铁路事业法案》《日本国有铁路改革法实施法案》《关于地方税法级国有资产等所在市町村补助金及捐现金法律的部分修正法律案》。

过一般的集体运送旅客的方式运送的线路被称为特定地方交通线，每天运送的人次在 4000 人以下的线路就属于特定地方交通线。而对于不适合向公交车运输方式转换的线路设定了四个条件，分别为：人数最多的时候，每小时的乘坐人次超过 1000 人的线路；相关替代运送方式的道路没有完善的线路；替代运输方式的道路在每年冬天，积雪时间超过 10 天，相关替代运输方式不能确保的线路；一般旅客的乘车距离平均在 30 公里以上，每日运送的人次在 1000 人以上的线路。在满足了上述四个条件的同时，需要获得运输大臣的批准。这类的线路总共有 83 条线路，长度为 3157.2 公里。

在废除特定地方交通线的情况下，为了确保替代运送方式，每条将要被废除的线路都应当设立特定地方交通线对策协议会，其构成人员应当包括相关行政机构以及相关地方公共团体。同时，在选择把地方交通线转换为地方铁路的时候，对于地方铁路的经营者，可以免费转让或者提供铁路线路。在此，法律规定了对于地方交通线的运营费用以及特定地方交通线转运所需要的费用应当由国家提供补贴的同时，对于转换后的公交运输或者采用第三部门等方式经营铁路运输，国家应当提供补贴。

特定交通线的认定选择，主要通过 7 个步骤完成：国铁从除了干线铁路之外的铁路线路中选择地方交通线，由运输大臣进行认定；在被认定为地方交通线的铁路线路中选择特定地方交通线，由运输大臣进行认定；国铁在选择特定交通线的时候，应当把相关情况通报相关都道府县知事；都道府县知事在收到本地区的铁路线被认定为特定地方交通线通知的时候，可以向运输大臣提出异议；国铁在完成第一和第二步骤之后，应当公布地方交通线的名称以及区间；国铁制定有关第二步骤中认定的特定地方交通线的废除时间以及议会召开时间等经营改善计划；特定地方交通线为了使选定废除的线路经营能够顺利进行，应当综合考虑该线路的长度、利用人数以及与其他线路衔接方面的问题分阶段进行。

由于特定地方交通线的认定选择中，线路的废除会对当地产生很大的影响，应非常谨慎地分阶段进行，最后，线路的废除是按照三个阶段进行。第一次特定地方交通线的选择标准：正常时间段内旅客的乘车距离小于三十公里，而且每日发送的旅客数小于两千人；正常时间段内的旅客乘坐距离小于五十公里，而且每日发送的旅客人小于五百人。第二次特定地方交通线的选择标准：符合特定地方交通线标准的线路中，每天发送旅客的人数在两千人以下的线路中除去第一次特定地方交通线已经选择的线路。第三次特定地方交通线的选择标准：符合每日发送旅客人数在两千人以上不满四千人标准的线路。

国铁在1981年6月10日根据第一次选择的标准选择了40条全长730公里的线路，并向运输大臣提交了批准申请，同年9月18日获得批准。根据第二次选择的标准，国铁在1982年11月22日向运输大臣提交了33条全长2170公里的线路，但是在提交批准的过程中，有的线路暂时未被批准，但是之后又被批准，所以第二次认定的批准总共分为两次，分别是1984年6月22日和1985年8月22日，两次总共批准了31条全长2089.2公里的线路。在特定地方交通线的认定选择中，1986年4月7日向运输大臣申请了12条全长338.9公里的线路，这些线路分别于同年5月27日和10月28日以及1987年2月3日被批准。这样，从1986年6月第一次认定选择开始以来，经过5年零8个月，总共83条全长3817.2公里的线路被认定为特定地方交通线。

在认定特定地方交通线的过程中，1981年6月10日向运输大臣申请认定40条线路为特定地方交通线，同时，把相关的情况向20都道府县进行了说明。国铁在6月10日也向相关市町村等进行了事前的情况说明。报纸、电视等媒体也进行了相关的报道。而相关市町村认为在相关法律向国会提交之前没有同相关居民进行沟通，对于国铁对交通弱者赖以出行的地方亏损线路毫不留情地采取相关措施表示非常不满。同时，在被认定为废除对象线路的沿线地区，爆发了各种形式的抗议活动。但是随着改革的推进，以及作为替代措施的实施，这种反对的意见逐渐消失。

当时有20个道县的知事对特定地方交通线表示强烈反对，但是考虑到作为地方行政机构的立场，意见逐渐软化为"并不是否定基于法律的国家的交通政策，但是应当把政策实施带来的影响降到最低限度"。在这过程中，在岩手县、秋田县、新潟县三个地区，逐渐出现了可以通过第三部门方式或者有条件的保留铁路等意见。在岩手县知事意见书中，指出"三陆纵贯铁路的全线开通是沿线居民多年来的愿望，为了通过第三部门方式实现这种愿望，从1980年开始沿线的自治体等开始向运输省做工作，在1981年4月1日召开的三陆纵贯铁道相关市町村会议上，决定采用第三部门方式。为了推进国铁重建进行的地方交通线对策改革也是值得肯定的，希望采用第三部门这么一种更加现实的方式，期待运输省和国铁能够协助"。

1984年4月1日在全国瞩目下，作为第一家第三部门铁路，三陆铁路诞生了，三陆铁道的诞生是沿线居民长久以来的期待。从青森县八户横贯三陆沿岸以宫城县前谷地为目的地的铁路在1920年11月根据新铁路铺设法的规定被选为国家的预定线路，之后，一部分线路逐渐开通，但是由于1980年12月27日通过的国铁再建法，中间的久慈线、宫古线、盛线被认定为废除的线路，没有开通的线路的工程也被冻结。但是当被认定为废除线路的消息发布后，成立了三陆纵贯铁道期成同盟会联络协议会，并在11月25日召开了三陆纵贯铁道建设促进岩手县总动员大会。1981年4月14日，三陆纵贯铁道相关市町村长召开会议，决定通过第三部门方式运营久慈到宫古之间的线路以及釜石到盛间之间的线路。同年8月，岩手县知事正式表明采用第三部门方式，10月召开了岩手县知事和沿线15市町村长参加的发起人会议，决定了第三部门公司的商号、代表人、设立事务所、股份数、成立股东大会的时间等。11月召开了成立大会、董事会，任命了17名董事、2名监事以及董事长等。11月4日成立了"三陆铁道株式会社"。

三陆铁路的成立正处于第二次特定地方交通线认定申请的时间内，这对于面临处理特定地方交通线的地方自治体来说，具有非常重要的参考意义。当时，三陆铁路在媒体宣传中经常使用"生活线路""观光线路"这类的词语，可以看出其定位已不仅仅是出行的交通工具，而是与居民的生活密切相关，同时也成为了当地观光资源的一部分。

二 第三部门铁路概况

以上分析了日本铁路第三部门产生的历史背景，下面主要介绍分析日本铁路第三部门的整体情况。

在日本，铁路一般可以分为民营铁路和公营铁路，其中，民营铁路包括在国铁改革中成立的JR以及其他纯民间企业，公营铁路主要是指在一些大城市由地方自治体运营的地铁等公营交通。铁路第三部门则是一个比较特殊的群体，广义上的铁路第三部门是地方自治体与民营企业共同出资设立的铁路公司，这些铁路公司主要是采用株式会社形式，在法律上属于民间企业。因此广义上的第三部门主要包括从在国铁改革过程中被认定为特定地方交通线转换过来的铁路公司、从原国铁的新建线路转换过来的铁路公司、随着新干线的开通被从原有公司剥离出来成立的铁路公司、经营特定地方交通线和国铁新线转换线路的铁路公司、城市单轨电车、新交通系统、机场相关铁路、货物铁路。具体情况见表4—1。

表4—1　　　　　　　　　广义第三部门铁路的分类

一般铁路	大城市交通	☆东京都地铁建设　☆京都高速铁道　☆关西高速铁道　☆神户高速铁道
		北总开发铁道、东叶高速铁道、首都圏新都市铁道、琦玉高速铁道、东京临海高速铁道、横滨高速铁道、北大阪急电铁、大阪府都市开发
	地方交通	栗原田园铁道、加越能铁道、南部纵贯铁道、国铁改革相关铁道（37家）、Shinano铁道、IGR岩手银河铁道、Aoimori铁道
新交通系统		琦玉新都市交通、百合鸥东京临海新交通临海线、大阪港Transport System、桃花台新交通、神户新交通、广岛高速交通
单轨电车		千叶都市单轨电车、多摩都市单轨电车、大阪高速铁道、北九州高速铁道
机场相关铁道		芝山铁道　☆关西国际机场
货物铁路		八户临海铁道、仙台临海铁道、福岛临海铁道、秋田临海铁道、新潟临海铁道、京叶临海铁道、神奈川临海铁道、鹿岛临海铁道、名古屋临海高速铁道、衣浦临海铁道、水岛临海铁道

注：☆属于第三类铁路（在日本，铁路分为三种类型，分别是第一、二、三类铁路。其中，第一类运送旅客和货物的铁路当中除了第二类的铁路；第二类铁路是利用自有线路运送旅客和货物的铁路；第三类铁路是为第二类铁路提供运输线路的铁路）。

资料来源：国土交通省铁道局：『鉄道要覧』，電気社，2001；国土交通省铁道局：『数字でみる鉄道』，運輸政策研究機構，2002。

但是，在日本，一般意义上的铁路第三部门是与国铁改革相关的铁路，也就是在国铁改革过程中被认定为特定地方交通线的线路以及随着国铁改革，正在建设的国铁线路被暂时冻结，在改革完成后采用官民共同经营方式重新建设的这类线路和随着新干线的开通通过第三部门方式保留下来的线路。但是这些线路由于开业时间不同,以及其中的一些已经被合并或者被废除,随着铁路第三部门的出现,成立了代表铁路第三部门的"第三部门铁道协议会",并通过此协议会代表第三部门处理与政府的关系以及对外宣传等。目前加盟该协议会的铁路第三部门一共有35家,除了这35家之外,符合上述一般意义上的铁路第三部门还有信浓铁道和青森铁道属于随着新干线的开通,从原有铁道转换过来的铁路第三部门,这两家加入了民营铁路协会。所以本书中论述的铁路第三部门是指加入第三部门铁道协议会的铁路,这样选择原因主要有两点:第一,与国铁改革相关的35家公司,是最早出现的一批铁路第三部门,代表着铁路第三部门的成长,在一般的民众眼中,所谓的铁路第三部门一般就是指的这一类企业;第二,新出现的几种官民合作设立的铁路主要是负责大城市的轨道交通或者专门负责货物运输,很难反映第三部门那种既具有较高的公共性,同时又要求改善经营的特性,如单轨电车,主要是在大城市运营的线路,其收益情况一般是可以确保的,这与第三部门的意义是不符的,如果是货物运输的话,由于与市民的生活联系不紧密,因而很难评价其公共性。综上,本书的铁路第三部门主要指的是加入第三部门铁道协议会的35家铁路。有关35家铁路第三部门的具体情况见表4—2。

表4—2　　　　　　　　第三部门铁路概况

编号	所在地区	所在县	公司名称	成立日期	运送人员（千人） 2010年	运送人员（千人） 2011年	经常损益（千日元） 2010年	经常损益（千日元） 2011年
1	东北	岩手县	三陆铁道	1984.4.1	851	297	−149950	−169481
2		岩手县	IGR岩手银河铁道	2002.12.1	4774	4695	−135864	428176
3		宫城县、福岛县	阿武隈急行	1986.7.1	2443	2060	−131799	−178957
4		秋田县	秋田内陆纵贯铁道	1986.11.1	413	411	−257526	−251123
5		秋田县	由利高原铁道	1985.10.1	283	277	−87683	−90296
6		山形县	山形铁道	1988.10.25	740	735	−97775	−50011
7		福岛县	会津铁道	1987.7.16	598	503	−250593	−205272

续表

编号	所在地区	所在县	公司名称	成立日期	运送人员（千人）2010年	运送人员（千人）2011年	经常损益（千日元）2010年	经常损益（千日元）2011年
8	关东	栃木县、福岛县	野岩铁道	1986.10.9	461	346	-185748	-220816
9		茨城县	鹿岛临海铁道	1985.3.14	2222	1856	-68728	-126685
10		栃木县、茨城县	真冈铁道	1988.4.11	1065	1018	-19192	-7470
11		栃木县、群马县	渡濑溪谷铁道	1989.3.29	468	423	-105012	-105187
12		千叶县	夷隅铁道	1988.3.24	396	410	-123811	-150145
13		新潟县	北越急行	1998.3.22	3597	3509	1161546	1131293
14	中部	石川县	能登铁道	1988.3.25	724	702	-90875	-125070
15		岐阜县	长良川铁道	1986.12.11	776	775	-202533	-195713
16		岐阜县	樽见铁道	1984.10.6	602	628	-74235	-78746
17		岐阜县	明知铁道	1985.11.16	440	445	-83402	-77261
18		静冈县	天龙浜名湖铁道	1987.3.15	1549	1517	-193134	-184146
19		爱知县	爱知环状铁道	1988.1.31	14147	14561	72593	20620
20		三重县	伊势铁道	1987.3.27	1575	1591	-8	-31109
21	关西四国中国	滋贺县	信乐高原铁道	1987.7.13	491	492	-29817	-77409
22		京都、兵库县	北近畿丹后铁道	1988.7.16	2034	1947	-669758	-775868
23		兵库县	北条铁道	1985.4.1	307	323	-15730	-20453
24		兵库县、冈山县、鸟取县	智头急行	1994.12.3	1051	1029	423320	285109
25		鸟取县	若樱铁道	1987.10.14	398	420	2262	872
26		冈山县、广岛县	井原铁道	1999.1.11	967	968	-145579	-171414
27		山口县	锦川铁道	1987.7.25	241	230	-46301	-56696

第四章 日本铁路第三部门合理性案例研究

续表

编号	所在地区	所在县	公司名称	成立日期	运送人员（千人）2010年	运送人员（千人）2011年	经常损益（千日元）2010年	经常损益（千日元）2011年
28	关西四国中国	德岛县、高知县	阿佐海岸铁道	1992.3.26	38	39	-20127	-66472
29		高知县	土佐黑潮铁道	1988.4.11	2057	2004	-187667	-238940
30		福冈县	平成筑丰铁道	1989.10.1	1916	1914	-48587	23406
31		福冈县、佐贺县	甘木铁道	1986.4.1	1340	1300	-14083	338
32	九州	长崎县、佐贺县	松浦铁道	1988.4.1	2898	2901	-31532	-54412
33		熊本县	南阿苏铁道	1986.4.1	256	248	-1472	-680
34		熊本县	熊川铁道	1989.10.1	760	727	-6271	-38440
35		熊本县、鹿儿岛县	肥萨Orange铁道	2004.3.13	1512	1450	-379.449	-228577
							盈利：4家	盈利：7家
							亏损：31家	亏损：28家

资料来源：根据第三部门铁道协议会内部资料整理而成。

在35家铁路第三部门中，由于成立的背景不同，又可以分为从特定地方交通线转换过来的铁路、新线转化的铁路、新干线并行线铁路三种类型。

（一）特定地方交通线转换铁路

在35家铁路第三部门中，由特定地方交通线转换过来的有20家，同时经营特定地方交通转换线路和国铁新线转换线路的有7家。总共27家企业中，除了爱知环状铁道的经营在最近两年实现了盈利之外，其他的都处于亏损状态。亏损的企业除了在设备新旧方面有所不同之外，在以下几个方面都比较相似：

第一，决定经营环境好坏的重要因素是运输密度方面，这些亏损的企业的运输密度都是每天2000人以下，经营环境非常不好。

第二，收支方面，由于经营环境、地理位置等客观条件非常不好，导致其运输密度很低，从而使其收支情况也很不好，经常处于亏损状态，在"收入100日元需要付出多少费用"营业系数上，绝大部分公司的支出都处于110—230日元（第三部门铁路等协议会调查）。为了维持这些亏损企业的正常运营，相关地方自治体在企业开始运营后通过提供补贴或者减免固定资产税等方式提供支持。

第三，在铁路设施方面，虽然有一些企业同时经营从国铁新线转换过来的线路，但是大部分企业经营的铁路设备非常陈旧，这导致其维护费用非常高，也造成了企业的亏损，同时要全部更新这些设备的话，以企业自己单独的力量是很难做到。为此，国家和地方自治体对于企业的设备更新提供相关的补贴，或者承担设备的维护费用以及与企业共同拥有设备，从而相应减轻企业的负担。

第四，在运营方案方面，虽然企业成立之初，设想通过定期提高票价维持经营，如果出现亏损的话，可以通过"运营基金"的收益补偿。实际上，在运营过程中，很难提高票价，特别是一些线路的主要乘客是学生和老人，提高票价的意义也不大。在运营基金的运用方面，由于经济不景气，整个经济一直处于通货紧缩的情况下，基金的收益很难保证，这使得一些企业的基金越来越少。

第五，在经营改革方面，各个企业都在想办法改善经营情况，比如通过举办各种活动或者提供旅游包车等方式，试图减少亏损。比如，南阿苏铁道利用阿苏山的自然风景，从2008年其重新装饰了列车，通过强化宣传来吸引周围的观光游客，取得了不错的效果。但是这种通过一些活动试图改变经营状况的努力是有限的，只能是在很小的限度内减少亏损，很难长期改善企业的收支情况。

第六，在向官有民营方向的转换方面，虽然各企业不断努力，国家以及自治体也提供了一些补助和帮助，但是企业的经营情况一直很难好转，所以政府通过修改相关法律，导入官有民营这么一种上下分离的制度，同时完善相关补贴和税收制度。在这样的背景下，各公司开始朝着上下分离的方向同相关自治体进行协商，在2009年4月1日若樱铁道第一个完成了上下分离改革。

（二）新线转换铁道

根据 1980 年生效的《日本国有铁道财政再建促进特别措施法》的规定，当时正在建设中的地方线路从国家剥离出去，目前，通过第三部门方式运行的这类铁路一共有 13 家[①]。13 家公司本来是为了运营国铁改革中暂停的新线在建设完成后的线路而设立的，但是也有 7 家公司同时运营特定地方交通线。

由于是新的线路，所以其线路建设的规格较高，应当可以满足高速、大容量的需求，同时这些线路最初都是定位城市间人员的运输以及城市圈内人员的运输，所以其收益应当可以保障的。但是很多线路的建设选址都选择在一些地理位置不好的地方，这也导致了这些企业的亏损。同时，这些线路很多都是在汽车产业尚不发达，汽车还未普及的情况下规划的，被定位于原有国铁线路的延长线或者是联络线，也有的是为了货物运输业而建造，因而仅仅依靠这些线路自身的力量很难实现盈利。

目前，北越急行、爱知环状铁道和智头急行 3 家的经营情况还算稳定，但是随着今后北路新干线的开通（与北越急行形成竞争关系）以及中国公路的延长（与智头急行形成竞争关系）等都可能会对企业的经营产生严重的威胁。其中，北越急行目前通过与 JR 合作运行高速特级列车，在首都圈和北陆地区占有很多的市场份额，但是随着北陆新干线的开通，同时，其目前正在运营的特急列车也都到了报废的时间，因而其今后的经营情况也不容乐观。

虽然，这些新的线路建设成本很高，但是由于是无偿获得的，减少了一定的固定支出，然而设备的更新换代以及折旧费的增加，都会对企业经营造成严重的影响。因此在这样的情况下，虽然是新线，但是因为线路建设和设备都采用高规格，一旦设备出现问题，其维修费用也相应地会很高，随着时间的推进，这种折旧的成本会越来越高。例如，在北越急行运营的线路中，在一些长的隧道，由于当时承担新线建设的铁道建设公团的

---

① 13 家企业分别是：三陆铁道、阿武隈急行、秋田内陆纵贯、野岩铁道、鹿岛临海铁道、北越急行、樽见铁道、爱知环状铁道、北近畿丹后铁道、智头急行、井原铁道、阿佐海岸铁道、土佐黑潮铁道。其中，三陆铁道、阿武为铁道、秋田内陆纵贯、樽见铁道、爱知环状铁道、北近畿丹后铁道、土佐黑潮铁道同时也运营者特定地方交通线转换过来的线路。

考虑不周全,出现了一些沉降,为此北越急行不得不投入大量的资金去维护。这种情况今后可能会更加严重。

虽然目前也在讨论把设备与运营分离的上下分离式改革,但是这些新线的设备都相对较大且成本较高,这导致改革的难度增加。同时,在转换成铁路第三部门的时候,政府提供的转换交付金也仅仅是一般铁路的三分之一,除了一部分线路之外,其他的公司都面临着与其他铁路第三部门相同的问题。

(三) 新干线并行线路

随着新干线的建设,运营在相同区间的旧线路在新干线开始运营的时候,会被从 JR 剥离,这些剥离的线路包括 1998 年 10 月成立的信浓铁道、2002 年 12 月成立的 IGR 岩手银河铁道和青森铁道和 2008 年 3 月成立的肥萨 Orange 铁道。其中 IGR 岩手银河铁道和肥萨 Orange 铁道加入了第三部门铁道协议会。

1990 年,政府和执政党,在新干线开业的时候把原有的线路从 JR 剥离,需要取得剥离线路沿线地方公共团体以及 JR 的同意,为了确保既有线路的运营应当在固定资产税上采取必要的措施方面达成一致。同时,有关货物运输,2000 年 12 月,既有线路从 JR 剥离之后,JR 货车如果继续通过既有线路的话,应当根据使用的情况,提供必要的使用费用,对于由此 JR 货物产生的损失,通过新干线贷款收入进行必要的补偿。而且在剥离既有线路的时候,JR 各公司应当低价转让。

剥离前的这些线路,是由 JR 负责经营的,一般是特急列车以及货物列车,属于高规格线路。但是,其隧道和桥梁等都超过了规定使用的期限,为了维护这些设施,继承这些线路的第三部门不得不降低车速或者更换到柴油机车以此来缩减经费。虽然,为了改善经营,各企业都在时刻表制定、新车站的选址等方面做足功夫,但是由于属于高收益的特急列车的停运以及与新干线的竞争,导致其整体经营情况非常困难。

今后,随着沿线人口的减少以及老龄化社会的压力增大,利用铁路通勤和上学的人数会不断减少,同时私家汽车的增加和沿线城市经济的衰退,都会对第三部门铁路经营产生重大的影响。况且,货物列车的通行是全国物流的重要组成部分,因此,要确保铁路第三部门线路获得相应的线路使用费。由于并行线路原本都是干线线路,但是随着被从 JR 剥离组成了铁路第三部门,其整个铁路网络被分割成不同的条块,而且在一些线路上取消了直达列车,对于顾客来说便利性降低了,这不仅仅是 JR 和铁路第三部门之间的关系,应当站在全国铁路战略的角度,国家以及相关自治体应当对铁路第三部门提供更多的扶持。

在日本政府与地方自治体对铁路第三部门提供支持方面,国家对铁路第三部门提供补助的制度(包括已经废除的制度)主要有"特定地方交通线转换铁道等运营费补助""铁道口安全设施建设费用补助""铁路灾害修复补助""铁路轨道现代化设备费用补助""铁路人员安全对策教育指导费用""地方铁路新建开业费用补助""转换铁路等运营费补助"等。国家提供给铁路企业的所有补贴等都是根据《铁道整备基金法》的规定执行的,作为国家特殊法人的铁道整备基金根据上述法律第 20 条第 2 项第 4 号的规定,"接收国家补助金,以此作为资金来源交付补助金等"。对于第三部门的补助也是通过这个基金进行的。但是,随着日本对特殊法人的改革,在 1997 年 10 月 1 日,铁道整备基金和船舶整备公团被整合成运输设施整备事业团(根据 1998 年 6 月 13 日通过的《运输设施整备事业团法》设立的),这样一来,包括对于铁路第三部门等铁路企业的补贴就由原来的铁道整备基金变为运输设施整备事业团。根据相关法律的规定,运输设施整备事业团在铁路方面的主要工作是为以新干线为主的干线铁路以及城市间铁路等的建设和完善提供资金支持,其资金来源主要为由运输省从铁路一般会计预算中拨付的补助金和转让建设完成的新干线获得的资金。

第三部门铁道协议会在 2008 年 10 月对 35 家铁路第三部门从国家和地方自治体获得支持情况进行了调查。调查主要针对运营费用补贴(亏损补贴)、固定资产税的减免、设施建设等的补贴、地方自治体负担的设施维护费用情况以及拥有设施的相关情况。

根据第三部门铁道协议会的统计,2000 年的会员与 2010 年的会员情况相比,北海道的智北高原、神冈、三木、高千惠铁道四家铁路第三部门由于经营困难和自然灾害破产而退出第三部门铁道协议会,后来,IGR 岩手银河和肥萨 Orange 铁道两家新干线并行线路新加入到第三部门铁道协议会。根据国铁再建法的规定,由国铁中分离出来被认定为特定地方交通线的亏损线路转换而来的铁路第三部门公司有 20 家,在国铁改革时被冻结的线路中,在国铁改革完成后重新开工建设的国铁新线转换过来的铁路

第三部门有6家，同时经营特定地方交通线与国铁新线的铁路第三部门有7家，除此之外，还有2家新干线并行线路。但是，特定地方交通线转换线路的能登铁道在开业时运营的特定地方交通线后来被废除了，现在是租借JR的线路开始运营。

根据国铁再建法的规定，每日运送旅客在8000人以上的线路属于干线线路，而之下的线路属于地方交通线，运输密度在4000人以下的"可以利用公交车代替铁路运输的线路"被认定为特定地方交通线。国铁改革当时，认为运输密度在4000以下的线路其经营情况非常困难，因而在第一次、第二次、第三次的特定地方交通线认定过程中，从国铁中分离出来。35家铁路第三部门中，在2007年运输密度超过2000人的公司只有6家公司，其中的5家公司，北越急行、智头急行、爱知环状铁道、鹿岛临海铁道、伊势铁道实现了盈利，剩余的1家公司和其他企业共30家企业处于亏损状态。在国铁时代，4000人的运输密度是盈亏平衡点，而铁路第三部门在政府各种支持政策以及通过各自的努力，盈亏平衡点降到了2000人。

国家以及地方自治体对于盈利铁路第三部门企业中的两家提供"设施设备现代化补助"，而对其他的盈利企业则没有提供类似的补助。对于上面提到的30家亏损企业，国家和地方自治体提供了各种各样的补助。

1. 运营费用补助

陷入亏损的30家公司中的22家公司，对于2006年的一般性亏损和尚未处理的损失或者预计的2007年一般性亏损，在2007年从地方自治体获得了一定的补贴。剩余的陷入亏损的8家公司则没有获得相应的补贴。2006年，30家亏损企业的亏损总计达到3256百万日元，2007年地方自治体提供的补贴为2070百万日元，占到亏损总额的64%（而在获得补贴的22家公司的亏损总额为2696百万日元，而获得补贴为2070百万日元，占到亏损总数的77%）。各公司获得补助大概是在开始营业之后的较早时间就开始了。

2. 固定资产税的减免

出现亏损的30家公司中的12家公司根据自治体制定的有关固定资产税的减免政策，获得了相应的减免优惠，2家公司享受自治体向其运营基金提供资金的优惠。2007年亏损的30家公司应当缴纳的固定资产税为7.4亿日元，而2008年减免的税收以及其运营基金获得补贴金额为3.16

亿日元，占到应缴纳固定资产税的43%。固定资产税减免的300万百日元就相当于企业运营费用相对减少，与政府和自治体向铁路第三部门提供亏损补贴的效果相同，对于铁路第三部门3256百万日元的亏损，（1）和（2）的总计金额为2370百万日元，相当于亏损总额的73%。

3. 完善设施等补贴

对于亏损的30家企业，国家提供了770百万日元，自治体提供了1387百万日元，运营基金提供了163百万日元，总计2320百万日元的设施完善补贴。

除了对于完善设施提供补贴之外，其他补贴还包括：国家对3家企业提供了57百万日元的灾害恢复费用或者运营补助，地方自治体提供了539百万日元的运营稳定资金。

4. 地方自治体承担设施的维护或者获得设施的所有权，铁路第三部门企业获得设施的使用权

地方自治体对铁路第三部门提供了357百万日元的设施维护管理费用。对于另外5家企业（其中1家属于盈利企业），地方自治团体通过"上下分离"方式，获得部分企业部分或者全部的隧道、桥梁、土体、车站等的所有权，把使用权交给这些企业。从而减轻这类企业的设施设备维护维修管理费用。有关2007年国家和地方自治体对铁路第三部门提供的支援措施具体情况见表4—3。

以上分析了国家和地方自治体对铁路第三部门提供的支援政策和2007年具体提供支援的情况。以下将重点对国家的补助制度进行分析。

日本政府对铁路第三部门提供补助制度主要有对于铁路第三部门开业五年内出现的亏损，同地方自治体一同提供补贴的"运营费亏损补助"和对车辆、轨道和枕木等更新提供"铁道轨道现代化补助"，但是35家铁路第三部门早已过了五年，因而已经不适用运营费亏损补助。

现在日本政府对铁路第三部门提供的补助主要是从"铁道轨道现代化补助""铁道轨道运输升级事业费补助"以及"地区公共交通活性化和再生综合事业费补助"发展而来。

5. 铁道轨道运输升级事业费补助制度

此补助制度主要针对提高设施安全或者维持铁路运营的设施设备。2009年制度有所改变，补助比例统一为三分之一，补助对象主要分为以下三种：

表 4—3　2007 年国家与地方自治体提供支援措施的调查

公司名称	亏损补贴 自治体提供 补助	亏损补贴 自治体提供 运营基金	亏损补贴 开始时间	2007年国家与地方自治体等减免措施 固定资产税减免 应缴纳金额	2007年国家与地方自治体等减免措施 固定资产税减免 自治体的减免	2007年国家与地方自治体等减免措施 算人运营基金	2007年国家与地方自治体等减免措施 开始时间	设施完善措施 自治体补贴 国家	设施完善措施 自治体补贴 补助	设施完善措施 自治体补贴 运营基金	其他补助 国家	其他补助 自治体	上下分离方式（负担维护费用）
三陆铁道	119	X	1995	21	16	X	2001	28	42	X	X	X	隧道、桥梁
IGR岩手银河铁道	X	X	X	80	X	X	X	X	31	X	X	64上学定期使用情况巨变影响缓解补助	X
阿武隈急行	X	X	X	30	X	X	X	50	143	X	X	X	X
秋田内陆纵贯铁道	240	23	1987	26	26	X	1987	10	10	X	15灾害	9车辆改善，15灾害	X
由利高原铁道	80	X	1993	5	5	X	1985	15	15	X	3灾害	3灾害	X
山形铁道	X	55	1988	10	X	X	1999	13	16	4	X	X	X
会津铁道	163	X	1999	28	X	X	1988	44	60	X	X	X	X
野岩铁道	148	X	1999	16	X	X	1999	X	X	X	X	X	X
鹿岛临海铁道	X	X	X	27	X	XX	X	X	X	X	X	X	土地

续表

公司名称	亏损补贴 自治体提供 补助	亏损补贴 自治体提供 运营基金	亏损补贴 开始时间	2007年国家与地方自治体减免等 固定资产税减免 应缴纳金额	固定资产税减免 自治体的减免	减免措施 算人运营基金	减免措施 开始时间	设施完善补贴 国家	设施完善补贴 自治体 补助	设施完善补贴 自治体 运营基金	其他补助 国家	其他补助 自治体	上下分离方式（负担维护费用）
真冈铁道	23	X	1990	13	X	X	X	10	24	X	X	X	3个车站维持费
渡濑溪谷铁道	X	91	1990	13	X	X	X	15	31	X	X	X	X
夷隅铁道	128	X	1994	2	X	X	X	X	X	X	X	X	X
北越急行	X	X	X	190	X	X	X	X	X	X	X	X	X
能登铁道	X	23	1992	11	X	7	1988	X	X	X	X	3 灾害	112 维持运营
长良川铁道	105	X	2004	17	17	X	2008	16	23	X	X	94 经营稳定对策	68 维持费
樽见铁道	57	X	2003	49	X	X	1985	X	X	X	X	X	32 维持费
明知铁道	33	X	1986	3	3	X	1986	31	47	X	X	X	25 维持费
天龙滨名湖铁道	X	60	1987	38	37	X	1988	73	68	51	X	17 强化经营根基	X
爱知环状铁道	X	X	X	176	X	X	X	407	407	X	X	X	X
伊势铁道	X	X	X	24	X	X	X	17	X	17	X	0.3 车站管理费	X

续表

2007 年国家与地方自治体提供的支援措施

公司名称	亏损补贴 自治体提供 补助	运营基金	开始时间	固定资产税减免等 应缴纳金额	自治体的减免	算人运营基金	开始时间	设施完善补贴 国家	自治体 补助	运营基金	其他补助 国家	自治体	上下分离方式(负担维护费用)
信乐高原铁道	37	6		7	X	X	X	40	60	X	X	9 车辆维修、3 活动	X
北近畿丹后铁道	465	X	1990	81	26	X	1991	67	67	X	X	80 电气化、38 人工费	车站
北条铁道	22	X	1986	9	X	9	1986	X	6	X	X	X	X
智头急行	X	X	X	84	6	X	1987	15	15	X	X	X	X
若樱铁道	X	X	X	6	X	X	1998	X	X	X	X	X	X
井原铁道	X	X	1999	46	46	X	X	80	155	5	X	X	X
锦川铁道	X	28	1987	6	X	X	1992	X	X	X	X	X	120 维持费
阿佐海岸铁道	27	41	1987	15	15	X	2006	X	X	X	X	X	X
土佐黑潮铁道	X	62	1990	109	64	X	2002	X	14	X	39 运营费	94	X
平成筑丰铁道	X	X	X	8	X	X	X	112	185	36	X	11 运营、13 经营稳定	X

续表

公司名称	亏损补贴 自治体提供 补助	亏损补贴 自治体提供 运营基金	亏损补贴 开始时间	2007年国家与地方自治体减免税等 应缴纳金额	固定资产税减免 自治体的减免	减免措施 算入运营基金	减免措施 开始时间	设施完善补贴 国家	设施完善补贴 自治体 补助	设施完善补贴 自治体 运营基金	其他补助 国家	其他补助 自治体	上下分离方式（负担维护费用）
甘木铁道	X	X	X	8	X	X	X	19	30	贷款5	X	X	X
松浦铁道	X	X	X	33	X	X	X	108	311	49	X	X	
南阿苏铁道	X	12	1987	4	X	X	X	24	48	46	X	X	部分车站
熊川铁道	X	22	1992	2	X	X	X	X	X	6	X	X	X
肥萨Orange铁道	X	X	X	44	39	X	X	X	X	X	X	X	X
合计	1647	4233		1241	300	16		1194	1818	214	57	539	357

注：金额单位：百万日元。
资料来源：根据第三部门铁道协议会内部资料整理而成。

第一，计划安全事业。以有利于提高安全性的设备为补助对象，在第三方机构进行客观评估的基础上，向运输省运输局提供"综合安全对策计划"。

第二，维持运输的事业。为了维持运输所必需的设备，与地方自治体合作共同制订"基于综合协作计划的实施计划"，提交给运输省运输局。

第三，铁路重组事业。主要是有关铁路事业重组的设备和咨询顾问费用，根据《有关地区公共交通活性化以及再生的法律》，需要国土交通大臣进行认定。

补助的设备对象主要包括轨道、电气信号设备、ATS 设备、紧急刹车装置、车辆更新等。除此之外，还有"铁路设施综合安全对策事业费补助制度"，补助比例为三分之一，补助的对象是铁路第三部门的大型隧道和桥梁等的维修。

6. 地区公共交通活性化和再生综合事业费补助

《地区公共交通活性化和再生法》于 2007 年 10 月 1 日生效，此法律的目的是综合推进地区铁道、公交车、出租车、客船等公共交通的发展和再生，支持市町村、公共交通企业、当地企业组成的"法定协议会"制订的"地区公共交通综合合作计划"的实施，促进相关方面采取自主措施进行改革。补助的时间是 3 年，国家对计划制定费用提供定额的补助，对项目实施费用补助二分之一（政令市的协议会补助三分之一）。补助的对象包括铁路、公交汽车、出租车、客船等运营、相关设施的完善、公共交通利用的促进等。

7. 干线铁路等活性化事业费补助制度（综合合作计划事业）

此制度是 2009 年新设立的制度，也被称为"社区轨道支援"制度，就是对于利用铁路潜在需求大的地方城市和城市近郊的线路根据综合合作计划，整体提高公共交通的硬件和软件设施，提高交通的便利性。

例如，增加列车的班次和重新制定人性化的列车时刻表，建设新的车站等。干线铁路等活性化事业费补助的补助对象包括部分 JR、大企业、小企业、公有企业或民营企业，以提高铁路使用者的便利性为目的，补助的比例是国家补助三分之一，地方公共团体补助三分之一。

上述 4—3 主要分析了目前第三部门铁路可以利用的补助和支援制度。但是在铁路第三部门成立之初，国家以及相关地方自治体也为向铁路第三部门的顺利转换提供了各种支持措施。有关地方交通线的财政措施主要是根据1975年12月内阁通过的有关"有关亏损地方线路的运营，在国家积极进行支援的情况下，作为国铁自己的责任应当讨论如果处理这些亏损地方线路"。为了减轻地方交通线对国铁造成的财政负担，从1976年开始把地方交通线运营费用的一部分通过地方交通线特别交付金支付。1980年12月实施的国铁再建法中也在此明确了相关的措施，这些措施一直实施到1987年4月国铁被分解。在国铁再建法中规定"废除特定地方交通线，为了确保通过地方公共汽车或地方铁路代替运输任务，国家在一定期间内对运费差额以及购买必要的公交车和机车车辆所需费用提供补助"。补助的标准是转换经营方式的线路每1公里运营的线路补助3000万日元。此补助制度（转换交付金）在1987年4月国铁改革完成后，由清算事业团继承。其具体主要包括转换特别交付金、运营费补助金、地方铁路新线补助、税收补助、特定地方交通线的租借或转让、经营安定基金。

8. 转换特别交付金

为了使特定地方交通线的废除和转换能够顺利进行，对于向其他方式的铁路转换时的费用，根据清算事业团（国铁改革前是国铁）制定的"特定地方交通线转换交付金交付纲要"，向相关企业交付。具体的内容见表4—4。

表4—4　　　　　　　　　　转换交付金的内容

名称	交付对象	费用	费用的主要内容
定期运费差额交付金	特定地方交通线的通勤、上学等定期旅客	在特定地方交通线废除时的国铁定期运费与继任企业的定期运费之间的差额	差额费用的计算期间 ①通勤定期旅客：12个月； ②上学定期旅客：到毕业之前（1年减去2个月的假期）
初期投资交付金	继任公共汽车企业和地方铁路企业	继任企业在运营特定地方交通线初期所需要的费用。①公交车或铁路机车购置费；②公交车站或者车站以及其他设施建设费用	公交车或者铁路机车的购买：车辆购买费用和车辆改造费用、普通机车（不包括货车）；公交站台、车站以及其他设施的建设：公交汽车停车场、公交站台、车站、铁路机车车库以及其他设施的建设

续表

名称	交付对象	费用	费用的主要内容
转换促进相关事业交付金	相关地方公共团体	相关地方公共团体负责事务所需费用当中，与促进特定地方交通线转换有关的费用：交通设施的完善、给继任企业提供补助和出资所需要的费用、给利用继任企业的旅客提供补助所需要的费用、其他有利于特定地方交通线废除和转换的事项所需要的费用、有关转换促进相关事业的地方自治法第241条规定的基金相关的费用	完善交通设施相关的事项：道路以及道路附属物的完善、交通安全设施等的完善以及其他的设施（汽车站、停车站、站前广场）；对继任企业补助和出资；有利于废除顺利进行的事项：通过转换促进相关事业交付金建设设施的维护管理、在转换过程中新建设线路的运营费补助以及该公交线路相关道路设施的维护管理等

9. 运营费补助金

根据国铁再建法的规定，在废除特定地方交通线后，在继任企业经营铁路或者公共汽车时所产生的亏损，在新项目开始运营后的一段时间内，国家提供一定的补助，从而确定转换后的铁路事业顺利运营。补助期间为新项目开始五年内，补助比例是五年内运营过程中产生亏损金额的二分之一。此制度也适用于日本铁道建设公团新建设与特定地方交通线相当的新线路。补助的具体内容见表4—5。

表4—5　　　　　　　转换铁路等运营费补助制度的概要

补助事业以及补助对象	运营转换的线路以及运输大臣认定的铁路建设公团建设的地方铁路新线的事业是补助的事业，经营该事业的企业是补助的对象
补助金额	补助事业在运营过程中产生的损失（但是，当损失的金额超过运送旅客所产生的金额时，那么以运送旅客所产生的金额为准）
与其他事业等相关的收益和费用	在计算补助事业所产生的亏损金额按照铁道轨道整备法实施规则的规定

续表

补助内容	在属于特定地方交通转换过来的铁路的情况下，补助比例为二分之一以下，在属于地方铁路新线的情况下，补助为亏损金额的五分之二以内
补助期限	在企业开始运营后五年内（每年4月1日到第二年3月31日为一年）

10. 地方铁路新线补助

为了促进地方铁路新线的顺利开业，对于铁建公团建设的地方铁路新线，根据地方铁道新线补助金交付纲要的有关规定进行补助。补助的对象是经营铁建公团建设的地方铁路新线的企业，补助主要针对地方铁路新线开业时所需要的铁路机车所需要的费用，按照一公里线路补助1000万日元的标准提供补助。

11. 税收补助

对于特定地方交通线的继任铁路企业以及公交车企业从国税和地税上提供优惠措施。税收上的优惠措施主要分为国税（法人税、登记税）上的优惠和地税（不动产税、固定资产税）上的优惠。

（1）法人税

对于铁路企业从清算事业团或者旅客铁路公司无偿获得的特定地方交通线的固定资产税进行一定的减免（法人税法第42条第1项和第2项）。

（2）登记税

在1990年3月31日之前从旅客铁路公司获得不动产的登记和转移登记以及设定登记或者新成立的铁路公司的登记免税。

（3）铁路企业无偿从清算事业团获得的地方交通线的不动产的登记在1991年3月31日之前免税。

（4）不动产取得税

铁路企业在1990年3月31日之前（从清算事业团获得特定地方交通线的时候，期限为1991年3月31日之前）从清算事业团或JR无偿获得特定地方交通线的时候，对于获得该特定地方交通线的不动产时免收不动产取得税。

（5）固定资产税

铁路企业从清算事业团或者JR免费获得的特定地方交通线的固定资产用于铁路项目时，对于该固定资产，固定资产税减半。特定地方交通线向铁路转换的时候,通过转换交付金在 1990 年 3 月 31 日之前获得的折旧资产,固定资产税在五年内减半。

12. 特定地方交通线的租借或转让

国铁再建法第 12 条第 1 项规定,根据日本国有铁道法第 45 条第 1 项的相关规定,原则上不能租借或者转让的国铁营业线路中,可以把地方交通线租借或者转让给想要经营地方铁路的企业。有关特定地方交通线,特定地方交通线对策协议会规定,在选择通过铁路的方式代替国铁运营铁路的时候,对于经营铁路的铁路第三部门和地方铁路企业无偿租借或者转让相应的铁路。

随着特定地方交通线的废除,向铁路第三部门转换的线路根据相关规定分别被无偿租借或者转让,在 1987 年 4 月 1 日国铁改革之后,根据改革法等实施细则的相关规定,在国铁改革尚未完成转换任务的特定地方交通线由 JR 各公司继承,之后 JR 各公司通过租借或者转让的形式把相应的线路交由铁路第三部门使用。

13. 经营安定基金

随着特定地方交通线的废止,在向铁路第三部门转换后,对于转换后的铁路第三部门,为了维持稳定的经营,设立了经营安定基金,通过此基金提供亏损补助和车辆、设备等的更新和补充。基金的资金来源是转换交付金以及相关地方自治体根据基金条例的规定提供的资金。有关基金的具体情况见表 4—6。

表 4—6　　　　　　　　第三部门铁路基金的情况

公司名称	营业里程（公里）	1998 年 3 月 31 日的基金情况（百万日元）	2012 年 3 月 31 日的基金情况（千元）
三陆铁道	107.6	1369	63339
IGR 岩手银河铁道	82.0	—	237921
阿武隈急行	54.9	—	—
秋田内陆纵贯铁道	94.2	2171	1610495
由利高原铁道	23.0	734	450000
山形铁道	30.5	623	84547
会津铁道	57.4	1000	266508
野岩铁道	30.7	—	—

第四章　日本铁路第三部门合理性案例研究

续表

公司名称	营业里程（公里）	1998年3月31日的基金情况（百万日元）	2012年3月31日的基金情况（千日元）
鹿岛临海铁道	53.0	—	—
真冈铁道	41.9	338	0
渡濑溪谷铁道	44.1	941	204609
夷隅铁道	26.8	745	564063
北越急行	59.5	—	—
能登铁道	61.0	1744	145808
长良川铁道	72.1	1310	600000
樽见铁道	34.5	12	0
明知铁道	25.1	311	0
天龙浜名湖铁道	67.7	1129	60010
爱知环状铁道	45.3	—	—
伊势铁道	22.3	608	399309
信乐高原铁道	14.7	419	310194
北近畿丹后铁道	114.0	1495	6207
北条铁道	13.7	280	0
智头急行	56.1	—	657860
若樱铁道	19.2	740	0
井原铁道	41.7	—	0
锦川铁道	32.7	706	146454
阿佐海岸铁道	8.5	565	13244
土佐黑潮铁道	109.3	1171	1102635
平成筑丰铁道	49.2	399	62230
甘木铁道	13.7	397	478868
松浦铁道	93.8	517	291050
南阿苏铁道	17.7	563	191864
熊川铁道	24.8	692	177399
肥萨Orange铁道	116.9	—	—

资料来源：根据第三部门铁道协议会内部资料整理而成。

通过上面的统计，我们可以看到肥萨Orange铁道、爱知环状铁道、北越急行、鹿岛临海铁道、野岩铁道、樽见铁道没有设立相应的基金，而真冈铁道、樽见铁道、明知铁道、北条铁道、若樱铁道、井原铁道的基金已经用光。铁路第三部门基金在设立之初，其收益率可以达到7%—8%，对于弥补企业的亏损，维持企业的稳定发展做出了巨大贡献，但是2012年由于日本政府采取的低利率政策，铁路第三部门基金的收益率降到1%左右，这不仅对于弥补企业的亏损起不到作用，而且随着铁路设施的更新等造成了基金的负增长和减少，特别是对于那些需要通过基金收益弥补亏损的铁路第三部门而言，一旦基金用光了，那么企业自身的亏损就会越来越多。虽然一些企业通过减少支出或者提高票价的方式努力减少亏损，但是如果过度减少企业支出，特别是安全方面支出的话，就可能造成生产安全隐患，而如果通过提高票价的方式，则乘客的数量会减少，从而形成一种恶性循环。

但是，对于铁路第三部门积极进行补贴的地方自治体数量较少，鉴于地方财政的脆弱性，如何对铁路第三部门进行持续性的补助也成为了一个问题。1996年，在对铁路第三部门减免固定资产税的同时，还对一部分企业，把固定资产税相同金额的资金投入到经营安定基金中，为了维持基金的发展，应当免除铁路第三部门的地方税，同时像南阿苏铁道一样，铁路车站的建设等由沿线自治体直接负责。当基金用光时，就像夷隅铁道一样，所在县对于基金的损失提供二分之一的补助。除了采用基金的形式之外，比如在秋田内陆纵贯铁道，沿线的各自治体根据自身的财力情况和受益程度协商决定对企业的亏损提供亏损额二分之一的补助。在北近畿丹后铁道，对于需要较多资金的项目，相关自治体通过直接负担的方式提供补助。

三　北越急行

以上分析了铁路第三部门产生的历史背景与铁路第三部门的概况，下面将对作者调查的北越急行和北近畿丹后铁道的情况进行具体分析，通过对这两家铁路第三部门公司的分析，研究铁路第三部门是如何运营的，以及在运营过程中第三部门面临的困难，同时，第三部门在外部环境条件不好的情况下，是如何开展有效经营来提供公共产品以承担企业的社会责任，通过这些研究论证目前铁路第三部门仍然具有存在必要性。

在铁路第三部门中，北越急行是最近几年收益情况最好的一家，本书通过对北越急行的研究总结发现其在外部条件不容乐观的环境下实现盈利的方式，探讨今后北越急行可能面临的挑战。

（一）北越急行的历史分析

北越急行是运营六日町（新潟县南鱼沼市）到犀泻（新潟县上越市大潟区）之间59.5公里线路（HOKUHOKU线）的第三部门铁路。其运营地区的地图见图4—1。

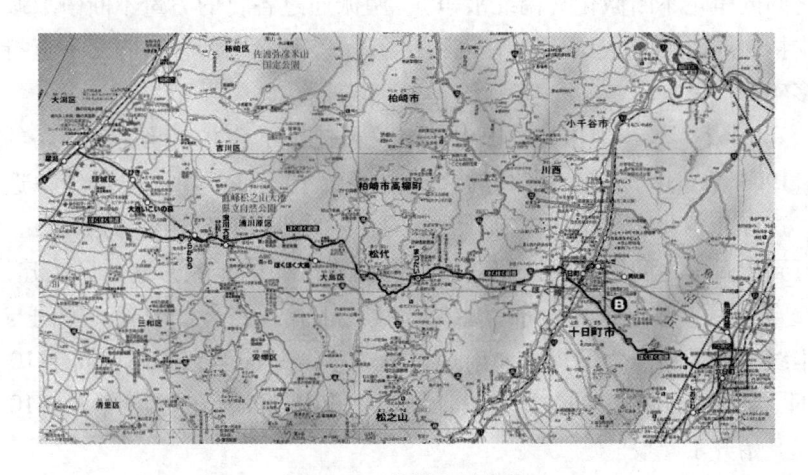

图4—1 北越急行线路

资料来源：北越急行内部资料。

HOKUHOKU线路的沿线都是一些群山峻岭，从处于线路中心部位的松代去往位于日本海一侧的直江津和内陆地区的话，需要穿过好几座大山。居住在当时松代村的一个叫柳常次的人（1876年出生）在1920年4月成立了松代汽车株式会社，主要经营周围山区到十日町的货物运输，同时也经营客运服务。但是由于当时的道路状况不好以及由于临近日本海，冬季经常会遭遇暴雪等，汽车不能适应雪天运输，需要其他替代的交通工具。在1932年，柳常次在武田德三郎议员的介绍下向政府提交了建设铁路的请愿书，这也就最早提出建设HOKUHOKU线请求。在1933年，当时的日本贵族院和众议院通过了建设连接北陆线和上越线的铁路线路的决议（直江津—中颈城—东颈城—中鱼沼）。当时，上越线在1931年全线开通，如果建设连接上越线的铁路线路的话，就能够把上越线与东京的线路衔接起来，当时的此段线路被称为"上越西线"。

随后，1950年9月北陆上越联络铁道期成同盟会成立，当时，围绕线路的起点是定在直江津还是高田发生了分歧，但是最后决定以直江津为起点，但是围绕终点的选择却一直存在分歧（六日町或者汤沢）。随后，虽然有很多方案，但是最后减少到两个方案，一个就是与现在的HOKU-HOKU线大体一致的直江津—松代—十日町—六日町的北越北线和直江津—松之山—中里—汤沢的北越南线。但是，之后围绕上述两个方案，两派之间的争论不断激化（南北战争），两派通过各自的力量不断争取政府的支持，同时"期成同盟会"也经历了分离和重组，这种情况一直持续很多年。

到1962年，当地出身的田中彰治议员提出了合并南北两条线路的方案。1964年6月25日，当时的北越南线由于地基不稳，被当作备选方案，这样北越北线就正式成为了约定的正式线路。1968年3月28日，六日町到十日町之间的建设计划获得政府的批准，同年8月开始开工建设。1972年8月，政府正式公布了北越北线的正式线路，日本海一侧的与信越本线交汇的地点为犀泻，向南通过信越本线延伸至直江津。同年10月11日，十日町到犀泻的铁路建设计划获得政府批准，在1973年8月10日正式开始开工建设。

但是随着1980年国铁再建法的实施，每天铁路运输人次在4000人以下的在建铁路建设被冻结。开工建设之前，北越北线每天运输的人次按照当时估算是1600人，到1980年铁路建设用地的征地工作已经完成82%，路基工程也已经完成58%，但是按照国铁改革的标准，工程被冻结了。之后，相关自治体成立了"北越北线建设促进居民会"，各地也通过了继续进行铁路建设的决议。1982年12月，向新潟县议会提交了促进建设的请愿书，获得议会的批准。1983年6月22日，北越北线建设期成同盟会召开会议，当时的田中角荣首相提出了通过第三部门方式建设铁路的提议，要求相关机构尽快采取行动。1984年3月1日，沿线的17市町村的召开了"北越北线第三部门设立准备会"，会议一致通过成立第三部门的决定。同年8月10日，召开第三部门成立总会，把第三部门的名称定为"北越急行"，选取当时的君健男新潟县知事为北越急行的社长。8月30日，新潟县、沿线市町村和相关民间企业共同出资设立了北越急行。1985

年 2 月 1 日，北越急行获得运营铁路的牌照，3 月 16 日，北越北线的建设工程重新开工。

1988 年 8 月讨论新干线建设问题的运输省，提议把北越北线建设成电气化的高标准线路，把北越北线定位为连接首都圈和日本海一侧的主要城市的线路，通过北越北线，运营富山金泽到越后汤泽见的特急列车（时速 160 公里）。1989 年 6 月 19 日，项目计划和工程建设计划的修改获得政府的批准，10 月 2 日高标准改建工程开工。新标准改建工程当时需要的资金大约为 240 亿日元，其中的 158 亿日元由 JR 东日本负责，剩下的 82 亿日元由北越急行负责。当时，JR 东日本负担的资金主要是为了获得北越北线的使用权，而在北越急行负担的 82 亿日元当中，42 亿日元由国家以"干线铁路活性化事业费补助金"的名义负担，剩下的 40 亿日元，北越急行通过增资的方式筹措。由于新改建线路的设计时速是 160 公里，所以在线路和电力设施等建设上需要更多的时间，同时在工程建设过程中锅立山隧道的建设碰到困难，所以工期比预计的（1991 年 3 月）延期了 5 年，1996 年 4 月 15 日才完成轨道的铺设工程。1997 年 3 月 22 日，北越急行正式开通。

在开业之初，北越急行运营列车中有 20 趟特急列车和 39 趟普通列车。特急列车在运营初期考虑到车辆性能，最初的运营时速定在了 140 公里，以后逐渐提高运营的时速。这样，随着北越急行的开通，东京到金泽间运营时间最少为 3 小时 43 分钟，比之前通过长冈的线路减少了 15 分钟。2002 年 3 月，开始运营时速提高为 160 公里的特急列车，同时增加了 2 趟列车。到 2003 年 3 月，所有的特急列车运营时速都调整为 160 公里，同时再次增加 2 趟特急列车，基本上 1 小时就有一趟特急列车。到 2010 年，北越急行每天运营特急列车 26 趟，普通列车 38 趟。

在车辆更新方面，2002 年 8 月 3 日，北越急行开始引入"星空号"，在"星空号"车辆中，车辆的车顶通过特殊的材料绘制出星空的图案。2003 年 4 月 19 日，引入"梦空号"车辆，"梦空号"车辆在进入到隧道的时候，通过电脑程序会在车顶部按照不同的季节显示出不同的图案。2008 年 12 月 13 日，把"星空号"改造为"梦空Ⅱ号"。"梦空号"和"梦空Ⅱ号"在周末、节假日、黄金周、暑假和寒假的时候，每天运营 4 趟。

（二）北越急行的投资分析

北越急行的主要资源提供者有日本政府、新潟县、周边市町村、JR东日本、JR西日本、当地的民间企业、沿线居民。北越急行成立之初的资本金为3亿日元，但是随着高标准改造工程的实施，北越急行负担的资金通过增资的方式获得，到1996年7月18日，通过10次增资，注册资本增加到45.68亿日元，其股东有31个，其中新潟县出资54.84%成为第一大股东。

之后，成立之初作为股东之一的新潟中央银行破产，其所持有的股份也被转移到株式会社整理回收机构。同时，在2004年，随着市町村的合并，沿线的町村被合并为市，原有的股东所持有的股份也转移到合并后的市。有关北越急行开业之初的股东与目前的股东情况见表4—7。

北越急行在开业之初，工作人员当中，JR派遣的人员居多，当时由于培养新的工作员工需要一定的时间，同时由于运行的列车时速是160公里，所以对铁路工作人员的要求也较高，当时JR的人员有些过剩，根据JR的规定，到了60岁就要退休，所以外派人员的年龄一般为55岁，而且派遣的这些人基本上都是专业较好的人才。同时，在开业的时候，新潟县派遣了4名工作人员，2002年的时候，新潟县修改了职员派遣的相关法律，这些人就从新潟县辞职成为北越急行的正式职工。

沿线周边的5个市町（十日町市、南鱼沼市、上越市、汤泽町、津南町）在出资的同时，和当时的高柳町（现在的柏崎市）共同设立了"HOUKUHOKU线沿线地域振兴联络协议会"，发行沿线的观光地图，赞助相关的活动，同北越急行一同策划旅游包车活动等。

JR东日本在承担部分铁路建设费用的同时，向北越急行派出了16名工作人员，同北越急行一同策划了一些活动，同时允许北越急行的普通列车在其线路上运行。而地方企业和相关团体在出资的同时，从1997年8月开始，当地的居民组成了志愿者团队，负责清扫车站的卫生。

北越急行的财政出资中，行政部门的出资达到了83.2%，但是职员中却没有公共部门派遣的职员，而且公共部门也没有提供补贴、补助等费用。从中可以看出公共部门更多的是通过股份上的控制来实现对北越急行的控制，在运营方面则交由民间企业负责，从而实现了较高的效率。

第四章　日本铁路第三部门合理性案例研究

表4-7　　　　　　　　　　　　　　　　　　　北越急行股东情况

机构、企业名称	发行时间	1989.6.29 第15次董事会		1989.10.20 第16次董事会		1990.12.13 第18次董事会		1991.12.13 第19次董事会		1992.7.30 第21次董事会		1993.7.16 第25次董事会		1994.7.15 第29次董事会		1995.7.20 第33次董事会		1996.1.25 第36次董事会		1996.7.18 第41次董事会		2001.6.28 股份转让		合并出资额		2004.12		2005.1		2005.4		2005.10		合并出资额	
	出资额	股份	金额	股份	金额	股份	金额	股份	金额	股份	金额	股份	金额	股份	金额	股份	金额	股份	金额	股份	金额	股份	金额	股份	金额	比例	股份	金额	股份	金额	股份	金额	股份	金额	股份	金额	比例
新潟县	141000	6000	300000	0	0	7296	364800	7296	364800	7976	398800	5496	274800	5362	268100	4521	226050	1572	78600	1761	88050	0		50100	2505000	54.84									50100	2505000	54.84
小计	141000	6000	300000	0	0	7296	364800	7296	364800	7976	398800	5496	274800	5362	268100	4521	226050	1572	78600	1761	88050	0		50100	2505000	54.84									50100	2505000	54.84
上越市	31000	620	31000			1362	68100	1362	68100	1486	74300	1024	51200	1000	50000	843	42150	294	14700	326	16300			9433	471650	10.33	2605	130250	1471	73500					12038	601900	13.18
十日町市	30000	620	31000	1116	55800	1362	68100	1362	68100	1486	74300	1024	51200	1000	50000	843	42150	294	14700	326	16300			9433	471650	10.33									10904	545200	11.94
浦川町	4500	90	4500	120	6000	150	7500	150	7500	162	8100	111	5550	108	5400	91	4550	32	1600	36	1800			1050	52500	1.15									1050	52500	1.15
盐泽町	20	1000			18	900					16	800	16	800	14	700	5	250	6	300			159	7950	0.17			-159	-7950							
六日町	110	5500			198	9900	242	12100	262	13100	181	9050	176	8800	148	7400	52	2600	56	2800			1667	83350	182		-1667	-83350									
南鱼沼市																										1667	83350	159	7950	159	7950	200
川西町	20	1000			18	900	20	1000	20	1000	24	1200	16	800	16	800	14	700	5	250	6	300			159	7950	0.17			-159	-7950							
津南町	20	1000			18	900	20	1000	20	1000	24	1200	16	800	16	800	14	700	5	250	6	300			159	7950	0.17			-159	-7950							
中里村	40	2000			38	1900	48	2400	48	2400	50	2500	34	1700	26	1300	10	550	11	550			339	16950	0.37		-339	-16950									
安塚町																																			
浦川原村	60	3000			54	2700	66	3300	66	3300	72	3600	50	2500	48	2400	41	2050	14	700	16	800			487	24350	0.53		-487	-24350									
松代町	100	5000			90	4500	112	5600	112	5600	120	6000	83	4150	80	4000	68	3400	25	1200	25	1250			814	40700	0.89			-814	-40700							
松之山町	40	2000			38	1900	48	2400	48	2400	50	2500	34	1700	26	1300	25	1250	10	500	11	550			339	16950	0.37		-339	-16950									
大岛村	60	3000			54	2700	66	3300	66	3300	72	3600	50	2500	48	2400	41	2050	14	700	16	800			487	24350	0.53			-487	-24350							
牧村	60	3000			54	2700	66	3300	66	3300	72	3600	50	2500	48	2400	41	2050	14	700	16	800			487	24350	0.17		-159	-7950									
大潟町	60	3000			54	2700	66	3300	66	3300	72	3600	50	2500	48	2400	41	2050	14	700	16	800			487	24350	0.53			-487	-24350							
颈城村	60	3000			54	2700	66	3300	66	3300	72	3600	50	2500	48	2400	41	2050	14	700	16	800			487	24350	0.53			-487	-24350							
三合村	20	1000			18	900	20	1000	20	1000	24	1200	16	800	16	800	14	700	5	250	6	300			159	7950	0.17			-159	-7950							
小计	1980	99000	3040	152000	3708	185400	3708	185400	4048	202400	2787	139350	2720	136000	2293	114650	802	40100	891	44550	0		29877	1298850	28.43									29877	1298850	28.44
第四银行	300	15000	532	26600	668	33400	659	32950	720	36000	496	24800	484	24200	408	20400	142	7100	159	7950			4568	228400	5.00									4568	228400	5.00

续表

机构、企业名称	发行时间	1989.6.29 第15次董事会		1989.10.20 第16次董事会		1990.12.13 第18次董事会		1991.12.13 第19次董事会		1992.7.30 第21次董事会		1993.7.16 第25次董事会		1994.7.15 第29次董事会		1995.7.20 第33次董事会		1996.1.25 第36次董事会		1996.7.18 第41次董事会		2001.6.28 股份转让		合并出资额			2004.12		2005.1		2005.4		2005.10		合并后出资额		
	出资额	股份	金额	股份	金额	股份	金额	股份	金额	股份	金额	股份	金额	股份	金额	股份	金额	股份	金额	股份	金额	股份	金额	股份	金额	比例	股份	金额	股份	金额	股份	金额	股份	金额	比例
北约银行	股份 200 金额 10000			354	17700	444	22200	444	22200	478	23900	331	16550	322	16100	271	13550	94	4700	100	5000			3038	151900	3.33									3038	151900	3.33
大北银行	100	5000		178	8900	224	11200	224	11200	242	12100	167	8350	162	8100	138	6900	48	2400	46	2300			1529	76450	1.67									1529	76450	1.67
新潟中央银行	100	5000		178	8900	224	11200	224	11200	242	12100	167	8350	162	8100	138	6900	48	2400	46	2300	-1529	-76450													
整理回收机构																						1529	76450	1529	76450	1.67									1529	76450	1.67
东北电力	200	10000		354	17700	444	22200	444	22200	478	23900	331	16550	322	16100	271	13550	94	4700	100	5000			3038	151900	3.33									3038	151900	3.33
新潟交通	66	3300		30	1500	36	1800	36	1800	40	2000	29	1450	27	1350	20	1000	8	400	9	450			301	15050	0.33									301	15050	0.33
藏原交通	68	3400		30	1500	38	1900	38	1800	40	2000	29	1450	28	1400	20	1000	8	400	10	500			309	15450	0.34									309	15450	0.33
颈城自动车	66	3300		30	1500	36	1800	36	1800	40	2000	29	1450	27	1350	20	1000	8	400	9	450			301	15050	0.33									301	15050	0.33
新潟县卦町组合	40	2000		18	900	22	1100	22	1100	24	1200	19	900	16	800	13	650	4	200	7	350			184	9200	0.20									184	9200	0.17
上越商工会议房	20	1000		18	900	20	1000	20	1000	24	1200	17	850	16	800	13	650	4	200	7	350			159	7950	0.17									159	7950	0.17
十日町商工会议所	20	1000		18	900	20	1000	20	1000	24	1200	16	800	16	800	14	700	4	200	7	350			159	7950	0.17									159	7950	0.17

第四章 日本铁路第三部门合理性案例研究

续表

机构、企业名称	发行时间	1989.6.29 15次董事会		1989.10.20 16次董事会		1990.12.13 18次董事会		1991.12.13 19次董事会		1992.7.30 21次董事会		1993.7.16 25次董事会		1994.7.15 29次董事会		1995.7.20 33次董事会		1996.1.25 36次董事会		1996.7.18 41次董事会		2001.6.28 股份转让		合并前出资额			2004.12		2005.1		2005.4		2005.10		合并后出资额		
	出资额 股份 金额	股份	金额	股份	金额	股份	金额	股份	金额	股份	金额	股份	金额	股份	金额	股份	金额	股份	金额	股份	金额	股份	金额	股份	金额	比例	股份	金额	股份	金额	股份	金额	股份	金额	股份	金额	比例
新潟县商工会连合会	10 500			10	500	10	500	10	500	12	600	8	400	8	400	10	500	2	100	4	200			84	4200	0.09									84	4200	0.09
十日町织物工业协同组合	10 500			10	500	10	500	10	500	12	600	8	400	8	400	10	500	2	100	4	200			84	4200	0.09									84	4200	0.09
小计	1200 60000	0	0	1760	88000	2169	108450	2187	109350	2376	118800	1646	82300	1598	79900	1346	67300	466	23300	508	25400	1529	76450	15283	764150	16.73									15283	764150	16.73
合计	30000	6000	300000	4800	240000	13300	660000	13391	669550	14400	720000	9929	496450	9680	484000	8160	408000	2840	142000	3160	158000	1529	76450	91360	4568000	100.00									91360	4568000	100.00

注：单位：千日元。
资料来源：北越急行内部资料《HOKUHOKU 线 10 年》。

(三) 北越急行的经营分析

1. 旅客制度

北越急行肩负着城市间人员运输与促进地区发展的双重使命，作为连接首都圈与北陆地区最短的铁路线路，可以促进两地经济与文化的交流。在票价设定方面，基本上是参照JR干线铁路的标准。而在通勤固定车票的票价设定方面，参考了其他铁路第三部门的票价以及JR直达列车的票价，同时考虑新潟县上班人员每月平均上班时间，优惠比例为普通票价的40%。而在上学优惠票价方面，其他铁路第三部门的优惠比例大约为56%，北越急行对上学的票价优惠比例为65%。

2. 加强与沿线地区的合作

1996年6月，为了扩大乘客人数以及促进沿线地区的发展，成立了"HOKUHOKU沿线地域振兴联络协议会"，新潟县的知事担任协议会的顾问，会长由十日町市长担任，副会长以及干事分别由沿线市町村的领导担任。协议会的主要活动内容包括：每年发行三期的介绍沿线情况的杂志，同时配合北越急行五周年以及十周年活动，开展各种活动。

北越急行沿线高山峻岭很多，原本各地区之间的交流较少，北越急行为了扩大沿线地区之间的交流，促进沿线地区铁路的利用，每年都会赞助很多活动。例如，针对沿线地区妇女的"母亲排球比赛"，针对老年人门球比赛以及针对小学生的足球比赛等，每年沿线地区都会派出很多人参加。通过这些活动，提高了沿线居民对北越急行线路的认同感，同时扩大了沿线各地区之间的交流。

作为地方性铁路，北越急行除了承担运输旅客的任务之外，另外一个重要的任务就是通过铁路运输促进沿线地区的发展。为此策划了各种各样的活动。例如，策划了农村体验观光，并在首都圈开展相关宣传；由于日本海一侧冬天漫长多雪，所以策划了雪国观光活动，其中十日町是观雪活动的发祥地，在日本国内也非常有名。在2000年同JR高崎分公司一同策划了"雪国体验HOKUHOKU线"活动，沿线7个市町村参与到此活动当中，为来到此地的首都圈旅客提供各种各样当地产品与服务。但是在2004年发生了新潟县中越地震以及2005年和2006年发生了雪灾，所以观光人数有所减少，为此，北越急行同沿线市町村合作采取措施在首都圈进行宣传；以重新认识地区与自然以及生活在当地的居民重新审视自己的人生为理念的"大地艺术节",在 2000 年 7 月召开,艺术节上展示很多与当地自然风景相关的作品,获得了很多关注。

将来,由于人口不断减少,入学适龄儿童人数也不断减少,乘客的人数很难增加,所以对于北越急行来说,今后还需要采取各种措施吸引首都圈的观光游客。为此,要同当地的自治体一同努力完善当地的住宿、餐饮、观光设施。

3. 列车政策

开通直达列车。北越急行除了普通列车和特急列车之外,还有很多乘客会在 JR 和北越急行之间进行换乘,所以 1997 年 2 月北越急行同相关铁路公司签署了旅客铁路公司线内直达运输的协议。为了增加收入的同时,给旅客提供便利,北越急行开始在车厢内销售产品以及提供饮食和开展车内广告业务。

临时列车。正常运输之外,为了提供差异化服务,针对暑假学生提供游览日本海的临时列车,同时针对去往松之山美人林和十日町的当间高原的旅客,开通了临时观光列车。

4. 与其他企业竞争的分析

与北越急行竞争的企业主要是运营东京到北陆之间的航空公司。2009 年,两地之间的航空公司主要有运营东京到富山之间线路的全日空、东京到小松之间线路的全日空和日本航空。在东京到金泽之间的飞机飞行时间需要 3 个小时。利用铁路的时间缩短了 1 个小时。东京到富山的飞机也用时 3 个小时,这与铁路的时间差不多。在班次上,却比铁路少了很多,所以从出行的便利性来说,铁路更具有优势。

在东京到富山的线路上,北越急行由于费用便宜和车次多的原因,更具有竞争力,但是对于东京到金泽之间的线路,飞机的费用更低,而所需要的时间也比铁路少了一些,所以飞机更具有优势。

除此之外,JR 东日本和 JR 西日本在新潟到金泽之间一天运行 10 趟特急列车,而如果从东京出发在长冈换成新潟到金泽线路去金泽的话,大约需要 5 个小时,而利用北越急行的话,从东京到金泽的时间只需要 4 个小时,所以就时间这一点而言,北越急行更具有竞争力。在北越急行开业的时候,十日町到汤泽之间每天运行有 30 班公交车,但是,在开业后 1 年就全部停运了,这些也更彰显了北越急行铁路的优势。

但六日町到上越的"上越鱼沼地域振兴快速道路"目前正在建设中,

此条公路几乎是与北越急行并行的，如果全线开通的话，南鱼沼市市政府到上越市市政府所需要的时间只有54分钟①，从长远来看，汽车将会成为北越急行的重要威胁。

此外，根据朝日新闻社2009年12月11日的报道，虽然由于新潟县的反对，其开业时间可能延后，但是一般认为北陆新干线（长野—金泽）会在2014年底开业，如果北陆新干线开业的话，那么北越急行将面临生死存亡的危机。现在，北越急行经营着越后汤沢到北陆方面的特急列车，负责首都圈到北陆地区的城市运输任务，但是如果北陆新干线开通的话，那么北越急行将失去九成的收入。但是根据朝日新闻的推算，到2009年，北越急行的富余资金为61亿日元，到2014年的话，内部存量资金可能会达到100亿日元，如果在2014年，削减三成人员，按照每年出现4到5亿日元亏损的话，通过内部资金的投资获得收益，那么每年的亏损可以减少到1.5亿至2亿日元。由此可以看出北越急行今后将面临这项严峻的挑战。

5. 企业内部组织制度分析

在企业管理方面，北越急行的会长由新潟县原副知事担任，社长由JR东日本运输车辆部原担当部长担任。除了会长和社长之外，领导层还有总务部长1名（JR东日本的退休人员）和运输部长1名（新潟县的退休人员）。其他的非专职董事还有专务董事（新潟县交通政策局长），沿线4市町行政首长（上越、十日町、南鱼沼、汤沢），2名金融机构董事和2名民间企业董事，董事共有16名，其中包括监事3名。而在董事人员构成中，公共部门出身的人员（在职人员、派出人员、退休人员）占到50%，这在一定程度上反映了公共部门出资比例占到83.3%的要求。

在企业组织结构方面，北越急行的组织主要有三个部门，分别是总务、运输和技术。总部、运输区和指令所位于南鱼沼市，工务区位于十日町。其中，十日町车站是北越急行线路当中唯一的一个有人车站，在车站站长以下配有7名工作人员。

北越急行有关经营的基本计划是由董事会决定的，其他以外的事项主要由各部的部长决定。在支出方面，1亿日元以下的支出可以由部长决

---

① 上越鱼沼地域振兴快速道路建设促进期成同盟会（http://www.city.joetsu.niigata.jp/contents/town-planning/uonuma/hp/01.htm）。

定。在北越急行开业之初，JR 派出的人员占到人员的一半以上，但是后来由于人员费用负担（北越急行负担60%）以及组织内部帮派等问题，从2001年开始，北越急行开始单独招聘工作人员。近几年来，随着国铁改革时分配到JR 东日本人员开始逐渐退休，所以也很难再向北越急行派出人员，这也促使北越急行开始培养自己的员工。到2009年，很多北越急行自己培养的员工开始担任企业的科长等管理职位，今后，这些管理职位则可能全部由北越急行自己的员工担任。

北越急行中，包括管理层和下面的员工人数总共有96名（2000年7月1日，具体参照表4—8），所以从企业规模上来看仍属于小企业，在企业运营中，部长有决定企业业务大体框架的权力，在部长决定之后，由课长以下的人员负责实施，有关业务具体的内容和实施方法则由员工自己决定。而在出现问题的时候，由部长负责协调解决。

北越急行每两周召开一次社长以下课长职位以上的干部大会，同时，社长以及企业的干部也随时可以出席会议听取下面的意见，交流相关信息。

表4—8　　　　　　　北越急行的人员情况（2010.7）

项目	出身	正式员工 新潟县	正式员工 JR	正式员工 新招聘	正式员工 其他	派出、派遣员工 JR	派出、派遣员工 新潟县	合同员工	共计
	总人数	3<3>	2<2>	63(1)		12		16	96<5>(1)
北越急行负担的人员费用	全部	3<3>	2<2>	63(1)				16	84<5>(1)
	部分					12			12
	无								
年龄层	10岁			1					1
	20岁			23					23
	30岁			22(1)					27(1)
	40岁			10					12
	50岁			7					12
	60岁	3<3>	2<2>					16	21<5.

注：1. 人员平均年龄：42.3。

2. < >专职董事、( ) 女性。

资料来源：北越急行内部资料。

在企业组织文化方面，部长级别的管理人员可以决定企业业务的大体框架，课长以下的人员负责业务的具体实施，通过这样放权式的组织结构，北越急行的总体运营还算是比较流畅和高效。通过一些内部会议，企业管理者希望听取一线员工的意见，但是一线员工很少提出建设性的意见或者提案，所以北越急行基本上还是同其他日本企业一样，属于一种自上而下的组织。但是，随着新鲜血液的注入，以及北越急行自身录用员工的成长，将来也可能改变这种自上而下的组织结构。

同时，北越急行也是一个非常重视"家庭式企业"和"和"日本传统企业文化的企业，例如，每年新年晚会的时候，除了一些正常值班的人员外，全员都要参加。

以上分析了北越急行的投资和经营，但是作为第三部门企业，公共性是判断其存在必要性的主要标准，究竟是采用政府提供方式、市场提供方式还是应当废除线路，首先要从乘客、地区影响和可替代性三个方面判断其是否具有公共性，只有具备了公共性，才应当维持第三部门企业的发展。

（四）北越急行公共性分析

有关第三部门公共性的判断，三桥良士明等人编著的《第三部门法的验证》一书中，从第三部门的法律地位、自治体在第三部门中的行政责任、民主管理、第三部门出资的问题等方面进行了研究，提出了判断第三部门公共性的标准，"一般情况下，公共事业与公共服务中的公共性是由实体的公共性以及手续上的公共性组成，所谓实体的公共性包括：保证社会生产和生活的一般共同生活条件；不为特定的个人以及私人企业所占有，不以逐利为目的，所有的个人团体都可以使用或者是以社会公平为目的；在公共事业的建设、改造、管理以及运营中，不能够侵害周边居民的基本人权，即使是有其存在必要性的设施，也应尽可能以促进周边居民的福利为条件。而所谓的手续上的公平性是指，项目的建设以及改善要取得居民的同意，或者保证居民参与到项目的管理中"，同时指出"自治体有责任在项目设立的目的、内容、出资以及补助、公务员派遣、透明性以及说明责任等方面确保其公共性。"[①]

---

① 三橋良士明：『第三セクターの法的検証』，自治体研究社，1999，p. 154。

宫木康夫有关第三部门的评价方式认为可以通过判断第三部门项目的公共性与外部效果的大小进行判断。所谓的公共性需求就是指项目本身所能带来的一种满足感以及一种需求；而外部效果是指随着项目的实施所产生的经济以及非经济的效果，也就是"价值"。公共性需求可以从规模和外部需求进行判断。

日本国土交通省在《铁路项目评估方法手册2005》中，认为评估铁路项目所产生的效益可以使用铁路乘客效益、地区社会效益以及产品提供方效益进行评价（见表4—9）。

表4—9　　　　　　　　铁路项目效益评估标准

评估项目	效益内容
铁路乘客效益	所需时间缩短的效益
	节省费用的效益
地区社会效益	缓解道路拥挤的效益
	减少道路交通事故的效益
	改善环境的效益
	提升地区形象的效益
	地区协作的效益
产品提供方效益	提供铁路服务产品企业的效益

资料来源：日本国土交通省：『鉄道プロジェクトの評価手法マニュアル2005』(http://www.mlit.go.jp/tetudo/jigyo_hyoka/1.pdf)。

通过以上的分析，本书把上述指标细化总结后，提出了两个指标，分别是：乘客和地区影响。但正如之前所说，第三部门方式不是万能的，在出现亏损或者需要地方公共团体提供补贴的时候，应当考虑第三部门方式是否具有必要性，而判断的标准就是是否可以被政府提供方式或市场提供方式所替代。因此，本书新增加了一条判断指标即"可替代性"。所以，评价铁路第三部门公共性可以从乘客、对沿线城市的影响和可替代性三个方面进行评价。

1. 北越急行旅客分析

北越急行的主要乘客是特急列车的乘客，特急列车运送的人员占到总体人数的70%以上（见表4—10）。而普通列车的乘客主要是周围的居民，其中包括上班和上学的人，但是更多的人是通过换乘新干线去往东京方向的乘客①。因此，固定乘客外的乘客人数占到了总数的85.5%（见表4—11）。

商务乘客和去往东京方向的乘客都希望缩短运输的时间，所以这就要求北越急行能够缩短运输的时间和换乘的时间以及增加列车班次。但是，北越新干线开通会使东京到富山的运行时间缩短60分钟，东京到金泽的运输时间缩短81分钟，所以作为连接首都圈与日本海一侧城市的干线铁路的北越急行其存在意义将会受到质疑。北越急行应当积极考虑新的发展思路，开拓更多的产品。

表4—10　　　　北越急行的特急和普通列车的乘客人数　　　（单位：千人）

年份	1997	1998	1999	2000	2001	2002	2003	2004	2005	2006	2007	2008
特急	2345	2255	2323	2325	2395	2438	2420	2316	2368	2648	2771	2783
普通	602	735	772	839	843	913	951	882	911	911	946	971

资料来源：北越急行内部资料。

表4—11　　　　　　　北越急行运输人次　　　　　　　（单位：千人）

年份	非固定乘客	固定乘客（通勤）	固定乘客（上学）	合计
1997	2733	53	161	2947
1998	2645	90	246	2990
1999	2639	115	341	3095
2000	2661	117	386	3164
2001	2728	130	380	3238
2002	2848	104	399	3351
2003	2872	101	398	3371
2004	2727	93	378	3198
2005	2802	105	372	3279

---

① 北陆新干线建设促进同盟会（http://www.h-shinkansen.gr.jp/kenshou04.html）。

续表

年份	非固定乘客	固定乘客（通勤）	固定乘客（上学）	合计
2006	3093	107	359	3559
2007	3193	112	412	3717
2008	3220	112	422	3754

资料来源：北越急行内部资料。

从表4—11中可以看出，北越急行的固定乘客（通勤和上学）的人数一直保持稳中有升，特别是上学的乘客人数从最初的1997年的161千人增加到2008年的422千人，如果没有北越急行，这部分固定乘客在出行的时候将不得不使用公交车或者私家车，但是正如前文所介绍的，北越急行沿线地区位于日本海一侧，冬季多雪，因此从出行安全性以及时间准确性方面来说，北越急行仍然是固定乘客出行的首选交通工具。

特别是在固定乘客当中，很多是利用北越急行出行的学生，比如在六日町车站所在的城市就有新潟县立六日町高等学校（学生数844人），在十日町有新潟县立十日町高等学校（学生数1018人），在松代有新潟县立松代高等学校（学生数219人），这三所高中是北越急行沿线的主要高中，因此，其他町村的学生在上学的时需要利用北越急行。特别是铁路由于在安全性方面和时间准确度方面优于汽车，所以北越急行对于学生乘客来说是必不可少的。

2. 对沿线城市的影响分析

北越急行对沿线城市的影响主要体现在对沿线城市观光旅游产业的影响。由于北越急行途径的汤泽町、六日町、津南町、中里、十日町市、川西、松代、松之山、高柳町、大岛区、安塚区、蒲川原区、牧区、颈城区、大潟区、三和区、上越市具有丰富的旅游资源，而这些旅游资源主要可以分为温泉（六日町、中里、十日町、川西、高柳町、安塚区、牧区）、自然风光以及集体活动体验。

其中，为了促进沿线地区的发展，北越急行与沿线自治体合作策划了"农村体验游""雪国游""大地艺术节"等。

北越急行从1999年开始参与到"农村体验游"活动中，通过增开车次以及增加临时班车方式支援活动的举办。在 2001 年加入"越后农村体验推进协议会",与沿线自治体一同在首都圈举办宣传活动。本项活动共涉及 6 个町村,参加的"农村体验游"活动的乘客统计如表 4—12。

表 4—12　　　　　　　参与"农村体验游"的人数情况

年份	小学（个）	中学（个）	高中（个）	一般团体（个）	团体数（人）	人数（个）	团体数（个）	人数（人）	利用铁路比例（%）
1999	1	5	1	3	10	1008			
2000	2	9	3	3	17	1500			
2001	3	15	2	3	23	2519	7	807	32
2002	6	20	3	0	29	3584	17	1882	53
2003	7	35	4	0	46	5336	17	1963	37
2004	8	33	3	45	4851		15	1657	34
2005	8	32	5	1	46	4956	12	1150	23
2006	8	29	4	9	50	4907	14	1485	30

资料来源：北越急行内部资料《HOKUHOKU10 年》。

1999 年,北越急行与 JR 东日本新潟分公司、JR 高崎分公司共同举办了十日町雪之节、松之山奇祭等活动,从新潟和高崎方面开通临客。2000 年,与 JR 高崎分公司共同策划了"雪国体验 HOKUHOKU 线"活动,沿线 7 个市町村参与到活动中,"雪国体验"活动参与人数情况见表 4—13。

表 4—13　　　　　　"雪国体验"活动人数情况

年份	人数（人）	备注
2000	338	
2001	322	
2002	315	
2003	307	

第四章　日本铁路第三部门合理性案例研究　　133

续表

年份	人数（人）	备注
2004	237	由于中越地震，人数减少
2005	80	由于暴雪，人数减少
2006	94	由于降雪少，人数减少

资料来源：北越急行内部资料《HOKUHOKU10 年》。

"大地艺术节"是以人与自然和谐统一为主题，展示艺术节创作的作品。北越急行为了支持活动，修缮了车站，在车站内用外语进行标识，同时发行"大地艺术节"纪念车票。具体情况见表4—14。

表4—14　　　　　　　"大地艺术节"活动人数情况

年份	活动持续时间	参观人数
2000	53 天	16 万人
2003	50 天	20.5 万人
2006	50 天	32 万人

资料来源：北越急行内部资料《HOKUHOKU10 年》。

除了这些活动之外，表4—11中统计的非固定人数当中很多都是观光旅游的游客，所以，可以看出北越急行给沿线自治体带了活力，同时通过与沿线自治体共同策划活动，促进了当地旅游产业的发展。

3. 可替代性分析

通过以上对北越急行的分析，我们可以看出北越急行在铁路第三部门中能够维持收益第一的地位，是有特殊原因的，那就是作为连接首都圈和北陆地区最近的线路，通过运行特急列车，从而确保了旅客人员和收益。但是，随着上越鱼沼地域振兴快速道路以及北陆新干线的建设，将来北越急行的经营将面临很多的危机。虽然，北越急行之前采取了很多措施，比如同沿线自治体一同开展很多活动，发展观光旅游产业，但是随着人口的减少以及汽车的普及，未来乘客很可能会出现较大的浮动。

特别是随着北陆新干线的开通，占到北越急行收入9成左右的特急列车的乘客可能会流向北陆新干线，但是这并不能否定北越急行存在的合理性，因为，特急列车的乘客更多地往返东京—长野—金泽等城市，但是对于北越急行沿线的固定乘客来说，北越急行仍然是其出行必不可少的交通工具。因此，今后北越急行可能转变为以运输沿线固定乘客为主的地方线路。

四 北近畿丹后铁道（KTR）

（一）KTR 的历史分析

北近畿丹后铁道主要由两条线路构成（参照图 4—2 和图 4—3），一条是宫福线（宫津到福知山），另外一条是宫津线（丰冈到西舞鹤）。其中宫福线沿线全线位于京都府管辖范围内（参照图 4—2），沿线经过福知山市、宫津市和舞鹤市三个自治体，全长 30.4 公里，沿途设有福知山、厚中问屋、荒河 KASHINO 木台、喜多、牧、下天津、公庄、大江、大江高校前、二俣、大江山口内宫、辛皮、宫村、宫津等 14 个车站；宫津线跨越京都府和兵库县两个府县，途经京都府的舞鹤市、宫津市、京丹后市

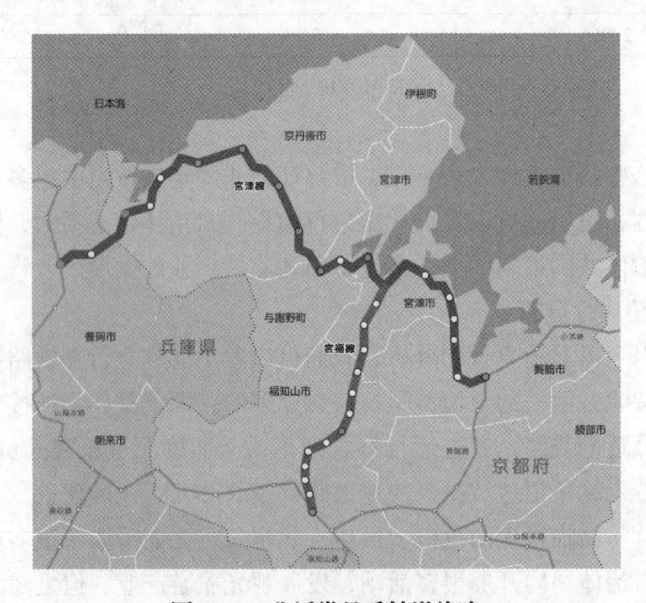

图 4—2 北近畿丹后铁道线路

资料来源：北近畿丹后铁道企业网站（http：//ktr-tetsudo.jp/station/index.html）。

以及与谢野町和兵库县的丰冈市，全长 83.6 公里，沿途设有西舞鹤、四所、东云、丹后神崎、丹后由良、栗田、宫津、天桥立、岩龙口、野田川、丹后大宫、峰山、网野、木津温泉、丹后神野、甲山、久美浜、但马三江等 18 个车站，其中在宫津与宫福线相交。

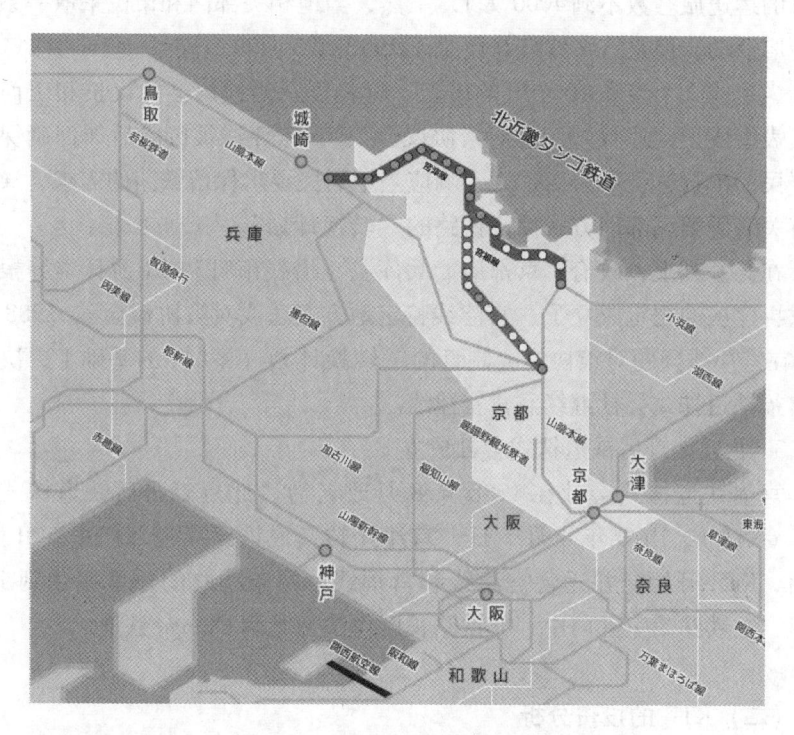

图 4—3 北近畿丹后铁道周边地

资料来源：北近畿丹后铁道企业网站（http://ktr-tetsudo.jp/station/index.html）。

1. 宫福线的历史

1923 年，福知山到河守间的北丹铁路开通，但是在 1971 年停止营业。宫津到河守间的铁路在 1966 年开工，但是随着 1980 年《日本国有铁道经营再建促进特别措施法》的实施，工程被冻结了。

但是，根据当地呼声，"宫福线建设促进期成同盟"决定不采用向公交车转换的方式，建设铁路宫福线。1982 年，"宫福铁道株式会社"成立，1983 年之前冻结的工程重新开工。作为连接京都府北部地区和京阪神地区的铁路线路，宫福线在 1988 年 7 月正式开业。

2. 宫津线的历史

宫津线于 1932 年（舞鹤到丰冈）全线已经开通，但是由于每年的亏损达到 30 亿日元（1977 年到 1979 年的平均值），根据国铁再建法的规定，1981 年被指定为需要废除的线路（参考的标准是 1977 年到 1979 年每日的运送旅客数不满 4000 人），虽然，当地相关部门和市民采取一系列的请愿活动，但是宫津线最终还是于 1990 年 3 月被废除了。

当地的 3 个市和 10 个町的市长、町长以及当地议会的议长和工商团体代表组成了"宫津线问题对策协议会"，就宫津线被废除后如何确保当地居民的出行进行了协商，为了响应当地居民要求保留铁路的需求，通过了有关采用第三部门方式保留铁路的"转换计划"。

在此基础上，政府、京都府、兵库县、沿线市町和 JR 西日本等根据国铁再建法的规定成立了"宫津线特定地方交通线对策协议会"，1988 年 6 月在宫津线问题对策协议会制订的"转换计划（案）"的基础上，决定由宫福铁道株式会社继续经营宫津线。

3. 北近畿丹后铁道株式会社成立

宫福铁道株式会社在 1988 年 8 月改名为"北近畿丹后铁道株式会社"（KTR），1990 年 4 月 1 日，宫津线转换成铁路第三部门重新开业。此后，KTR 开始合并运营宫津线和宫福线，两条线路的总里程达到 114 公里，在铁路第三部门中，其铁路长度仅次于肥萨 Orange 铁道。

（二）KTR 的投资分析

KTR 资源的提供者主要包括地方公共团体、金融机构、商工会议所等。公司的注册资本为 14 亿日元，其中京都府出资 44.72%，京丹后市出资 9.25%，宫津市出资 8.91%，福知山市出资 6.44%，包括其他的地方公共团体出资比例占到了 81.99%。其他金融机构方面，京都北都信用金库出资 6.72%，京都银行出资 5%。与地方公共团体出资比例占到大约 82% 相比，民间企业出资的比例只有 18%。这与北越急行相同，在铁路第三部门中，地方公共团体出资占到了绝对的地位。

在企业领导层方面，京都府知事就任 KTR 的会长，宫津市市长、京都府副知事、京丹后市市长、福知山市市长、舞鹤市市长就任 KTR 的副社长。KTR 社长则为一般的民间人士，从企业的领导层构成可以看出，地方公共团体仍然居于主导地方，能够保证地方公共团体对 KTR 的控制，但是，由于社长是一般的民间人士，所以在经营中又可以利用民间人士的智慧，这也反映了第三部门的特点与优势。

（三）KTR 的经营分析

1. 旅客制度

乘客人数的变化和使用铁路的实际情况。KTR 开业以来，乘客人数在 1993 年达到 303 万的最高点之后逐年减少，2006 年减少到 194 万人，减少到一个新的历史水平，2011 年最新的人数也是 194 万人。具体情况见图 4—4。

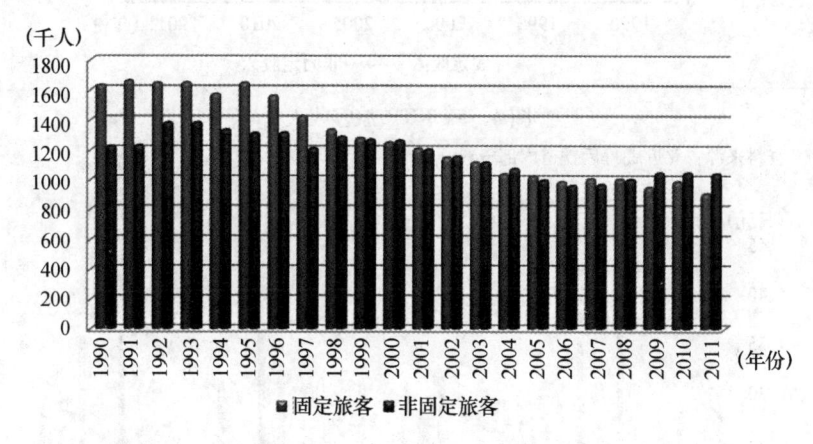

图 4—4　KTR 发送乘客人数的变化

资料来源：北近畿丹后铁道内部资料。

在旅客收入方面，非固定旅客收入占到总收入的八成以上，非固定旅客现在成了 KTR 收入的主要来源，非固定旅客的减少是造成 KTR 收入减少的重要原因。具体情况参见图 4—5。

2. 列车政策

在列车车票方面，北近畿丹后铁道普通车票（参见图 4—6）情况（每公里的车票价格）和其他铁路第三部门的平均值相当。但是，固定旅客中，通勤的车票（参见图 4—7）平均价格只是全国铁路第三部门平均价格的八成，固定旅客中的学生车票（参见图 4—8）价格只有全国铁路第三部门平均价格的六成，可以看出北近畿丹后铁道对固定旅客的车票价格是非常优惠的。

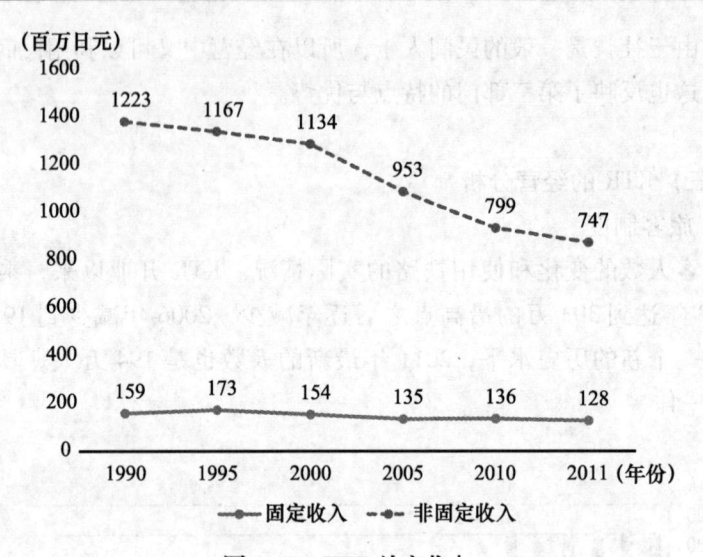

图 4—5　KTR 旅客收入

资料来源：北近畿丹后铁道内部资料。

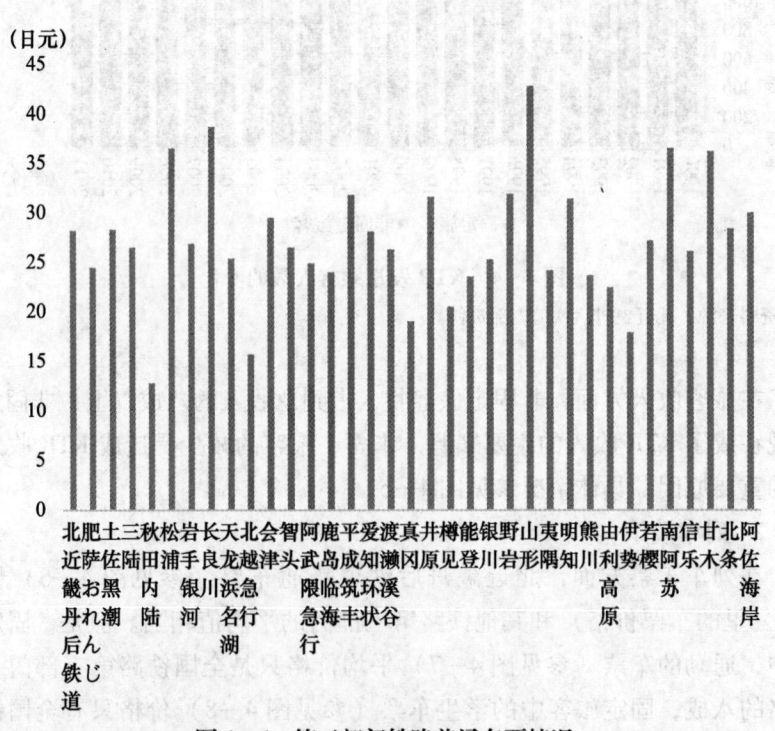

图 4—6　第三部门铁路普通车票情况

资料来源：第三セクター鉄道等協議会事務局：『第三セクター鉄道等の概要』。

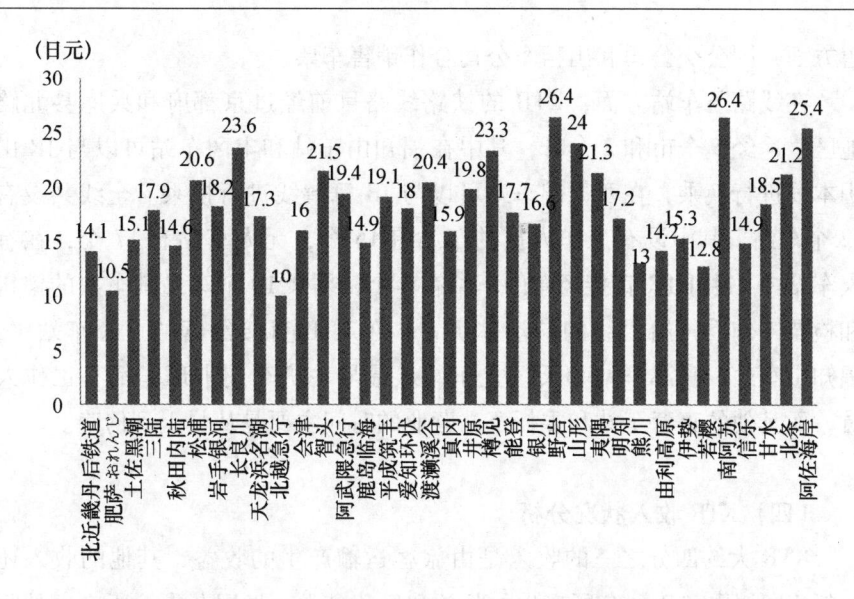

图 4—7　第三部门铁路固定通勤平均车票价格

资料来源：第三セクター鉄道等協議会事務局：『第三セクター鉄道等の概要』。

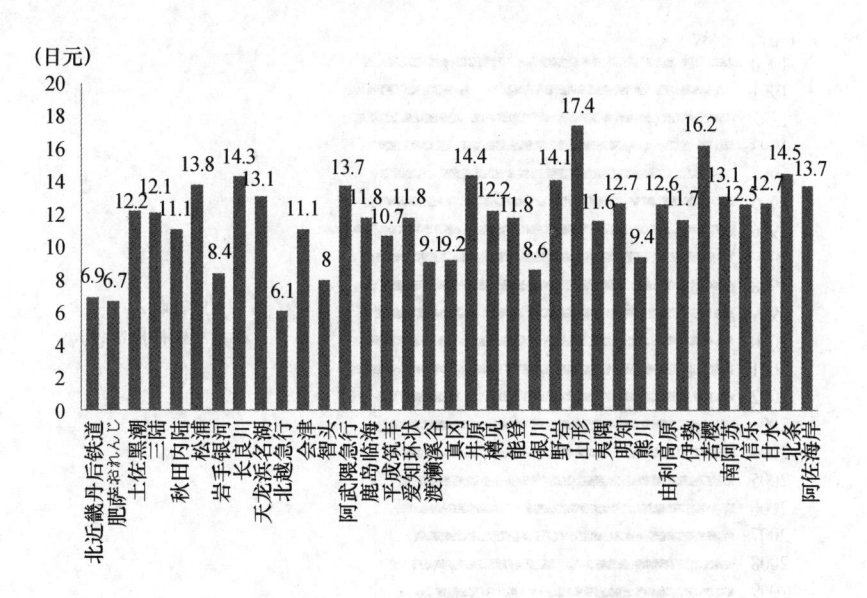

图 4—8　第三部门铁路固定上学平均车票价格

资料来源：第三セクター鉄道等協議会事務局：『第三セクター鉄道等の概要』。

同时，北近畿丹后铁道也会不定期地发行一些优惠的车票，在车票销售方面，同公交公司和出租车公司合作销售车票。

在线路与车站方面，KTR 的铁路线路目前经过京都府和兵库县北路地区，途经 5 个市和 2 个町，其中在福知山车站和丰冈车站可以与 JR 山阴本线进行换乘，在西舞鹤车站可以与 JR 舞鹤线进行换乘。全线共设有 32 个车站，其中设有工作人员的车站有 15 个，无人车站有 17 个，在有人车站中，由 KTR 直接经营的车站有 5 个，剩余 10 个车站其车票的销售和检票工作委托给沿线的自治体负责。在 KTR 直接经营的 5 个车站中，福知山车站、宫津车站和天桥立车站从最早一班车到末班车都有工作人员，而其他的直营车站和委托车站营业的时间主要是从早上到傍晚。

（四）KTR 收入状况分析

KTR 大约四分之三的收入是由旅客运输产生的收益，其他的收入还包括 JR 使用 KTR 列车所产生的收益和经营食堂、日用杂货等所产生的收益。具体情况见图 4—9。

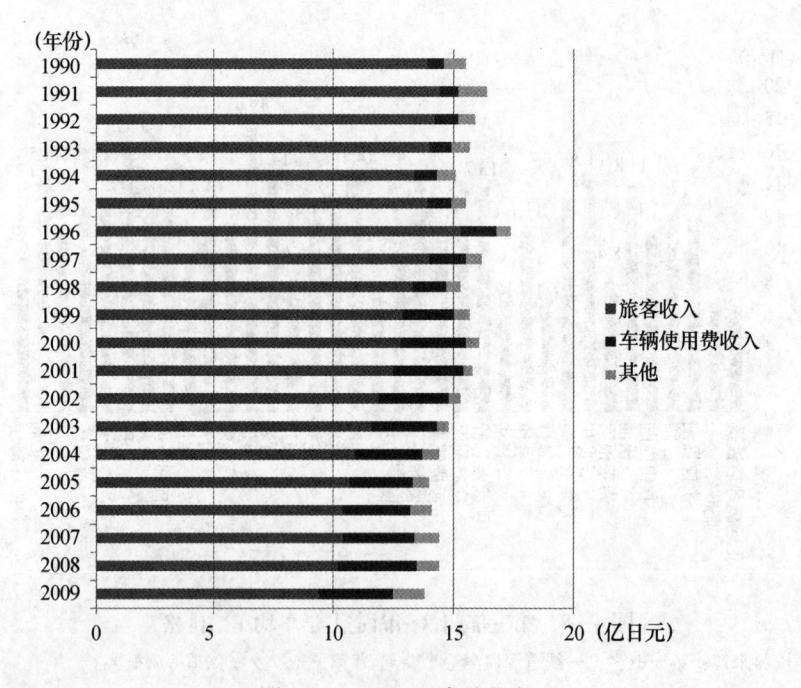

图 4—9　KTR 经常性收入

资料来源：北近畿丹后铁道各年度事业报告整理。

在费用支出方面，1996 年达到 23.4 亿日元之后，基本上维持在 20 亿日元左右。人工费的支出方面，2008 年对员工数和工资水平进行了调整，2010 年之后，对 60 岁以上员工的基本工资削减了 30%，暂停 55 岁以上的员工工资的上调，同时削减了各种补贴，目前，这一措施仍在实施。具体情况见图 4—10。

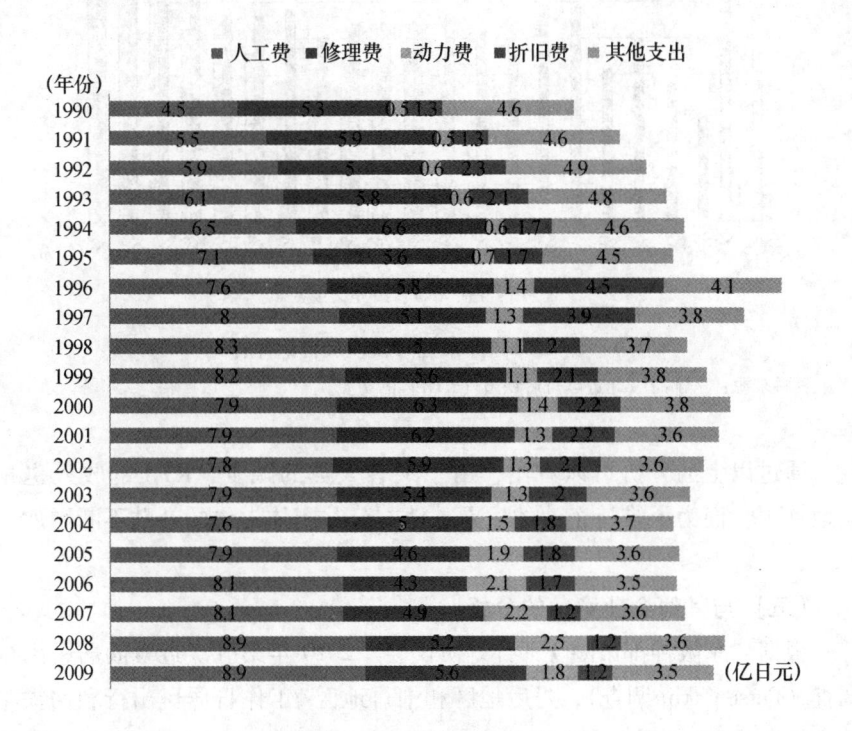

年份	人工费	修理费	动力费	折旧费	其他支出
1990	4.5	5.3	0.5	1.3	4.6
1991	5.5	5.9	0.5	1.3	4.6
1992	5.9	5	0.6	2.3	4.9
1993	6.1	5.8	0.6	2.1	4.8
1994	6.5	6.6	0.6	1.7	4.6
1995	7.1	5.6	0.7	1.7	4.5
1996	7.6	5.8	1.4	4.5	4.1
1997	8	5.1	1.3	3.9	3.8
1998	8.3	5	1.1	2	3.7
1999	8.2	5.6	1.1	2.1	3.8
2000	7.9	6.3	1.4	2.2	3.8
2001	7.9	6.2	1.3	2.2	3.6
2002	7.8	5.9	1.3	2.1	3.6
2003	7.9	5.4	1.3	2	3.6
2004	7.6	5	1.5	1.8	3.7
2005	7.9	4.6	1.9	1.8	3.6
2006	8.1	4.3	2.1	1.7	3.5
2007	8.1	4.9	2.2	1.2	3.6
2008	8.9	5.2	2.5	1.2	3.6
2009	8.9	5.6	1.8	1.2	3.5

（亿日元）

图 4—10 KTR 经常性收入

资料来源：北近畿丹后铁道各年度事业报告整理。

KTR 在 1990 年开业之后，经常性损失不断增加，开业当初地方自治体设立的基金以及国铁改革转换交付金在 1999 年已经用光，之后地方自治体每年通过对基金的增资以应对 KTR 的亏损。

为了改善收支情况，KTR 采取了各种措施，比如改善员工的服务态度等，但是随着沿线地区人口的减少、少子化以及公路建设的完善，特别是高速公路免费实验的实施等，运输收入不断减少。具体情况见图4—11①。

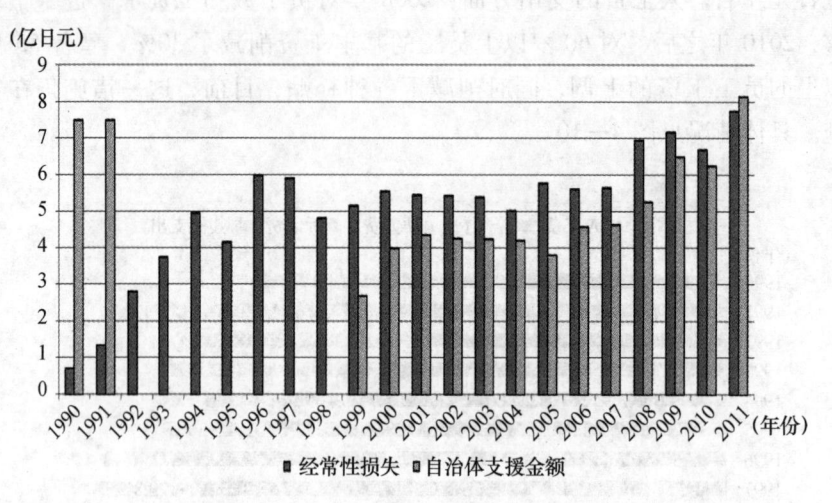

图4—11 KTR 经常性亏损以及自治体补助

资料来源：京都府《北近畿丹后铁道（KTR）的历史》。

通过以上的分析可以看出，由于乘客人数的减少，KTR 的收入也相应地减少，而为了维持企业的发展，地方公共团体提供的补贴不断增加。

（五）与其他企业竞争的分析

根据"京阪神都市圈交通计划协议会"2010 年第五次近畿圈居民出行调查（Person Trip 调查），丹后地区和中丹地区②工作日居民出行利用铁路的比例为 1.2%，周末利用铁路的比例为 0.5%，而在京都府内的其他地区，工作日铁路的利用率为 13.9%，周末为 8.6%，同时周围其他府县，工作日铁路的利用率为 10.5%，周末为 4.6%。具体情况参见图4—12 和图4—13。

从上面的调查统计中，我们可以看出，在中丹和丹后地区，铁路的利用率处于相对较低的水平，但是，这并不能否认铁路存在必要性，同时根据第五次 PT 调查，利用铁路出行的空间距离在 15—65 公里的时候，铁路

---

① 北近畿丹后铁道《第 29 期事业报告》。
② 中丹地区主要指京都府丹波地区北部和丹后地区南部，在行政上主要包括舞鹤市、福知山市和绫部市；丹后地区主要指京都府北部地区，在行政划分上主要包括京丹后市、伊根町、与谢野町、宫津市和舞鹤市。

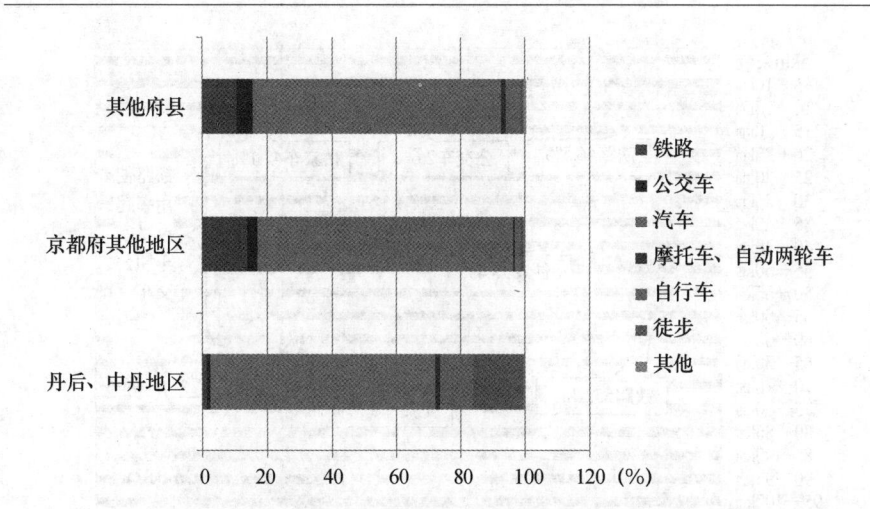

图4—12　KTR沿线地区工作日出行时的交通工具使用情况

资料来源：第五次PT调查（http：//www.kkr.mlit.go.jp/plan/pt/research_pt/h22/index.html）。

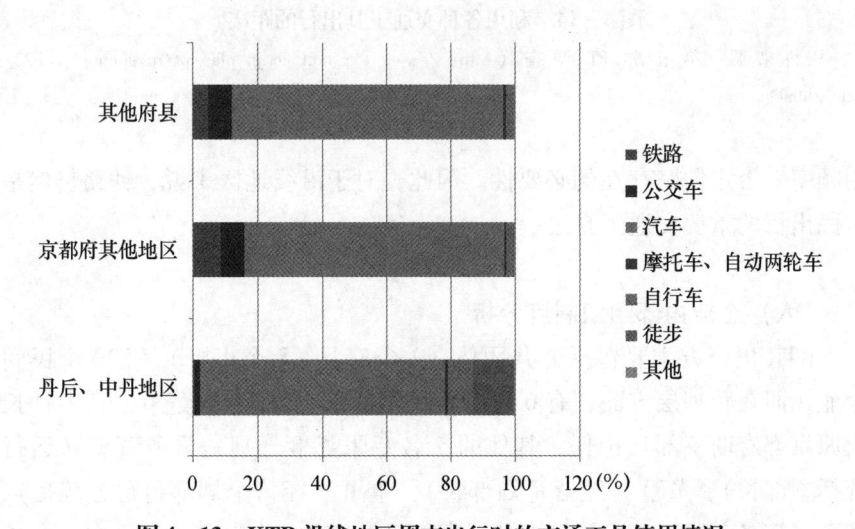

图4—13　KTR沿线地区周末出行时的交通工具使用情况

资料来源：第五次PT调查（http：//www.kkr.mlit.go.jp/plan/pt/research_pt/h22/index.html）。

的利用率超过了汽车。具体情况见图4—14。

可以看出，虽然汽车在利用率上远远超过了铁路，但是在15公里到65公里的中途运输距离上，铁路还是居于主导地位，因而不能简单从利

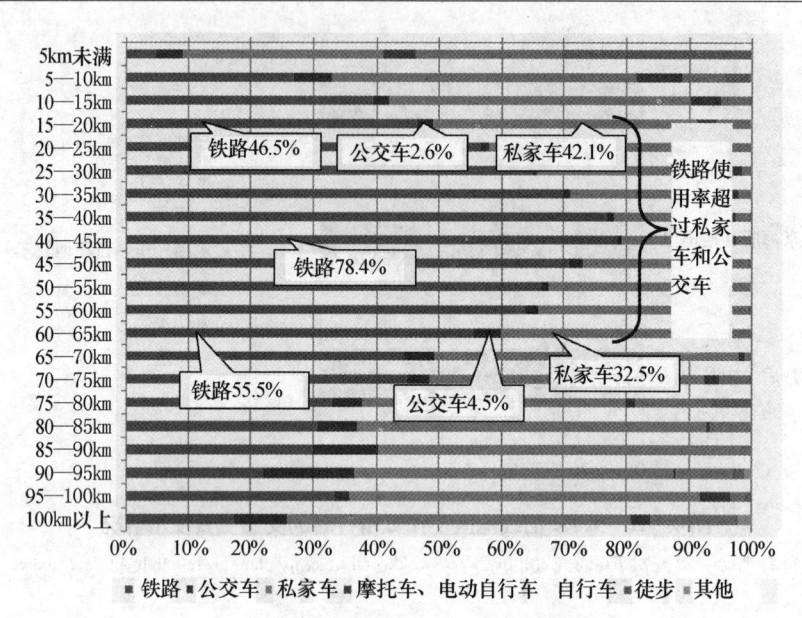

图4—14 利用各种交通工具出行的距离

资料来源：第五次PT调查（http://www.kkr.mlit.go.jp/plan/pt/research_pt/h22/index.html）。

用频率上否定铁路存在的必要性。因此，对于沿线地区来说，铁路仍然是市民出行的重要交通工具之一。

（六）企业内部组织制度分析

KTR出资方主要包括公共团体（2个府县、8个市町）和22个民间企业，而在管理层方面，有6名专职董事和12名非专职董事，其中社长由原京都府商工部长担任，其他的5名专职董事分别是常务董事（运行统括本部长）、董事（经营企划部长）、董事（经营企划部付财务统括）、董事（工务部长）、董事（建设工事部长），其他的非专职董事中，会长由现任京都府知事担任，代表副社长由现任宫津市市长担任，三名副社长分别由现任京丹后市市长、舞鹤市市长和福知山市市长担任。所以，我们可以看出，在企业管理层方面，公共团体出身的人员居于主导地位，这也能够保证自治体对KTR的管理能够顺利实现。

在员工方面，到2011年4月，KTR共有员工180名，从1997年到2007年，KTR的员工数量基本维持了一个稳定的状态，而到了2008年，员工的数量开始有少许增加，其员工数量最多的时候是2009年，人数达到了201人。具体情况见表4—15。

表4—15　　　　　　　　KTR人员人数　　　　　　　　（单位：人）

年份	总部、运行本部	车站	司机	实习司机	售票员	服务员	车辆	运输、其他部门	工务、电气	工程建设	总计
1997	30	24	50		18		7	17	17		163
1998	32	28	50		18		9	14	16		167
1999	28	28	50		18		9	14	16		163
2000	31	27	48		16		10	13	16		161
2001	31	26	47		16		10	13	16		154
2002	26	27	45		17		10	13	16		154
2003	23	29	47				10	12	16		153
2004	23	29	49		17		11	13	15		156
2005	25	27	52		15		10	13	15		157
2006	25	28	51				10	13	16		160
2007	23	28	49	4	14		12	11	19	5	165
2008	23	25	48	9	15	3	12	15	18	9	177
2009	26	30	55	12		4	14	14	21	9	201
2010	25	27	50	7	15	4	16	15	20	9	188
2011	23	28	51	5	15	4	13	15	20	6	180

资料来源：北近畿丹后铁道内部资料。

在新员工录用方面，在2006到2010年，共录取了45名，其中司机24人、车站营业7人、工务和建设7人、检修3人和4名服务人员。

在员工年龄方面，技术部门的员工年龄主要集中在60岁左右，这也是KTR面临的一个重要问题，随着这些人员的退休，技术传承也成为了一个亟须解决的问题。为此，KTR采取了一些措施，主要包括以KTR的名义录取年轻的员工，这从列车司机的年龄的分布可以看出，在列车司机年龄方面，更多的人的年龄集中在24岁到44岁，可以说是一个老中青的年龄分布。具体情况见图4—15。

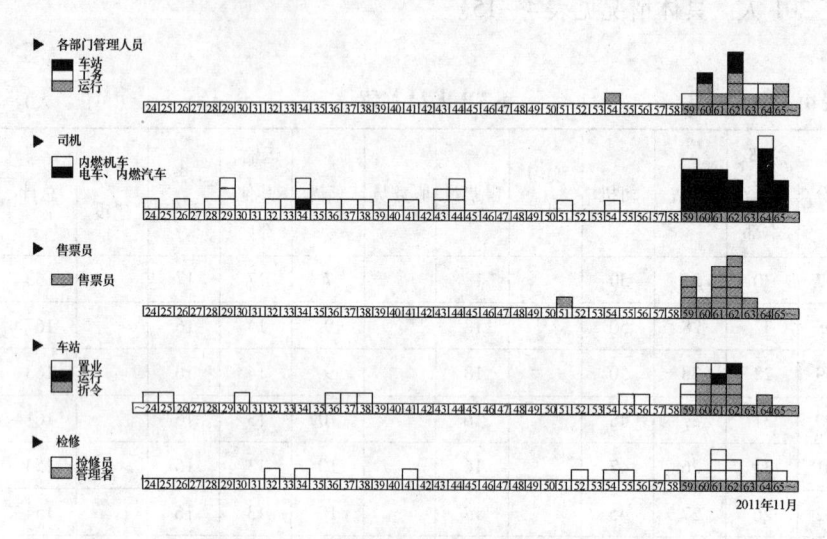

图4—15 北近畿丹后铁道员工年龄分布

资料来源：北近畿丹后铁道内部资料。

有关新员工的培养问题，正如上面所论述的，是 KTR 2013 年的重要工作内容。

（七）KTR 公共性分析

同北越急行公共性分析一样，对 KTR 公共性的分析也可以从乘客、地区影响和可替代性三个方面进行分析。

根据《京都新闻》2012 年 3 月 21 日的报道，随着 KTR 亏损不断增加，京都府要求兵库县提供亏损金额 5.5% 的补贴，但是兵库县拒绝了全额负担 5.5% 的要求，双方的交涉也出现了困难。2008 年，KTR 首次亏损超过 6 亿日元之后，其亏损不断增加。由于兵库县内有两个车站，所以京都府要求兵库县和其下面的丰冈市承担亏损额的 5.5%，兵库县每年提供大约 1000 万日元的补贴，剩余的部分由丰冈市负担。但是，随着亏损情况的不断恶化，丰冈市从 2009 年开始，决定只负担 5.5% 的一半左右的亏损。当年京都府要求兵库县整体负担 3600 万日元的亏损，但是，最终兵库县只负担了 1000 万日元，丰冈市负担了 1800 万日元。因此，围绕对 KTR 的补贴情况，京都府和兵库县的矛盾不断加大，特别是随着今后亏损情况的恶化，双方的矛盾将更加突出。

根据《日本经济新闻》2011年2月1日的报道，京都府向兵库县提出，如果兵库县不增加补贴金额的话，有可能废除一部分线路。而将要废除的线路是乘客数量相对较少的宫津线丰冈市市内的线路。2009年，KTR的亏损约为7亿日元，京都府提供了约5亿日元的补贴，但是兵库县只提供了1000万日元。针对京都府的提议，兵库县交通政策课的相关人员提出不希望废除线路，当地部门和铁路企业应当努力获得更多的乘客。而根据《日本经济新闻》的分析，废除线路的提议，其背后的原因是北部地区的人口结构。在京都市内，集中了很多大型制造业的总部，而目前出现了把生产工厂从京都府北部迁往滋贺县等地区的趋势。随着高龄化，京都府北路利用铁路的人口不断减少。

综上，我们看出目前已经出现了废除KTR线路的提议，随着京都府和兵库县双方的相互推诿，那么KTR则很可能被废除。但是在讨论废除KTR线路时，应当认真讨论KTR的公共性。

1. KTR旅客分析

KTR的乘客主要分为两部分：一部分是非固定乘客，主要是观光游客等，另外一部分是固定的乘客，主要是通勤和上学的学生。KTR沿线有很多学校、医疗机构和公共服务部门，但是很多距离车站都超过了一般步行的范围（600m），并且在KTR开业以来，也没有再建设新的车站，这使得车站周围的人口不断减少，KTR的使用效率并不高。每个车站的乘客人数和车站周围人口（车站步行600m以内的居住、工作、上学人口）从2005年到2010年平均减少了5%，这导致铁路的使用率一直保持低水平。车站使用率超过10%的车站在32个车站中只有10个车站。具体情况见表4—16。

有关KTR乘客的使用情况，龙谷大学的井口富夫针对KTR乘客进行了相关调查，调查的名称是"KTR（北近畿丹后铁道）：地区之脚事业的持续——针对KTR使用者的问卷调查结果"，调查的结果发布在龙谷大学社会科学研究所出版的第40期《社会科学研究年报》上，调查的时间是2009年3月3日上午11点—下午8点（日本时间），调查的地点选择在了KTR两条线路交叉的地方即宫津站，宫津站在KTR整个车站当中属于上下旅客人数较多的一个。

表 4—16　KTR 车站周围人口与各车站乘客的情况

车站	车站半径 600m 以内的人口 (人)			上下车乘客人数日平均 (2005年)	车站利用率 (%)	车站半径 600m 以内的人口 (人)			上下车乘客人数日平均 (2010年)	车站利用率 (%)
	人口 (2005年)	工作人数 (2001年)	合计			人口 (2010年)	工作人数 (2006年)	合计		
福知山	7407	12069	19476	846	4.3	7377	11602	18979	1054	5.6
厚中问屋	6537	5595	12132	64	0.5	6655	5476	12131	36	0.3
荒河かしの木台	3570	1040	4610	17	0.4	3489	1068	4557	19	0.4
牧	881	359	1240	23	1.9	930	382	1312	37	2.8
下天津	745	53	798	6	0.8	709	22	731	8	1.1
公庄	448	93	541	21	3.9	429	85	514	31	6.0
大江	1685	760	2445	115	4.7	1514	607	2121	119	5.6
大江高校前	1265	1262	2527	240	9.5	1115	1103	2218	255	11.5
二俣	375	127	502	7	1.4	341	203	544	6	1.1
大江山口内宫	218	10	228	7	3.1	190	8	198	6	3.0
辛皮	277	2	279	5	1.8	240	1	241	4	1.7
喜多	874	90	964	12	1.2	789	52	841	8	1.0
宫村	2612	436	3048	13	0.4	2595	428	3023	7	0.2
宫津	5459	3979	9438	865	9.2	5171	3350	8521	842	9.9
西舞鹤	7815	7211	15026	366	2.4	7994	6260	14254	620	4.3
四所	699	531	1230	15	1.2	634	371	1005	19	1.9
东云	276	99	375	45	12.0	225	86	311	35	11.3

续表

车站	车站半径600m以内的人口（人）			上下车乘客人数（人）日平均(2005年)	车站利用率(%)	车站半径600m以内的人口（人）			上下车乘客人数（人）日平均(2010年)	车站利用率(%)
	人口(2005年)	工作人数(2001年)	合计			人口(2010年)	工作人数(2006年)	合计		
丹后神崎	516	29	545	25	4.6	465	24	489	23	4.7
丹后由良	1147	234	1381	95	6.9	1012	243	1255	122	9.7
栗田	874	480	1354	220	16.2	823	446	1269	298	23.5
天桥立	363	662	1025	500	48.8	316	573	889	353	39.7
岩龙口	1345	887	2232	123	5.5	1233	706	1939	61	3.1
野田川	3334	600	3934	290	7.4	3187	561	3748	269	7.2
丹后大宫	5676	1416	7092	130	1.8	5601	1322	6923	149	2.2
峰山	4287	2125	6412	385	6.0	4165	1599	5764	288	5.0
网野	1942	542	2484	381	15.3	1642	594	2236	288	12.9
木津温泉	992	424	1416	125	8.8	964	460	1424	152	10.7
丹后神野	1183	232	1415	132	9.3	1149	160	1309	47	3.6
甲山	1304	95	1399	164	11.7	1214	93	1307	131	10.0
久美浜	2049	1416	3465	124	3.6	1883	1283	3166	108	3.4
侣马三江	3142	982	4124	3	0.1	3011	692	3703	6	0.2
丰冈	9891	10259	20150	165	0.8	9659	9472	19131	172	0.9
合计	79188	54099	133287	5529	4.1	76721	49332	126053	5573	4.4

注：2005年和2010年的人口是国势调查的数据，工作人数是2001年和2006年京都府事业所企业统计调查结果加上在校高中生计算得出的。

资料来源：京都府网站（www.pref.kyoto.jp/shingikai/kotsu-03/…/13517424 64962.pdf）。

有关调查的具体情况如下：

①现在的 KTR 运行间隔大约是 1 小时，您认为运行班次减少到多少的时候，不会再乘坐 KTR？

时间	调查问卷数（件）	占比（%）
间隔 1 小时 20 分钟	48	32.4
间隔 1 小时 40 分钟	20	13.5
间隔 2 小时	29	19.6
间隔 2 小时 30 分钟	3	2
间隔 3 小时	9	6.1
间隔 3 小时以上	5	3.4
继续利用	34	23
合计	148	100

如果间隔时间延长 20 分钟的话，大约就会有三分之一的乘客不会再乘坐 KTR，如果延长 1 小时的话，大约有一半的乘客不会再乘坐 KTR，约有两成的乘客不会介意列车的间隔时间。

②现在 KTR 起步价如果是 200 日元的话，那么起步价上涨到多少的话，不会再乘坐 KTR？

起步价（日元）	调查问卷数（件）	占比（%）
220	30	20.3
240	19	12.8
260	10	6.8
280	6	4.1
300	38	25.4
300 以上	14	9.5
继续利用	31	20.9
合计	148	100

现在 KTR 的车票价格根据乘坐距离和车票的不同而不同，当起步价上涨一成的时候，乘客就开始减少，如果上涨两成的话，就会减少大约三

分之一的乘客。大约有两成的乘客不介意票价的上涨。

③现在，出行的方式主要是私家车，KTR 运行间隔平均为 1 小时，KTR 换乘时间间隔多长会换乘 KTR？

时间	调查问卷数（件）	占比（%）
间隔 50 分钟	9	6.2
间隔 40 分钟	13	8.9
间隔 30 分钟	67	45.9
间隔 20 分钟	22	15.1
间隔 10 分钟	13	8.9
不会换乘	22	15.1
合计	146	100

如果列车间隔时间缩短到 30 分钟的话，那么私家车的乘客大约有 6 成的人会换乘 KTR。

④现在，出行的方式主要是私家车，KTR 的平均起步价是 200 日元，KTR 起步价降为多少的话，会替换到 KTR？

起步价（日元）	调查问卷数（件）	占比（%）
180	23	16
160	30	20.8
140	21	14.6
120	17	11.8
100	18	12.5
100 以下	4	2.8
不会换乘	31	21.5
合计	144	100

如果起步价比现在降低三成的话，私家车乘客中大约有一半的人会使用 KTR。

⑤KTR 实行新的措施中，您所知道的项目有哪些？

项　　目	调查问卷数（件）	占比（%）
优惠停车券（西舞鹤车站和宫津车站）	38	24.4
KTR 粉丝俱乐部	23	14.7
KTR 无记名全线通票	21	13.5
宫津线 KTR 列车主人制度	27	17.3
吉祥物车票	25	16
KTR 单程上学固定车票	22	14.1
合计	156	100

⑥KTR 实行新的措施当中，您所知道的项目有多少？

知晓的举措数目（项）	调查问卷数（件）	占比（%）
1	34	46.6
2	18	24.7
3	9	12.3
4	5	6.8
5	3	4.1
6	4	5.5
合计	73	100

在这项调查当中，利用 KTR 优惠停车券的人最多，大约占到了调查人数的一半，其他项目大约占到了 30%，从这项调查中我们可以看出，KTR 采取的新措施已经被很多人知晓。

⑦平时乘坐 KTR 的目的是什么？

目　的	调查问卷数（件）	占比（%）
通勤	18	16.2
上学	22	19.8
通勤以外的工作	18	16.2
购物	11	9.9

续表

目的	调查问卷数（件）	占比（%）
休闲、旅游	27	24.3
社交	2	1.8
其他	13	11.7
合计	111	100

从上述调查项目我们可以看出，KTR乘客主要是通勤、上学和休闲旅游的乘客。如果这部分的乘客减少的话，就会对KTR的经营造成重大的影响，但是从另外一个方面来看，我们可以看出，非固定乘客比例仍然较少，在今后的改革过程中，应当采取措施增加非固定乘客的比例。

⑧乘坐KTR的理由是什么？

理由	调查问卷数（件）	占比（%）
车站离家或目的地较近	33	23.1
同JR换乘方便	24	16.8
KTR车票优惠	8	5.6
可以有效利用乘车中的时间	12	8.4
私家车时间不确定	6	4.2
没有汽车驾照	22	15.4
没有私家车	15	10.5
其他家人在使用汽车	8	5.6
其他	15	10.5
合计	143	100

通过这项调查，我们可以发现离车站较近是乘客使用KTR的最大理由，因此，KTR应当在继续保持这种优势的同时，如果计划新建车站，应当考虑车站距离的问题。

⑨调查对象的性别

性　　别	调查问卷数（件）	占比（％）
女性	51	47.7
男性	56	52.3
合计	107	100

⑩调查对象的年龄

年　　龄	调查问卷数（件）	占比（％）
20 岁以下	27	25.5
20 岁	17	16
30 岁	7	6.6
40 岁	13	12.3
50 岁	16	15.1
60 岁	13	12.3
70 岁	11	10.4
80 岁以上	2	1.9
合计	106	100

除了上面的调查，根据京都府的统计，KTR 乘客人数不断减少，在乘客减少的同时，沿线自治体人口也不断减少。具体情况见图 4—16，这也从另外一个方面说明了 KTR 乘客减少的原因。在 KTR 乘客构成中，通勤人数和公立高中人数减少情况比较突出，特别是公立高中生的减少最为严重，特别是最近几年，随着固定乘客收入超过了非固定乘客收入。这些固定乘客人数的减少，给 KTR 的经营带来很大的困难。具体情况见图 4—17。

在铁路乘客效益方面，如果 KTR 被废除的话，那么将会对沿线上学的学生、其他沿线乘客和观光客产生负面的影响。

①目前，KTR 沿线有 11 所高中（具体情况见表 4—17），对这些学校的学生来说，KTR 是其出行必不可少的交通工具。

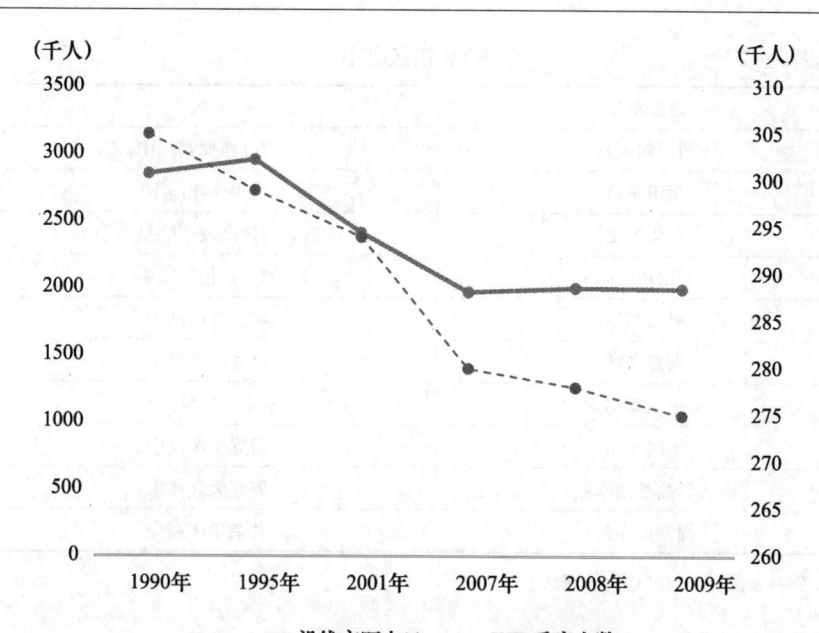

图 4—16　KTR 沿线市町人口与 KTR 乘客人数

资料来源：京都府《北近畿丹后铁道（KTR）的现状》。

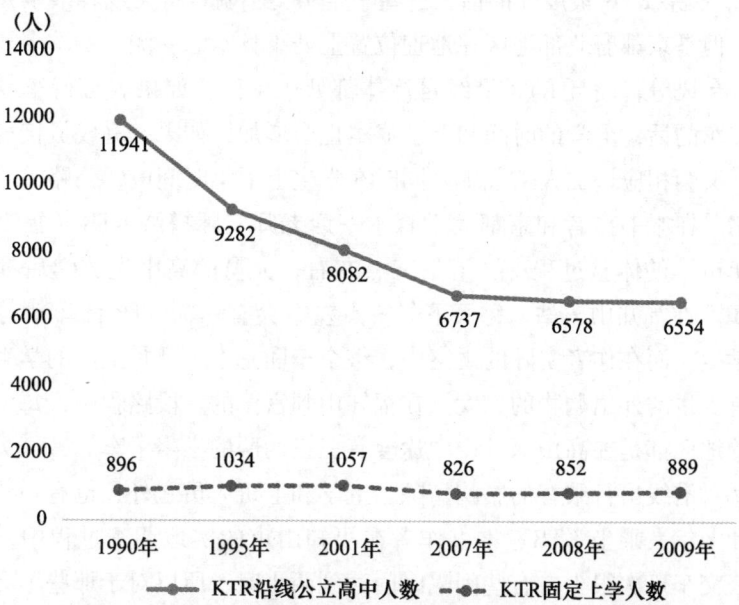

图 4—17　KTR 沿线公立高中人数与 KTR 固定上学人数

资料来源：京都府《北近畿丹后铁道（KTR）的现状》。

表 4—17　　　　　　　　　　　KTR 沿线高中

最近车站	高校
西舞鹤车站	府立西舞鹤高中
栗田车站	府立海洋高中
宫津车站	府立宫津高校、晓星高中
野田川车站	府立加悦谷高中
峰山车站	府立峰山高中
网野车站	府立网野高中
甲山车站	府立久美浜高校
丰冈车站	府立丰冈高中
大江高校前车站	府立大江高中
福知山车站	共荣学园高中

资料来源：各市町自治体网站。

在府立大江高中，全校共有 360 名在校学生，其中 240 人上学使用 KTR，在府立久美浜高中，有 360 名在校生，其中大约有 100 名使用 KTR[1]。如果 KTR 被废除的话，这些学生不得不骑自行车或者乘坐公交车上学。但是京都府北部地区在地理位置上处于日本海一侧，冬季多雪，夏季会有台风等，而且 KTR 沿线自治体都处于山区，如果骑自行车或者搭乘公交车的话，上学的时间和上学成本也会增加，如果家庭成员接送学生的话，又会相应增加人工成本。同时在学生上下学时间段，公路一般会比较拥堵。在本书作者和京都大学森本一彦老师实际搭乘 KTR（福知山市到宫津市）的体验过程中，下午三点左右，大量的高中生放学后都会搭乘 KTR。在福知山车站，每天下午三点左右会有一辆 KTR 的车辆等着放学的学生，而在作者实际的观察中，整个车厢基本上都是上学的学生，其中也有少量的外出购物的妇女。在福知山到宫津的一段路程中，每个车站所处的地区都是在高山深处，中途会有三三两两的学生下车。

②对沿线出行乘客的影响。除了上学和上班人员之外，也有一些家庭主妇和老年人乘坐 KTR。本书作者在福知山市的实地调查过程中，发现很多公交车班次很少，有些间隔时间达到两小时，所以对于那些不会开车

---

[1] 资料来源：北近畿丹后铁道调查资料。

或者身体不方便的老年人来说,是非常不方便的。同时,如果废除铁路的话,也会加速沿线人口的流失,从而形成一种恶性循环。

2. 对沿线城市的影响分析

在地区社会效益方面,主要包括对观光旅游乘客的影响和对沿线自治体土地价格的影响。如果 KTR 被废除的话,那么观光乘客就会减少,这会导致沿线相关的旅游收入也会减少。根据京都府的统计,2010 年,宫津市旅游游客数量大约为 300 万人,其中使用铁路的乘客大约为 30 万人(具体数据参见表 4—18)。

表 4—18　　　　　宫津市观光旅游游客出行方式

出行方式	2010 年(千人)	比例(%)
使用铁路出行	292	10.5
使用公交车	40	1.4
使用旅游大巴出行	642	23.1
使用私家车出行	1811	65.0
合计	2785	100

资料来源:2010 年京都府观光课调查资料。

2785 名的游客共给宫津市带来了 8890 百万日元的旅游收入,如果铁路被废除的话,那么,游客数量就可能减少 10.5%,造成的损失约为 933 百万日元。

在对沿线土地价格影响方面,如果废除 KTR 的话,就造成车站周围土地价格的下跌,从而导致自治体固定资产税等税收的减少。有关铁路废止对地价的影响,可以参考 2008 年 4 月 1 日被废除的铁路第三部门——三木铁道对周围土地价格的影响。三木铁路位于兵库县,起点是厄神车站,终点是三木车站,全长 6.6 公里,成立日期是 1985 年 4 月 1 日,在被废除后,沿线的出行公共交通工具改为公交车运输。

虽然影响土地价格变动的因素有很多,比如全国经济情况、周围人口情况等,但是铁路的存废也会对土地价格产生一定的影响。例如,在三木铁道的沿线城市三木市其地价在三木铁道被废除之前一直处于下降的状态,但是其下降的保持在一种平稳的状态,但是在 2008 年 4 月,三木铁路被废除后,2009 年下降的幅度开始扩大,而且这种趋势是逐渐扩大。

为了能够更直观看到其变化的趋势，选取相邻城市小野市，由于三木铁路不经过小野市，所以其地价变化情况可以基本上不考虑三木铁道被废除所造成的影响。从中我们看出在2006年到2008年，两个城市地价的变化情况基本上相同，但是在三木铁道被废除后，从2009年开始，三木市地价下降的比较明显，虽然2010年三木市地价有所回升，但是到了2011年又开始出现下滑，而且下滑的幅度也超过了小野市。具体情况见图4—18。

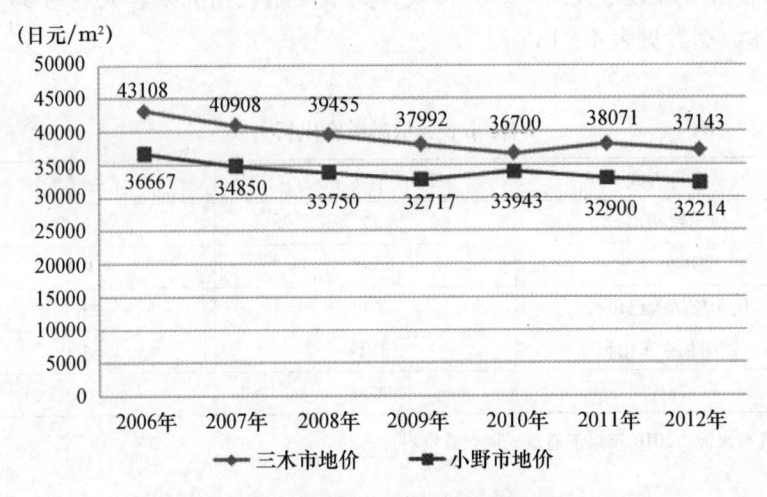

（日元/m²）

年份	三木市地价	小野市地价
2006年	43108	36667
2007年	40908	34850
2008年	39455	33750
2009年	37992	32717
2010年	36700	33943
2011年	38071	32900
2012年	37143	32214

图4—18 三木市和小野市地价变化情况

资料来源：京都府网站（http://web.pref.hyogo.lg.jp/wd22/wd22_000000113.html）。

3. 可替代性分析

2014年，京都府将新开通两条高速公路，分别是京都纵贯高速公路和舞鹤若狭高速公路，这两条高速公路开通之后将会对沿线的非固定乘客以及外部观光乘客的出行产生影响，这将进一步加剧KTR乘客的流失。因此，高速公路的发展在一定程度上具备了取代KTR的可能性。但是，这种影响仅仅局限在非固定乘客，而对于通勤和上学的固定乘客的影响有限。

目前，KTR虽然经营亏损严重，为了维持企业的发展，京都府以及沿线相关自治体不得不每年提供大量的补贴。但是，就目前而言，并没有可行的替代方式来替代KTR线路，这也是京都府每年给KTR提供补贴的重要原因。

综上，通过上述三个方面的分析可以看出，目前 KTR 的乘客主要是沿线通勤以及上学的学生，虽然乘客数量不多，但是对于沿线自治体来说，KTR 存在仍然具有合理性。

五　铁路第三部门存在合理性思考

通过对北越急行和 KTR 的研究分析，可以看出在这两家铁路第三部门企业仍具有存在的必要性。由于北越急行和 KTR 是日本铁路第三部门企业中具有代表性的企业，北越急行代表目前经营效果良好，但是未来由于社会经济环境的变化，在经营上可能面临困难的第三部门企业；KTR 代表着目前经营效果不好，但是企业采取了各种措施改善经营，由于沿线人口减少等客观原因，导致其经营仍然不断恶化，但是对于目前没有出现可替代运输方式出现之前，仍然有必要维持其存在和发展的第三部门企业。因此，通过总结分析两家企业存在的合理性，进而思考整个日本铁路第三部门存在的合理性。

目前，日本全国铁路第三部门的利用人数不断减少，究其原因，香川正俊认为主要有下述几个方面：少子化造成的以高中生为中心的上学学生人数的持续减少、随着周围公路的建设利用私家车的人数不断增加、随着人口过疏化的不断加深造成了乘客的减少、由于观光产业的衰退和沿线企业的破产情况不断增加从而造成地区经济的衰退、双休制度的形成以及随着经济不景气的扩大造成的外出购物情况的减少、沿线居民对铁路关心的减弱和地方自治体支持程度不足、与公交车衔接不方便和换乘不方便[①]。有关铁路第三部门在经营上的问题主要有以下几点："原本需求就比较少，很难确保企业的收益情况；存在资金不足的问题；以铁道轨道现代化设备完善费补助为中心的国家补助的金额不断减少；经营安定基金收益不断减少，在需要更新设备的时候，导致基金本金被用光；沿线自治体本身也存在财政问题，在铁路第三部门需要帮助的时候，很难提供全面的帮助；沿线自治体的交通政策以公路建设为中心，在进行地区开发的时候，不考虑与铁路第三部门之间的衔接。"[②]

[①] 香川正俊：『第3セクター鉄道』，成山堂書店 2000 年版，pp. 27—28。
[②] 同上。

因此，在考虑铁路第三部门问题的时候，不仅要从"交通权"的角度出发，还需要考虑与地区开发计划和交通计划之间的关系。日本宪法第25条规定，"所有国民均享有维持健康且文化性的最低限度生活的权利。"但是却没有明文规定国民移动权利的法律，而且在国家与地方自治体之间责任分配上也不明确。因而造成了很多市町村不能够从综合的角度出发制定地区交通政策，同时也缺少与之相配套的专门机构。

通过对日本铁路第三部门整体情况的分析以及对北越急行和北近畿丹后铁道的案例研究，证明了在目前阶段，铁路第三部门仍然是有存在的必要性。但是面对铁路第三部门的亏损，由于铁路第三部门大部分经营的是原本就很难盈利的支线铁路，特别是随着人口减少以及人口向大城市迁移，更加重了铁路第三部门的经营负担。面对亏损，铁路第三部门通过各种方式努力改善经营，但是仅仅依靠铁路第三部门企业本身的力量是很难维持的，因为更需要沿线自治体以及国家的帮助。目前，一个可行的办法就是采用"上下分离"制度，所谓的上下分离制度就是把铁路的硬件设施，主要指轨道、轨道附属设备、线路维护等交由沿线自治体负责，而铁路第三部门主要负责提供服务，这样可以在减轻铁路第三部门负担的同时，也可以使得铁路第三部门企业专心从事为乘客提供更好的服务。目前，铁路第三部门企业中，采用上下分离方式的企业很少，只有若樱一家企业，目前若樱铁道从1999年开始盈利，为铁路第三部门改革提供了很好的参考。

以上分析了日本铁路第三部门的实际情况，下一章将对城市再开发情况以及城市再开发第三部门的情况进行分析。

第五章

日本城市再开发第三部门合理性案例研究

在日本，所谓的"城市再开发"就是指通过新的方式重新开发现有城区的商业设施，再开发主要包括两方面的内容：一方面是再开发建筑、道路等硬件设施，另外一方面是再开发历史、文化等软件项目。再开发主要针对的是经济和社会出现衰落的地区，因此最初称为"地区振兴"和"城市振兴"。有关城市再开发没有明确的定义，例如阵内秀信在《意大利城市再生的理论》（1978）和篠塚昭次和早川和男、宫本宪一在《城市的再生》（1982）中提出了"城市再生"的概念。在日语中，城市再开发的原文是"まちづくり"，但是本书作者没有把日语直接翻译为"城市建设"，因为在日本"まちづくり"主要指的是一些城市的中心地区，如商业街等，由于人口减少、产业转移、商业和人口向城市外围迁移等造成中心商业区的衰败，针对这种情况，行政、民间企业、居民、NPO等通过各种措施促进市区经济和社会的再发展，所以本书作者把"まちづくり"翻译为"城市再开发"。根据本书作者在日本期间对日本人进行的调查，一般日本人对"まちづくり"的印象就是一些小规模的地区、自治体通过企业法人或者NPO等组织努力重新振兴原本繁华的市区商业街的探索。当然，这种城市再开发不仅仅是恢复市区经济的繁华景象，同时也是重新探索一种社会和经济和谐发展的道路，例如，把原来的商业区建设成为一种居民交流感情，举行集体活动的场所。

在欧美也有城市再开发这一概念，例如在英国有两种形式：一种是TCM（Town Center Management），另外一种是BID（Business Improvement District），TCM主要采用企业法人或者行政单独负责，BID主要采用企业法人的形式从事城市的再开发。在美国也有两种形式：一种是 BID（Business Improvement District），采用非营利组织的形式，另外一种是 MSP（Main Street Program），同样也是采用非营利组织的形式。在日本，城市再开发主体主要被称为 TMO（Town Management Organization），根据日文维基百科的解释是"从事市中心商业区商业城市再开发运营管理的机构"，主要作用是综合管理项目运营和进行项目策划。TMO 这一概念最早出现在 1998 年的《有关整体推进市中心商业区的建设、完善以及商业等振兴的法律》（简称《中心市街地活性化法》），根据此法律的规定，获得相关市町村认定的机构就是 TMO，TMO 的形式可以是商工会议所、商工会、第三部门、NPO 等。综上，本书中的"城市再开发"主要是指原有城市市区内商业设施的再开发。

接下来将从城市再开发出现的历史背景、概况进行分析介绍，同时结合饭田城市再开发和京都 ZEST 御池再开发两家城市再开发第三部门企业的分析，论证城市再开发可以采用第三部门方式，但是首先要论证项目的公共性，只有具备了公共性的项目才可以采用第三部门方式，从而避免出现像京都 ZEST 御池那样不考虑项目公共性，盲目采用第三部门方式而导致项目不断亏损情况的出现。

一　日本城市再开发出现的背景分析

城市再开发出现的背景主要有人口减少、商业政策变化和行政改革等。

（一）人口因素

现在，日本社会处于老龄化社会，其人口数量不断减少。2005 年之后，日本总人口开始出现负增长（具体见表 5—1），其人口减少的速度超过了预想。人口的减少和人口结构的变化对养老、医疗、教育等带来了严重的影响。

在地区人口结构上，人口大量向东京、大阪等大城市集中，其他地区的人口则不断减少（具体参见表 5—2），这造成了一些市町村消费人口的减少。在整体人数减少的同时，随着城市向外的扩张、城区生活成本的增加，城区白天人口和晚上人口出现较大的变化，更多的人白天工作在市区，晚上则居住在郊区，这也造成了人口潮汐现象，影响了市区商业的发展。

表5—1　　　　　　　　　　日本人口变化情况

年份	人口（千人）
1990	123611
1995	125570
2000	126926
2005	127768
2006	127901
2007	128033
2008	128084
2009	128032
2010	128057
2011	127799

资料来源：日本总务省统计局。

表5—2　　　　　　　　　各都道府县人口变化情况

都道府县	1990年（千人）	1995年（千人）	人口增减率（1990—1995）（%）	2010年 人口数量（千人）	2010年 人口性别比（相对于100名女性的男性）	2010年 人口密度（人/km²）	人口增减率（1995—2000年）（%）
全国	126926	127768	0.7	128057	94.8	343.4	0.2
北海道	5683	5628	-1.0	5506	89.7	70.2	-2.2
青森	1476	1437	-2.6	1373	88.9	142.4	-4.4
岩手	1416	1385	-2.2	1330	91.3	87.1	-4.0
宫城	2365	2360	-0.2	2348	94.3	322.3	-0.5
秋田	1189	1146	-3.7	1086	88.5	93.3	-5.2
山形	1244	1216	-2.2	1169	92.2	125.4	-3.9
福岛	2127	2091	-1.7	2029	94.3	147.2	-3.0
茨城	2986	2975	-0.4	2970	99.3	487.2	-0.2

续表

都道府县	1990年（千人）	1995年（千人）	人口增减率（1990—1995）（%）	2010年 人口数量（千人）	2010年 人口性别比（相对于100名女性的男性）	2010年 人口密度（人/km²）	人口增减率（1995—2000年）（%）
栃木	2005	2017	0.6	2008	98.6	313.3	-0.4
群马	2025	2024	-0.0	2008	96.9	315.6	-0.8
埼玉	6938	7054	1.7	7195	100.6	1894.2	2.0
千叶	5926	6056	2.2	6216	99.4	1205.5	2.6
东京	12064	12577	4.2	13159	98.0	6015.7	4.6
神奈川	8490	8792	3.6	9048	100.9	3745.4	2.9
新潟	2476	2431	-1.8	2374	93.6	188.7	-2.3
富山	1121	1112	-0.8	1093	92.9	257.4	-1.7
石川	1181	1174	-0.6	1170	93.4	279.5	-0.4
福井	829	822	-0.9	806	93.5	192.4	-1.9
山梨	888	885	-0.4	863	95.9	193.3	-2.4
长野	2215	2196	-0.8	2152	94.6	158.7	-2.0
岐阜	2108	2107	-0.1	2081	93.6	195.9	-1.3
静冈	3767	3792	0.7	3765	97.0	483.9	-0.7
爱知	7043	7255	3.0	7411	99.9	1434.8	2.2
三重	1857	1867	0.5	1855	95.0	321.0	-0.7
滋贺	1343	1380	2.8	1411	97.6	351.2	2.2
京都	2644	2648	0.1	2636	92.3	571.4	-0.4
大阪	8805	8817	0.1	8865	93.6	4669.7	0.5
兵库	5551	5591	0.7	5588	91.7	665.6	-0.0
奈良	1443	1421	-1.5	1401	90.0	379.5	-1.4
和歌山	1070	1036	-3.2	1002	88.8	212.0	-3.3
鸟取	613	607	-1.0	589	91.1	167.8	-3.0
岛根	762	742	-2.5	717	91.6	107.0	-3.3
冈山	1951	1957	0.3	1945	92.2	273.5	-0.6
广岛	2879	2877	-0.1	2861	93.3	337.4	-0.6

续表

都道府县	1990年（千人）	1995年（千人）	人口增减率（1990—1995）（%）	2010年 人口数量（千人）	2010年 人口性别比（相对于100名女性的男性）	2010年 人口密度（人/km²）	人口增减率（1995—2000年）（%）
山口	1528	1493	-2.3	1451	89.2	237.4	-2.8
德岛	824	810	-1.7	785	90.3	189.4	-3.0
香川	1023	1012	-1.0	996	93.0	530.7	-1.6
爱媛	1493	1468	-1.7	1431	88.8	252.1	-2.5
高知	814	796	-2.2	764	88.6	107.6	-4.0
福冈	5016	5050	0.7	5072	89.4	1019.0	0.4
佐贺	877	866	-1.2	850	89.0	348.3	-1.9
长崎	1517	1479	-2.5	1427	87.5	347.5	-3.5
熊本	1859	1842	-0.9	1817	88.5	245.4	-1.3
大分	1221	1210	-0.9	1197	89.4	188.7	-1.1
宫崎	1170	1153	-1.4	1135	88.5	146.7	-1.5
鹿儿岛	1786	1753	-1.8	1706	87.6	185.7	-2.7
冲绳	1318	1362	3.3	1393	96.3	611.9	2.3

资料来源：日本総務省統計局：『平成22年国勢調査による基準人口』（http://www.stat.go.jp/data/jinsui/9.html）。

（二）商业政策的变化

随着越来越多的商业设施把建设地点选择在城市郊区干线公路周边，导致消费人口逐渐转移到城市郊区，这也使得原本繁华热闹的车站周围商业区逐渐萧条。根据日本经济产业省《商业统计》，在1997年，日本全国的零售店铺为141.9696万家，比1994年的调查大约减少了80000家，这种趋势在1985年之后就已经出现了。其中，员工人数4人以下的小型零售店铺从1994年到1997年大约减少了76000家，而员工数50人以上的店铺大约增加了1100家。虽然1973年制定，1974年实施的《大规模零售店铺法》目的在于调整大型零售店铺的政策，保护中小零售店铺的发展，但是，大型零售店铺通过调整店铺营业面积，延迟店铺开业时间等以规避法律的限制。然而，由于私家车的普及和消费者生活需求多样化等原因，中小零售店铺依然不断减少。随着大型零售店铺的增加，尽管给居民购物带来了便利，但是也对地区社会发展带来了各种影响。例如，在大型店铺周围容易造成交通拥堵，也造成了市区商业的衰退。

由于大规模零售店铺法没有发挥所期待的作用，在1998年以促进大型零售店铺与地区融合发展为目的的《大规模零售店铺立地法》获得通过，至此《大规模零售店铺法》被废除。同时，为了防止市区的空洞化，新制定了《中心市街地活性化法》，同时新修订了《都市计划法》。由于这三部法律的目的相似，所以第142次日本国会把《大规模零售店铺立地法》《中心市街地活性化法》和改正《都市计划法》统称为"城市再开发三法"。三部法律中，《中心市街地活性化法》和《都市计划法》在1998年开始生效，《大规模零售店铺立地法》在实施之前由于需要强化市区的功能建设，因而在2000年6月1日正式实施，同时《大店法》也被废除。

（三）行政改革

"平成大合并"[①] 之后，到2012年10月1日，市町村的数量为1742个（指定市20、市768、区23个、町747、村184）[②]，而在"平成大合并"之前，自治体的数量为3232个，通过此次的市町村合并，其数量减少了一半左右。随着自治体数量的减少，导致了在一些地区，老龄人口过多，同时经济出现衰退，特别是在一些规模较小的町村，人口的减少和经济的衰退已经威胁到这些地区的存亡。虽然市町村的合并最初目的是健全自治体的财政收支情况，推进地方分权，但是也客观上导致了一些规模较小的市町村出现了财政困难，特别是随着原本一些由政府负责的事务交由自治体直接负责，这更加重了自治体的财政负担。自治体面对经济衰退和人口减少等情况，难以以一己之力独自承担地区社会和经济的发展，需要借助外部的力量，这也间接促进了第三部门的发展。通过与民间企业或者个人的合作，除了缓解自治体的财政困难，同时也可以利用民间企业的人

[①] 1999年开始的由政府主导的市町村合并，其主要目的是健全地方自治体的财政收支情况，推进地方分权。

[②] 资料来源：财团法人地方自治信息中心（https://www.lasdec.or.jp/cms/1,19,14,151.html）。

才、技术等重新设计城区发展的方案。例如，在饭田市，由于人口外迁和商业设施向城市周边迁移，原本繁华的市区出现严重的衰退。为了改善这种情况，最初是由民间企业单独提出了重新开发市区的计划，后来饭田市也参与到市区的开发项目中。

二 城市再开发概况

根据日本国土交通省在 2011 年 3 月份开展了《有关城市再开发中官民合作实际情况的调查》，此次共对日本全国 1750 个市町村进行了调查，其中有 1204 个市町村回复了国土交通省的调查。根据调查数据，在回复调查的 1204 个市町村中，共有 506 个市町村成立了 1631 个城市再开发团体。这些城市再开发团体的组织形态又可以分为任意团体（1242，76.1%）、非认定 NPO（223，13.7%）、株式会社（134；8.2%）等[①]。除了这三种主要组织形式之外，还有一般财团法人、特例财团法人、一般社团法人、特例社团法人、有限会社、合同会社等形式。

虽然城市再开发团体的组织形态多种多样，但是，"在我国，在制度上明确城市管理[②]组织形式是 1998 年制定的旧《中心市街地活性化法》。此法律的目的是为了完善市区环境和促进商业发展，在此法律的基础上为了推进项目实施，当时认为应当把商业街等看作是一个购物广场，综合考虑城市的发展。要求开发的主体应当为商工会议所、商工会或者第三部门城市再开发株式会社。之前并不被人们所认知的城市管理方法主要被当地的商业人士所知晓……在我国，很多的城市管理组织采用行政投入一部分资金和人员的第三部门形式。……在我国，不少城市管理组织采用第三部门形式的原因主要有两方面：第一，NPO、非营利组织在法律制度方面和作为实施主体方面能力较弱和不成熟。第二，在道路、广场、住宅、公共交通等城市基础设施方面与欧美等国家相比还很落后，在城市再生所需的项目中，行政依然能够发挥很大作用。"[③] 但是，根据笔者对饭田市相关

---

① 任意团体是指不属于法人形式（株式会社、学校法人、财团法人、社团法人、NPO 法人等）的团体。非认定 NPO 是指没有根据《认定特定非营利活动法人制度》进行认定的 NPO。
② 在高田升的文章当中，把城市再开发团体命名为城市管理组织（TMO）。
③ 高田昇：『都市再生におけるタウンマネージメント』，立命馆大学政策科学会 2008.15 (3)，p.3。

人士的调查，根据对方的回答，之所以采用第三部门形式，"主要是为了获得国家的补贴"。目前，针对城市再开发主体的国家补助主要有国土交通省提供的"城市再开发交付金"和经济产业省的支持制度等，而城市再开发交付金是市町村根据《都市再生特别措施法》制定提交给国土交通大臣的"都市再生整备计划"实施的。在交付金的分配方面，地方自治体具有很大的自主性，所以，如果采用第三部门方式的话，自治体本身也参与到项目中，因而更容易获得补贴。同时，根据《中心市街地活性化法》的规定，要想成为城市再开发的主体，则需要获得当地市町村的认定，同时，只有商工会议所、商工会、第三部门（中小企业和大企业出资的比例不超过50%，而且地方公共团体出资比例在3%以上）、财团法人（基本财产全部或者部分由地方公共团体出资）、社团法人（地方公共团体的职员是员工出任）、NPO法人（地方公共团体的职员是其员工）。被认定为TMO组织后，可以获得地方公共团体或者国家的补助。从中可以看出，要想获得国家以及地方自治体的补助，地方公共团体的补助是不可或缺的条件。这也从另外一方面保证了地方公共团体对城市再开发团体的控制，从而保证了项目的公共性。

成立城市再开发团体，有的是当地居民提出的要求，有的是民间机构提出的要求，有的是市町村提出的建议，具体情况见图5—1。

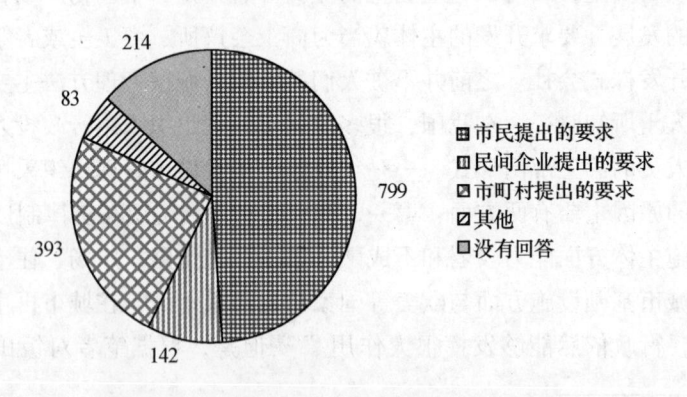

图5—1 提出成立城市再开发团体的主体

资料来源：国土交通省都市・地域整备局：『まちづくりにおける官民連携実態調査』，2011，p. 26。

在不同组织形态的城市再开发团体中，提出成立城市再开发团体的主体也是各不相同。具体见表5—3。

表5—3　提出成立不同组织形态城市再开发团体的主体情况　（单位：个）

再开发团体主体	合计	提出成立城市再开发团体的主体				
		市民	民间团体	市町村	其他	无对应选项
全体	1631	799	142	393	83	214
非认定NPO	223	107	37	17	16	46
一般财团法人	3	1	1	1	—	—
特例财团法人	13	—	1	12	—	—
一般社团法人	5	1	2	2	—	—
特例社团法人	6	—	2	2	1	1
株式会社	134	25	41	38	21	9
合同会社	3	—	2	1	—	—
任意团体	1242	663	56	320	45	158
有限会社	2	1	—	1	—	—

资料来源：国土交通省都市・地域整備局：『まちづくりにおける官民連携実態調査』，2011，p.38。

从上面的统计数据可以看出，城市再开发团体与一般的第三部门不同，更多的是民间或者市民个人提出的。在公司方式的城市开发中，主要是采用了第三部门形式，但是，最初提出成立城市再开发公司的主体并不是自治体，而更多的是市民个人或者民间企业，这也反映了第三部门出现的一个新的动向。由于城市再开发第三部门更多的是自治体以外的人或者组织提出的，因而更能调动民间的热情。从作者调查的实际情况来看，自治体参与到城市再开发，更便于申请政府对城市再开发项目的补贴和申请各种自治体的补贴。

针对如何设立城市再开发团体，以及在设立团体之后，如何运营等，日本国土交通省专门制定了《城市再开发公司的设立、活动指南》，把城市再开发公司的发展阶段分为初期阶段、发展阶段和成熟阶段。初期阶段主要是指从公司设立到开始实施项目的阶段；发展阶段是指在推进城市再开发项目的过程中开发新项目的阶段；成熟阶段是指城市再开发项目稳步推进的阶段。在城市再开发项目推进过程中，可以从人、物、钱三方面进行分析，在初期阶段主要兼顾公共性和效率的同时，努力探索新的创新项目，而在发展阶段，城市再开发公司主要承担"开发商"的作用，采取各种措施实现城区新的面貌。

在这三个阶段，一个很重要的问题是如何处理项目收入的问题，即是否给股东分红是各方面都很关心的问题。同时也是城市再开发第三部门需要处理的重要问题。根据国土交通省的建议，采用株式会社形式的城市再开发公司，在企业形态上与一般的民间企业一样，要讲求效率，按照市场规律办事，但是由于是第三部门，行政部门也参与到城市再开发公司，所以这也要求其应当保持一定的公共性。一般情况下，城市再开发公司经营的项目主要可以分为收益性项目和非收益性项目，而收益性项目主要是"各种设施的运营管理""地区运营管理"和"信息提供和商品销售"，而非收益性项目主要包括举办各种活动等。而收益性项目所产生的利润如何分配，根据国土交通省的建议，"由于广泛涉及到广大市民的利益，所以城市再开发或者收益项目所产生的利润与其分红给股东，更为理想的方式是取得股东的理解把利润返还给当地社会。通过把利润返还给当地社会，期待能够促进城市再开发项目进一步的发展。"[1] 而根据作者对饭田城市再开发公司调查，目前该公司并没有把项目所产生的利润分配给股东，而是把利润投入到项目扩大发展中。

根据日本国土交通省《城市再开发中的官民合作情况调查报告》调查的1750个市町村自治体中，有1204个自治体回答了调查问卷，其中506个市町村成立了城市再开发团体，数量总共为1631个。具体情况见图5—2。

从上图我们可以看出，城市再开发团体的数量不断增加，大约有四成左右的市町村设立了城市再开发团体，这也从另外一个侧面反映出，出现了城区空洞化的自治体数量也在不断增加。

从城市再开发团体的地区分布来看的话，关东地区最多，有450个，占到了整体的27.6%，其次，是日本中部地区为259个，占到了整体的15.9%。具体情况见图5—3。

---

[1] 国土交通省：『まちづくり会社の設立・活動の手引き』(www.mlit.go.jp/crd/index/case/pdf/machigaisyaQandA_one.pdf)。

第五章 日本城市再开发第三部门合理性案例研究　　171

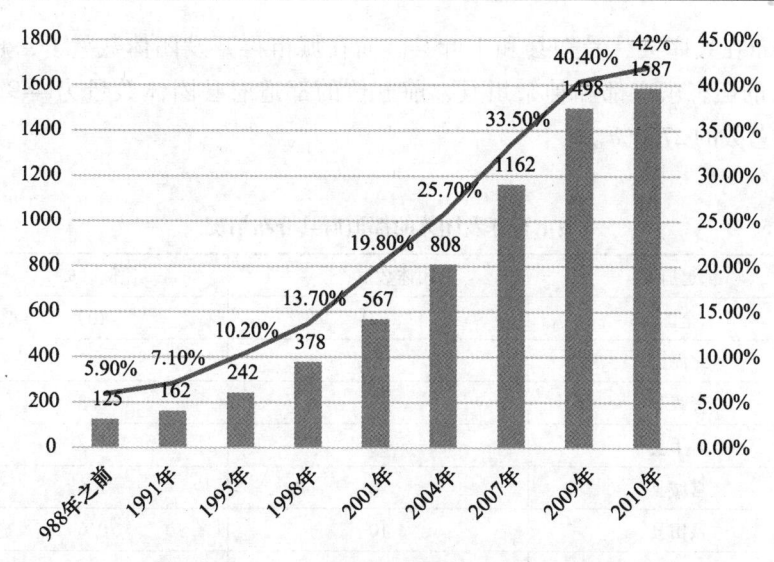

图5—2　城市再开发团体数量的变化

注：调查的时间为2011年2—3月，而图表的数据只是显示到了2010年。
资料来源：国土交通省都市·地域整備局：『まちづくりにおける官民連携実態調査』，2011，p.1。

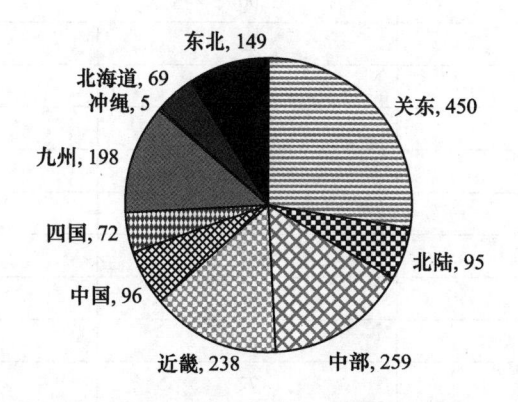

图5—3　城市再开发团体的地区分布情况

资料来源：国土交通省都市·地域整備局：『まちづくりにおける官民連携実態調査』，2011，p.13。

从具体的都道府县分布情况（表5—4），可以看出城市再开发团体主要分布在兵库县、爱知县和千叶县。而在城市再开发团体数量上，超过50个的还有东京都和神奈川县，前五位的都道府县团体数量为449个，占到总数的27.6%。

表5—4　　　城市再开发团体的都道府县分布情况

都道府县	团体数（个）	比例（%）
全国	1631	100
北海道	69	4.2
青森县	13	0.8
岩手县	30	1.8
宫城县	26	1.6
秋田县	10	0.6
山形县	20	1.2
福岛县	50	3.1
茨城县	9	0.6
枥木县	49	3.0
群马县	32	2.0
琦玉县	67	4.1
千叶县	90	5.5
东京都	76	4.7
神奈川县	73	4.5
新潟县	73	4.5
富山县	11	0.7
石川县	55	3.4
福井县	31	1.9
山梨县	6	0.4
长野县	60	3.7
岐阜县	72	4.4
静冈县	42	2.6
爱知县	93	5.7
三重县	40	2.5
滋贺县	3	0.2

续表

都道府县	团体数（个）	比例（%）
京都府	24	1.5
大阪府	47	2.9
兵库县	117	7.2
奈良县	19	1.2
和歌山县	7	0.4
鸟取县	17	1.0
岛根县	14	0.9
冈山县	32	2.0
广岛县	15	0.9
山口县	18	1.1
德岛县	22	1.3
香川县	1	0.1
爱媛县	16	1.0
高知县	33	2.0
福冈县	47	2.9
佐贺县	13	0.8
长崎县	21	1.3
熊本县	69	4.2
大分县	29	1.8
宫崎县	14	0.9
鹿儿岛县	5	0.3
冲绳县	5	0.3

资料来源：国土交通省都市・地域整備局：『まちづくりにおける官民連携実態調査』，2011，p.14。

在人口分布情况上，人口不满10万人的市占到总数的约40%，除此之外还有町村，分别占到总数的17.3%和1.8%[1]。因此，我们可以看出，

---

[1] 根据日本地方自治法的规定，人口在3万人以上的可以称为"市"，人口在5000人以上可以称为"町"，而对于村的人数没有具体的规定，但是社会上一般认为村的人口应当小于町的人口。

在人数较少的市和町村，其城市再开发团体占到总体的一半以上。具体数据见表5—5。

表5—5　　　　　　　　城市再开发团体人口分布情况

人口规模	团体数（个）	比例（%）
合计	1631	100
政令指定都市①	105	6.4
人口30万以上的市	211	12.9
人口10万以上的市	353	21.6
人口5万以上的市	386	23.7
人口5万以下的市	265	16.2
町	282	17.3
村	29	1.8

资料来源：国土交通省都市·地域整備局：『まちづくりにおける官民連携実態調査』，2011，p.16。

在城市再开发团体组织形态方面，国土交通省把城市再开发团体分为任意团体、非认定NPO、株式会社等。而1631个团体中，任意团体占到了76.1%，其次是非认定NPO和株式会社，具体情况见表5—6。而在任意团体中，更多的是采用"城市再开发协议会""城市再开发推进协议会""地区振兴协议会"等当地居民参与的协议会形式。

表5—6　　　　　　　　不同组织形态的城市再开发团体

组织形态	团体数（个）	比例（%）
非认定NPO	223	13.7
一般财团法人	3	0.2
特例财团法人	13	0.8
一般社团法人	5	0.3
特例社团法人	6	0.4
株式会社	134	8.2

---

① 根据日本地方自治法的规定，政令指定都市是指人口在50万以上的城市。

续表

组织形态	团体数（个）	比例（%）
合同会社	3	0.2
任意团体	1242	76.1
有限会社	2	0.1

资料来源：国土交通省都市・地域整備局：『まちづくりにおける官民連携実態調査』，2011，p.17。

在城市再开发出资主体方面，主要有地方公共团体、个人、商工会、商工会议所、商店街等，除此之外还有民间企业法人等。具体情况见图5—4。

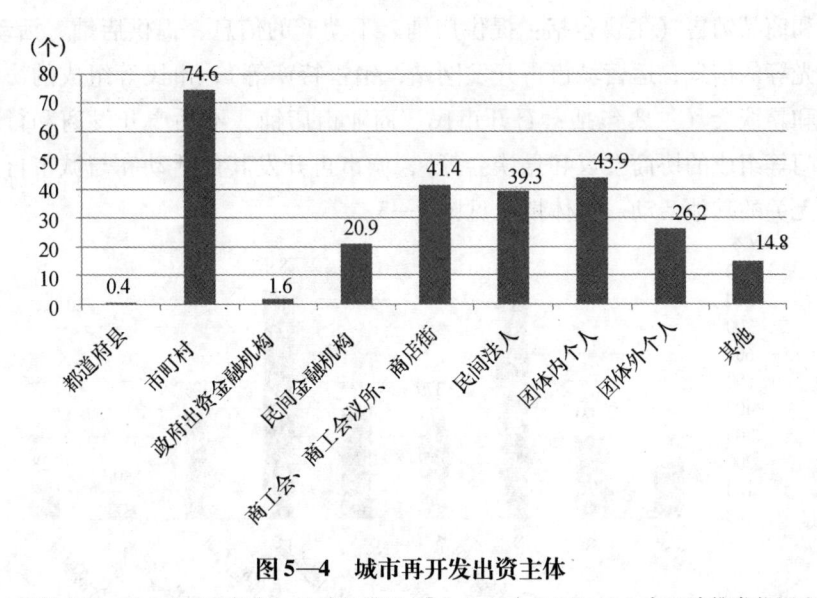

图5—4 城市再开发出资主体

资料来源：国土交通省都市・地域整備局：『まちづくりにおける官民連携実態調査』，2011，p.19。

通过图5—4可以看出，自治体在城市再开发团体出资主体方面居于主导地位，这也从另外一方面说明了，城市再开发项目具有公共性，公共团体可以在出资方面保证项目的公共性。虽然，城市再开发项目中，很多属于民间企业可以从事的项目，比如停车场、不动产等，但是由于市区经济的衰落，没有民间企业愿意单独从事这些项目，所以从振兴地区经济，提高社会发展水平的角度出发，这些经济落后地区的开发具有一定的公共性。

在城市再开发团体活动内容方面，城市再开发团体的活动内容主要可以分为城区公共公益设施的建设（硬件设施的建设，主要包括：市区的再开发、道路、公园、停车场、交流活动中心等公共公益设施的计划制定和建设、街景景观等的建设），各种设施的运营管理（硬件设施的运营管理，主要包括：公共公益设施的运营管理、商业店铺的运营管理和不动产的租赁、管理等），地区的运营管理（软件的建设，主要包括：地区管理、城市再开发相关调查、计划制定和建议、活动的策划运营管理、清扫活动、广告等），人才培养和配套服务（主要包括：派遣咨询人员和培训人员、实施有关城市再开发的培训活动、培养城市再开发相关人才、实施城市再开发配套服务、提供城市再开发和不动产相关的咨询等），信息提供和商品销售（主要包括：提供店铺、不动产的信息，提供店铺、活动、观光等的信息，运营城市再开发网站，销售特产等），市民等组成的协议会和恳谈会（主要包括：召开市民、商业街店铺、不动产开发商和行政部门等组成的协商会议和恳谈会等），城市再开发其他活动和与城市再开发无关的其他活动。具体情况见图5—5。

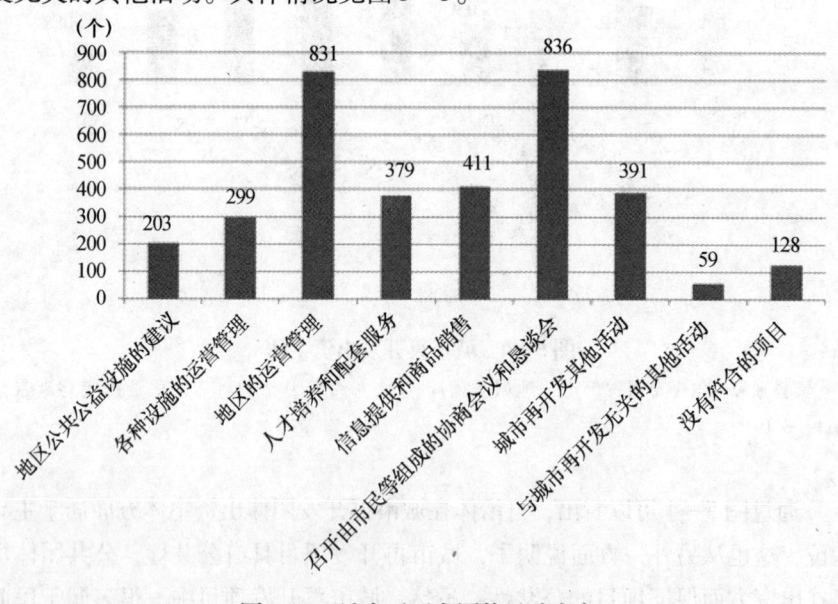

图5—5 城市再开发团体活动内容

资料来源：国土交通省都市・地域整備局：『まちづくりにおける官民連携実態調査』，2011，p.24。

城市再开发是一种新出现的课题，在具体运营过程中，城市再开发团体仍然面临着各种困难。根据日本国土交通省《城市再开发中的官民合作情况调查》，回答调查的 506 个市町村中，其中有 332 个市町村提出了自己在城市再开发项目运营管理过程中遇到的困难。具体情况见表5—7。

表 5—7　　　　　　　　　城市再开发项目推进中的困难

问题（团体数）（个）	具体内容
资金不足（105）	活动资金确保问题、财政稳定问题、自主运营资金确保的问题
人才缺乏（91）	人才缺乏、需要培养人才、没有后继者、需要培养后继者、由于项目持续时间长造成人手不足
脱离行政（34）	容易形成依靠行政的缺点、为了摆脱行政的干扰需要开发新的收益项目、在没有行政补助的时候需要开发新的项目
未来愿景的问题（32）	
开发和确保收益性项目（22）	开发收益性项目、确保资金来源、开发特色产品
行政与市民的沟通（11）	
需要一定的补助（10）	
应对商品化问题（8）	
动力的维持和管理（7）	
区域管理（6）	
希望得到专家的指点建议（6）	
需要新的创造繁荣的方法（2）	
其他（54）	

以上分析了城市再开发的整体情况，由于城市再开发的主体既有非认定 NPO，也有民法法人，同时也有公司法法人，公司法法人形式的城市再开发主要采用第三部门方式。由于本书主要是研究日本城市再开发中的第三部门，因而下面将主要分析两个城市再开发第三部门。

三 饭田城市再开发公司

在城市再开发第三部门中，之所以要选择饭田市的城市再开发公司，主要是基于下述三方面的原因：

第一，饭田市位于长野县的南部，人口大约为10万，距离名古屋110公里、东京250公里，在江户时代（1603—1867）和明治时代（1868—1911）以生丝、画纸绳、木材等闻名，曾经发展为长野县经济第一的城市，但是由于1975年中央汽车公路的开通，许多大型零售店铺开始在饭田市郊区开店，1995年中心城区的大型商业设施开始撤出市中心，其城市中心区域（靠近JR车站）不断衰落，所以饭田市的发展历程可以看作是现代日本中小城市的一个缩影，研究饭田市的城市再开发情况对其他地区也具有借鉴意义。例如，在作者去滋贺县草津市参加当地行政部门举办的一个第三部门城市再开发公司成立的研讨会上，当地行政部门邀请饭田城市再开发公司介绍饭田市在城市再开发项目中的成功经验。

第二，饭田市的城市再开发项目通过官民合作，对城区功能重新定位，开发出了苹果大道，以及围绕苹果大道新设和翻修了很多原本空置的店铺，从而把城区变为一个人们休闲、购物的娱乐场所。饭田市的城市再开发项目因此也获得了各种好评，在日本被看作一个城市再开发成功样板，获得了国土交通大臣的表彰，而表彰的理由就是"饭田城市再开发公司通过与行政机构的合作完善社会基础设施，把原本没有得到有效利用的设施作为城市活动的一个据点，探索设施有效利用的方式，同时构建城市再开发的网络，采取应对社会老龄化的对策，在硬件和软件方面通过超前意识和努力开展长期活动，其先进的探索活动获得了很高的评价。"[①]同时，饭田城市再开发项目也被作为很多机构或者学者研究调查的对象，例如，日本经济产业省商务流通集体中心市街地活性化室委托瑞穂综合研究所针对城市再开发情况做的调查中就把饭田市城市再开发项目作为一个重要的成功案例，除此之外还有高野山大学的高桥宽治和立命馆大学的高田升教授等也专门写文章研究饭田市的城市再开发项目。因此，选择饭田

---

① 国土交通省都市局まちづくり推進課：『まちづくり法人国土交通大臣表彰受賞団体の活動概要』，2012。

市的城市再开发项目，可以研究其取得成功的原因，以及其与其他城市的再开发项目有什么不同，从而总结出该项目成功的经验。

第三，饭田城市再开发公司专门针对外部人士想了解饭田城市再开发项目推进情况，为了宣传饭田市的做法从而吸引更多的观光游客，专门策划了一个考察的项目，一次考察的时间为两个多小时，在两个多小时的时间里，主要介绍饭田市城市再开发项目的实施情况，同时让来访者实地参观其所取得的成果，所以在城市再开发项目中，饭田市的做法是属于非常开放的，能够为来访者提供更多的信息。

（一）饭田城市再开发公司的历史分析

1. 饭田市概况

饭田市位于日本本州地区的中央位置，位于长野县最南端的伊那谷地区，周围被日本中央阿尔卑斯山脉、伊那山脉和南阿尔卑斯山脉所包围，其森林覆盖率超过了80%，属于丘陵地形，原来的市区处于丘陵的高处，而另外一部分居民集中地区处于丘陵的低洼地带。饭田市的历史最早可以追溯到安土桃山时代（1573—1603），在古代，饭田市作为当地的一个交通要塞，是南信州的中心，同时也是产业的集中地。在江户时代，饭田市作为饭田藩的领主驻地，由于保留了众多玩偶剧等众多传统文化，因此也被称为"南信州的小京都"。1950 年，饭田市合并了周围 11 个村，从而形成了现在的城市格局。

2. 饭田市市区概况

根据饭田城市再开发公司的介绍，2009 年饭田市人口为 10 万左右，其中年轻人占到了人口的 14.5%，中年人占到了 57.8%，老年人占到了 27.7%，其老龄化比例为 27.7%，到 2010 年全市共有 37801 个家庭。通过饭田市的人口构成数据，我们可以看出，其属于典型的老龄化社会，同时年轻人比例过少，造成了人口失衡。

3. 饭田市市内商业区概况

饭田市市内商业区最早可以追溯到 800 年前的源赖朝在镰仓设立幕府的时候，当初主要集中在 JR 饭田站北侧。到了室町时代（1338—1573），在爱宕神社附近建设了饭田城，从而形成了小型"城下町"（藩主的城市）。之后，饭田城的领主把饭田城迁移到现在的长姬神社，当地的居民也随着搬迁到了长姬神社的附近，从而形成了现在城市面貌原型。

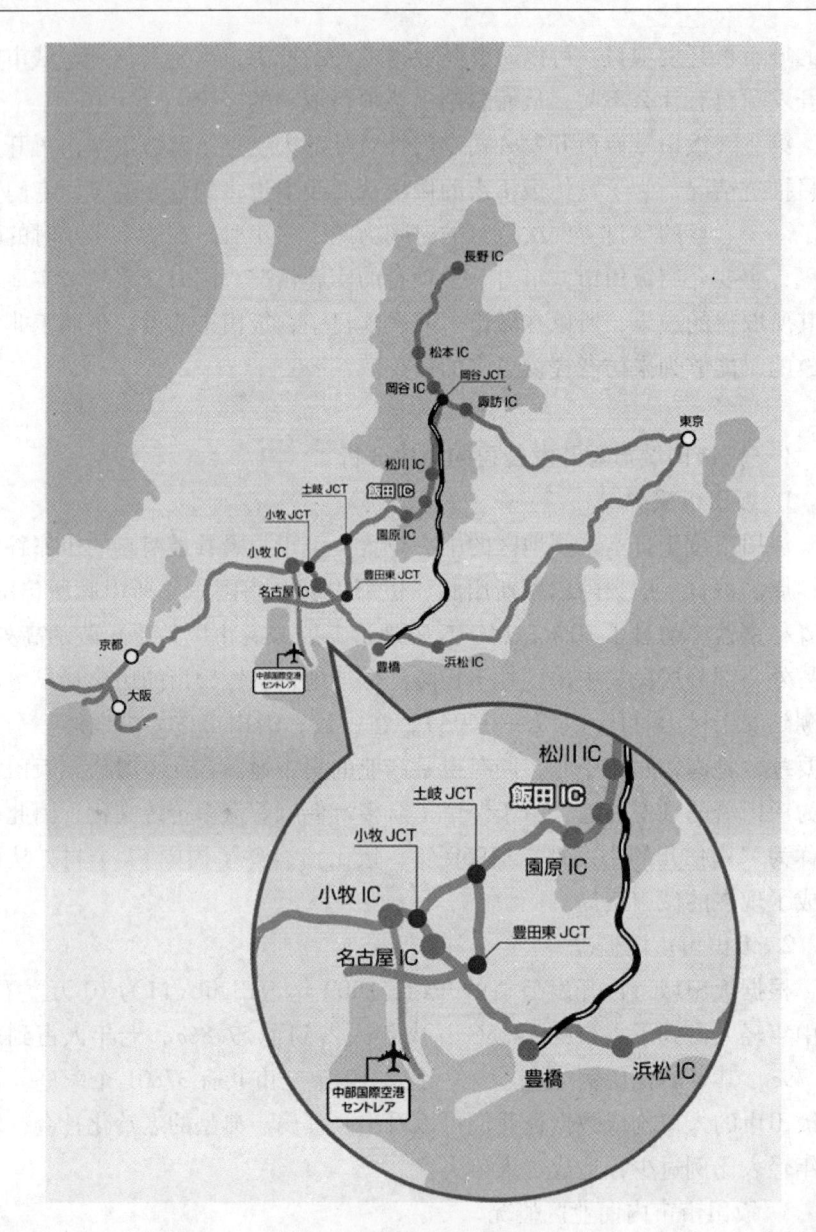

图 5—6 饭田市地理位置

资料来源：饭田市役所（http://www.city.iida.lg.jp/iidasypher/open_imgs/info/0000000001_0000002866.gif）。

天正十八年（1590），随着兵农分离制度的实施，当时的武士全部迁居到了饭田城的城下，从而推进了城市的不断发展。同时，模仿京都的城市风格，修建了大横町、上横町、下横町。但是，日本二战战败后的1947年，在日本处于经济最困难的时期，市区发生了大火，城区一半的住宅化为灰烬。虽然，之前饭田市也经常发生火灾，在明治（1868—1912）以后到1947年之前，烧毁数十个民宅的火灾共发生了6次，但是1947年发生的火灾，共烧毁了4010个住宅，过火面积超过了451000平方米，之前被称为"小京都"的饭田城大部分化为了焦土。

在这次大火之后，饭田市采取了完善的防火措施，制定了"饭田市火灾复兴城市计划项目"。为了防火，当地的市民无偿提供了一部分自己的土地，扩大了路町（通り町）、中央路（中央通り）等道路，并修建了並木路（並木通り）防火带，在各地设立了地下储水池。同时，在两排建筑中间修建了"边界线"（见图5—7），这种建筑格局一直保留到现在。

图5—7 饭田市防火边界线

当时的饭田东中学的松岛八郎校长，在一次学校会议上，提到了自己在札幌见到了城市街道风景，同时介绍了欧洲等地在街道两地栽种茂密的树木的情况。之后，学校的学生受此启发绘制了自己心中理想的街道风景。当时，松岛八郎校长把学生的想法告诉了饭田市市长等领导，并获得了认可。1953 年，饭田东中学的 1500 名学生亲手栽种了 40 棵苹果树，从而形成了现在饭田市的城市名片"苹果大道"的原型。之后，成立了管理苹果树木的"绿化部"，由学生管理苹果大道的苹果树，这种体制一直持续到现在。1984 年，苹果大道获得了"吉川英治文化奖"和"内阁总理大臣奖"，至此，苹果大道的事例传播到了全国。诞生了半个世纪的苹果大道成为了饭田市的象征，成为居民聚会休闲的公共场所。苹果大道如图 5—8 所示。

图 5—8　饭田市苹果大道

1953 年栽种的苹果树由于环境变化和病虫害，树木有的出现了死亡。之后，又不断补种了新的苹果树。1999 年，苹果大道又进行了改建，增加了汽车车道，形成了人车并行的格局。苹果大道与周围的动物园、四季广场、再开发地区、樱花大道等相连，构成了饭田市独特的风景。

在苹果大道周围也有很多饭田市独特的风景，比如"三连藏""示范环保住宅"等。其中，三连藏是 1840 年建成的由三个房间组成的仓库，在 1947 年的大火中，其中的一部分被烧坏，但是大部分得以保留，大门也因为大火变得焦黑，作为一种历史文化古迹，三连藏得以保存，随着苹果大道的建成，三连藏被看作当地市民一个活动据点，用于召开音乐会以及举办各种活动，其中既有饭店，也有酒吧，作为市民在游览苹果大道后休息的一个重要场所。三连藏的开发体现了历史与现代的结合，也体现了饭田市城市再开发的一个特点。三连藏图片见图5—9。

图 5—9　饭田市三连藏

环保住宅也位于苹果大道的旁边，是利用南信州的木材，利用太阳能发电和自然风的调节作用，实现了冬暖夏凉。示范环保住宅是饭田市的样板房，也体现了饭田市建设环保型社会的理念。从中也可以看出，饭田城市再开发追求高科技，在城市再开发方面追求多样化发展的战略。

围绕苹果大道，城市再开发公司、相关团体、个人、行政机构等组成了"苹果大道网络"，共同围绕苹果大道策划了很多活动。这些活动主要集中在每年的4月到11月。具体情况见表5—8。

表5—8　　　　　　　　　苹果大道行人天国活动

月份	时间	活动内容
4	4月8日	樱花、荞麦食色节（销售饮食和特色产品、现场音乐会、露天咖啡）
	4月29日	吉祥物天国 in 苹果大道（销售当地特产、游玩动物园、欣赏现场音乐会、露天烧烤、销售五平饼、销售当地产的蔬菜、免费发放棉花糖等）

续表

月份	时间	活动内容
6	6月22日	竹宵节——100万人烛光之夜 in 南信州（竹宵演唱会、熄灯活动、今田玩偶公演、现场民歌演唱会）
7	7月21日	桥南夏节（与桥南城市再开发委员会一同举办）
8	8月4日	饭田玩偶剧狂欢节、现场音乐会
9	9月2日	街角音乐节、黑田玩偶剧公演 in 苹果大道（音乐节、黑田玩偶剧公演，销售五平饼、点心、露天咖啡）
10	10月21日	南信州狮子舞狂欢节（南信州地区狮子舞表演、狮子吉祥物、当地特产和蔬菜的销售、露天咖啡）
11	11月3日	饭田苹果大道天国（与桥南连合青年会共同举办，销售蔬菜、骑马体验、露天咖啡等）

注：上述活动是2012年的活动安排。
资料来源：饭田市中心市街地活性化协会宣传资料。

4. 饭田市市内商业区再开发历史分析

饭田市室内商业区再开发可以分为两个阶段，第一阶段是大火后重生阶段，第二阶段是官商民合作创造集居住、购物、休闲等功能于一体的综合功能区开发阶段。

（1）第一阶段

1947年的大火之后，市区70%的区域化为焦土，为了重新开发市区，饭田市制定了"火灾复兴城市计划项目"，通过与市民合作创造了"边界线"和"苹果大道"等，这就是饭田市市区再开发的起点。

（2）第二阶段

1974年大型商业设施在JR饭田站前开业，1975年名古屋到饭田间的中央道开通，此后，市区的3所高校以及市里医院逐渐迁往郊外。为了解决这些问题，1987年，商业人士和行政组织为了促进市区的发展，共同召开了研讨会，学习如何通过城市再开发公司的方式重新开发市区。

随着1991年的《大规模零售店铺法》的修改，当时有3家营业面积超过3万平方米的大型零售店铺计划在饭田市郊区开设，同时，由于当时日本处于泡沫破灭的时期，原本繁华的饭田市市区商业街逐渐失去了往日的繁华。当时，市区的商业街店铺逐渐迁往饭田市郊区，原来空置的店铺有些被改建为住宅、饮食店铺或者停车场。

造成商业设施外迁的原因，除了郊区交通情况的改善，还有市区人口不断减少。根据饭田城市再开发公司的统计，1985年到1995年，市区的人口减少了大约16%，同时老龄化比例也达到了34%。

在这样的背景下，1990年，当地成立了"中心市区活性化委员会"，探索如何重新恢复市区的经济活力。1993年，市区的土地权利人成立了研究会，讨论是否需要对市区进行再开发。1995年制定了饭田市桥南第一地区商业区再开发项目基本计划，同时也开始探讨成立"城市再开发公司"的可能性。

（二）饭田城市再开发公司投资分析

1993年为了实施城区再开发项目，提出了成立城市再开发公司的设想。在城市再开发项目推进过程中，不是采用民间开发商的方式，应当以城市再开发公司为中心。最早提出成立城市再开发公司的是当地的5名工商业人士，5名人士于1995年3月出资1000万日元成立了饭田城市再开发公司，1999年1月，饭田市向饭田城市再开发公司注资3000万日元，由此饭田城市再开发公司在组织形态上成为了第三部门。在饭田城市再开发公司成立之后，1999年3月制订了饭田市桥南第一地区商业区再开发项目实施计划和饭田市中心商业区活性化基本计划。随着项目的推进，越来越多的人员和机构参与到饭田城市再开发公司。1999年6月，日本政策投资银行等金融机构、商工会议所等民间机构向饭田城市再开发公司出资，目前公司的注册资本已经达到了2.12亿日元。同时，1999年8月，饭田城市再开发公司根据《中心市街地活性化法》的规定制定的TMO构想获得了饭田市批准，成为TMO项目实施主体。饭田城市再开发公司资本金的构成情况见表5—9。

表5—9　　　　　饭田城市再开发公司注册资本情况

出资方	出资金额（万日元）
饭田市	3000
饭田商工会议所	500
日本政策投资银行	2000

续表

出资方	出资金额（万日元）
饭田信用金库	2000
长野银行	1000
八十二银行	1000
民间企业法人（19家）	8800
个人（15人）	2900

资料来源：饭田城市再开发公司网站（http：//machikan.jp/modules/tinyd0/content/index.php?id=5）。

在企业组织机构上，代表董事1名、董事8名、监事2名、专职董事2名、专职职员4名、临时职员3名。在公司的日常经营方面，主要由4名专职职员和3名临时人员负责，主要负责公司的日常经营和联络行政机构和市民，起到了沟通桥梁的作用。

根据饭田城市再开发公司的公司章程，公司的经营范围主要包括24项，分别是：城市再开发、观光项目开发、其他有关土地开发的设计和建设咨询；有关城市开发、城市计划以及住宅计划等的策划、调查、设计和监督；有关土地、建筑等有效利用的企划、调查、设计；有关产业开发项目投资的调查；有关城市开发以及土地建筑有效利用的企划、调查、设计；建筑维护；活动企划和广告业；不动产的销售、租赁、管理；建设工程；劳务派遣；饮食店铺；土特产店铺经营；信息处理服务和信息提供；建设工程的设计、施工；市场调查、广告宣传；停车场经营；有关土地平整、地区开发、城市开发、环境整治等的调查、策划、设计、监理；有关地区产业等产品策划、销售斡旋；有关生活环境的调查、研究；燃气、电力等费用的代收；线上、线下的信息收集、提供；有关生活信息的收集和提供；护理产品和护理器械的租赁；前述业务相关的业务。通过对上述经营范围的分析，我们可以看出，饭田城市再开发公司的经营内容涉及了城市再开发的方方面面，虽然目前饭田城市再开发从事的项目主要是开发商项目、活动策划和文化项目以及福利服务项目，但是随着今后公司的不断发展和城市再开发项目的不断推进，今后可以从事的项目会更多。

（三）饭田城市再开发公司经营分析

饭田城市再开发公司的经营项目主要分为硬件部分、软件部分和服务部分。其中，硬件部分是公司主要的收入来源。软件部分是公司的独特之处，也是保证城市再开发项目顺利推进的重要保证。服务部分是一种辅助性的项目，是为了推进硬件建设和软件项目顺利进行的调查等事项，下面就上述三个部分进行介绍。

1. 硬件部分

硬件部分主要是商业设施的建设、运营和管理，主要分为桥南第一地区商业区再开发项目、桥南第二地区商业区再开发项目、崛端地区优良建筑等建设项目、租赁大楼建设项目、老年人共同住宅设施建设项目、地区交流设施管理和运营项目。

桥南第一地区商业区再开发项目在2001年已经完成，主要的开发对象是TOP HILLS本町，是饭田城市再开发公司从市街地再开发组合获得商业用地后，建设的10层建筑。第一层是超市等商业设施，第二到三层是牙科医院和行政服务窗口等，第四到十层是42户商品房。目前TPO HILLS本町的管理由城市再开发公司负责。在大楼建成后，大楼的维护管理和运营由饭田城市再开发公司负责。

桥南第二地区商业区再开发项目于2002年提出，项目在2006年结束，主要的开发对象是TOP HILLS第二。在项目相关计划制订之后，成立了桥南第二地区商业区再开发组合，2003年开工建设，2006年开始对外销售。该项目主要分为五部分，分别是A栋：店铺、29户用户、办公楼；B栋：目前作为饭田信用金库的办公用楼；C栋：目前作为"川本玩偶美术馆"；D栋：商业店铺和广场；E栋：停车场。TOP HILLS第二的设计理念是"居住的街区、工作的街区、休闲的街区"，由于是一个复合型建筑，提供了市民工作、休闲、居住的舒适环境，所以对于提高城区人口集中度有很大作用。29户住宅在开售当天就已经销售完毕，因而可以看出当地居民非常认同这样的设计理念。饭田城市再开发公司在该项目中的作用主要体现在管理方面，在大楼建成后，大楼的日常管理和维护由饭田城市再开发公司负责。

堀端地区优良建筑等建设项目（银座堀端大楼），该项目从2003年开工建设，按照规划，该建筑有地下一层，地上五层，饭田城市再开发公司在该项目的开发过程中主要作为开发商从事项目的开发。当初的设计是为了给老年人提供一个交流休闲的场所，所以项目在设计的时候主要考虑了老年人的需求。该项目在2005年已经完成，由于银座堀端大楼位于桥南第一和第二地区商业区的附近，从而可以形成一种集群效应。

除此之外，饭田城市再开发公司从事的硬件项目还有租赁大楼建设项目、老年人共同住宅设施建设项目、地区交流设施管理和运营项目。其中，租赁大楼建设项目是饭田城市再开发公司以 TMO 身份从国家和长野县获得补助后建成的项目；老年人共同住宅设施建设项目是饭田城市再开发公司单独负责的项目，地区交流设施的管理和运营项目是受饭田市委托从事的项目，项目主要是经营苹果大道三连藏。

2. 软件设施

在软件项目方面，饭田城市再开发公司的主要工作是为一些组织提供职员和从事中介活动。例如，为 NPO——"饭田支援 NTE IDEA"提供活动支持，支持市民文化活动、与中小企业基础完善机构合作、从事各种调查工作和向投资者介绍饭田市的空置店铺情况等。

在提供服务方面，主要有 2003 年协助"居住、城市再开发调查"，2004 年实施"全国城市再生示范项目"和 2004—2005 年协助"地方城市环保能源系统"项目等。

除了以上主要项目之外，饭田城市再开发项目中还包括一些附属或者小型的项目。根据饭田市制订的城市再开发基本计划，这些项目可以概括为硬件和软件两大项，其中硬件部分又可以分为基础设施、居住环境、城市环境、城市功能、商业设施、商业基础设施。具体情况见表5—10。

表 5—10　　　　　　　饭田城市再开发项目统计

硬件	基础设施	扇町公园改造 苹果大道道路改造 Quality Road "边界线"无障碍设施改造 道路无障碍设施改造 停车场 公交系统改造 中央公园改造
	居住环境	城市型住宅建设 老年公寓

续表

硬件	城市环境	三连藏 苹果大道周边街道建设
	城市功能	地区交流中心 地区玩偶中心 志愿者支援中心
	商业设施	桥南第一地区开发 桥南第二地区开发 银座三丁目东地区优良建筑改造 闲置店铺改造 桥北地区历史建筑改造 特产展示、销售
	商业基础设施	停车场系统改造 路标改造 中央路拱廊改造 银座路拱廊改造
软件		老人出行服务 市区活动 城市再开发公司项目 沟通交流网络

资料来源：饭田市中心市街地活性化基本计划（2008年）。

从以上饭田城市再开发公司实施的项目我们可以看出，饭田城市再开发公司能够取得成功的一个重要原因是项目的多样化，既有硬件方面也有软件方面，既有收益性项目也有非收益性项目，既有单独负责的项目也有和其他机构或者企业共同开发的项目，通过这样的组合，有效地降低了项目的风险，同时由于饭田城市再开发公司的专职人员只有4人，需要与其他机构或者企业合作，才能够设计出更好的项目方案，同时获得更多的支持。另外，饭田城市再开发公司从饭田市的实际情况出发，开发了针对老年人的住宅以及提供养老服务等，由于饭田市处于老龄化社会，在城市再开发项目中，需要老年人的帮助，同时也营造出了一种尊老、爱老的环境，对外具有非常正面的宣传作用。

通过这些项目的实施，饭田城市再开发公司获得了稳定的收入，从而确保项目的稳定性。但是对于从项目当中获得的收入，根据笔者对饭田城市再开发公司的采访和调查，目前，饭田城市再开发公司没有给股东分红，更多地采用把利润返还给社会的做法，例如，赞助各种市民活动和当地的 NPO 活动以及把收益投入到今后的城市再开发项目中，这也符合第三部门企业的特征，也更加能够提高当地居民参与城市再开发项目的积极性。有关饭田城市再开发公司收益来源可以参见图5—10。

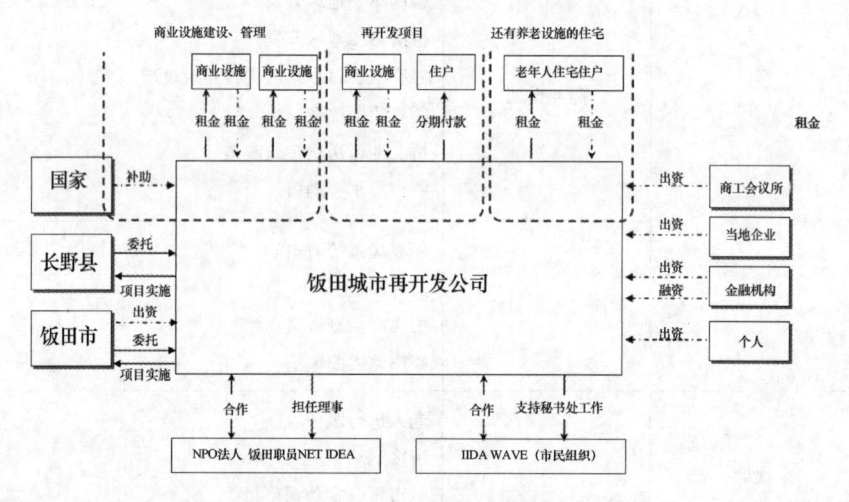

图5—10 饭田再开发公司收益来源

资料来源：国土交通省都市局まちづくり推進課：『まちづくり会社等の活動事例集』。

饭田市的城市再开发项目能够取得成功，成为全国的示范项目，主要原因多方合作以及饭田城市再开发公司为利益相关者提供支持。同时，饭田城市再开发公司在项目推进过程中形成了自己独特的特点。

首先，多方合作机制。饭田市城市再开发项目的实施是多方面共同合作的结果，市民在活动过程中发挥了重要作用，市民的广泛参与形成了饭田城市再开发的基础，除了市民自主开展各种活动之外，市民和民间企业通过成立饭田城市再开发公司，利用再开发公司集中各方面的意见，讨论项目的可行性以及具体操作方法。例如，1990年，市民自发成立了"中心商业区活性化委员会"，1992年成立了"城市再开发协议会"和"肩负21世纪的儿童之会"等民间组织，讨论城市再开发问题，1999年成立了"桥南第一地区市区商业街再开发组合"等。就是通过这些居民的参与和各种民间机构的活动，其中一个重要的成果是成立了饭田城市再开发公司，通过这么一个平台，同时把行政机构引入到公司中，形成了官民商合作的组织形态。

与此同时，根据笔者的调查发现，行政机构在饭田市城市再开发过程中，更多的是提供支持和服务，例如，帮助饭田城市再开发公司申请国家补贴，帮着完善各种申请材料和把一些行政机构附属的设施委托给饭田城市再开发公司经营，从而增加公司的收益，确保项目能够持续实施。又例如，把饭田市经营的停车场委托给饭田城市再开发公司经营，增加公司的收入。

其次，饭田城市再开发公司的多样化角色。根据饭田城市再开发公司的介绍，公司在城市再开发过程中主要扮演五种角色，分别是城市再开发计划制定者、市民参与组织者、项目管理运营者、人才培养者和城市再开发规定制定者。而在这些角色中，饭田城市再开发公司进行总体规划和管理，为其他配合部门和组织提供支持和服务。例如，支持 NPO 组织，通过 NPO 组织吸引更多的市民参与到城市再开发活动中，举办各种学习会，为了使城市再开发项目顺利推进，城市再开发机构通过聘请专业的商业和市场营销专家培训有意在市区商业区开办商业活动的人，为其提供专业的营销知识。正是通过这些周到的服务，使得当地的店铺能够专心从事商业经营，同时也保证了商业的持续性。

再次，量身定做型开发模式。城市再开发不仅仅是简单的土地、商业开发和进行大规模的项目建设，更应该根据当地的实际情况进行运作。饭田城市再开发公司在城市再开发过程中按照"量身定做"的方式，开发适合饭田市和饭田市旧城区实际情况的项目，除了一些基建项目之外，更多的是通过迷你型项目的开发聚集人气。例如，在饭田市苹果大道的周围，开发了三连藏等小型项目，通过这种与市民生活密切相关项目的开发来吸引市民的参与和消费。特别是 2006 年之后，随着《中心市街地活性化法》的修改，原来的那种通过大规模基建和建设大型商业设施进行城市开发的方式已经不能适应城市的发展，而更应当从老龄化、少子化等实际情况把城市改造为适合居民生活的家园。在笔者对饭田城市再开发公司调查的过程中，其工作人员说的最多的就是"如何把饭田市区改造为市民喜欢居住的城区"。正是这种量身定做型的开发模式促进了饭田城市再开发项目的成功。

再次，官民合作模式。第三部门本身就是行政和民间企业合作的模式，由于行政是代表着选民的利益，所以其所从事的活动一定要具有公共性。如果一个城市开发项目不具有实际的公共性，而仅仅是在宣传上说明项目的公共性，那么项目不仅难以取得市民的理解，同时也与一般的市场化企业形成了竞争关系，阻碍了民间企业的进入，而且这类没有公共性或者公共性很小的项目如果交由民间企业的话，更能发挥企业的效率。例如，在下一节将要介绍到的京都御池第三部门的项目，其本身的公共性很小，虽然政府在宣传上一直强调项目的公共性，但是当地居民会用自己的"脚"去选择，选择其他类似的商业设施进行消费。

饭田的城市再开发项目涉及城市再开发、基础设施完善以及养老等众多涉及市民的具体利益，从项目本身来说，其自身的公共性是不容否定的。行政机构和饭田城市再开发公司正是在这些项目中，通过明确的分工，划定了项目的具体范围，把饭田城市再开发公司的作用限定为"开发商功能""小型再开发负责人功能""饮食、物品销售商功能""活动文化项目责任人功能"和"社会福利服务提供者功能"，虽然前三项在名称上看与一般的市场化企业没有什么区别，但是要结合当地的实际情况进行考察，由于饭田市区人口减少和大型商业店铺向城市郊区的迁移，造成了市区经济和社会的衰退，因此在市区从事项目的开发和基础设施建设对于一般的民间企业来说没有利润可图，因而当地居民和行政机构从振兴城市经济发展的角度出发开发了这些项目，同时项目所产生的收益也没有分配给股东，而是把利润投入到了城市再开发后续项目，这样的措施也获得了当地市民的理解和认同，取得了较好的社会效果。

（四）饭田城市再开发公共性分析

虽然饭田城市再开发项目取得了较好的效果，同时也被日本全国各自治体和媒体当作城市再开发的示范项目，但是随着今后人口的不断减少、大型商业设施向城市郊区的迁移等，这给城市再开发项目的持续发展带来了挑战。但是作为振兴地区经济的重要方式，饭田城市再开发仍然有其存在的合理性。其合理性可以从顾客、对城市的影响和可替代性三个方面进行分析。

1. 饭田城市再开发顾客分析

日本全国人口开始减少，再加上少子化与老龄化，一些地区出现了严重的人口减少和流失，饭田中心城区的人口则从1995年的12168人减少到2007年的10092人。有关饭田市城区人口变化情况见表5—11。

表5—11　　　　　　　饭田市城区人口变化情况　　　　　　（单位：人）

年份	1995	1996	1997	1998	1999	2000	2001	2002	2003	2004	2005	2006	2007
饭田市	110204	110308	110972	111054	110779	110610	110569	110333	110168	109798	108628	107619	107036
饭田城区	12168	11883	11716	11577	11407	11231	11086	11045	10800	10577	10416	10239	10092

资料来源：长野县饭田市2008年7月《饭田市中心城区活性化基本计划》。

通过上表可以看出饭田城区的人口不断减少，但是由于老龄化比例的加重，更多的老年人更愿意居住在交通、生活设施更为便利的城区，城区家庭数量保持了相对的稳定。具体情况见表5—12。

表5—12　　　　　　　饭田城区家庭数量变化　　　　　　（单位：户）

年份	1995	1996	1997	1998	1999	2000	2001	2002	2003	2004	2005	2006	2007
饭田市	34890	35315	35824	36206	36427	36749	37145	37399	37661	38028	37341	37464	37680
饭田城区	4677	4605	4562	4549	4528	4498	4494	4488	4417	4360	4312	4318	4287

资料来源：长野县饭田市2008年7月《饭田市中心城区活性化基本计划》。

城区人口中，65岁以上老年人的老龄化比例从1995年的27.9%上升到2005年的33.7%，可以看出城区每三个人中就有一个老年人，因此为老年人提供更加便利的居住环境是饭田城市再开发的一个重要使命。

除了居住人口之外，另外一个衡量城市再开发项目顾客情况的标准就是城区通行人数和汽车通行数量。饭田城区步行通行人数在1995年开始减少，但是随着城市再开发项目的实施，完善了城区的交通以及商业设施，在2005年开始，步行通行人数开始逐渐恢复。具体情况见表5—13。

表 5—13　　　　　　饭田城区步行通行人数变化

年份	饭田站中央路	中央路4丁目	苹果大道	本町1丁目	知久町1丁目	银座3丁目
1989	5357	3826	1735	—	3712	2627
1990	6192	3749	1249	—	3265	2077
1991	4968	3178	1447	—	3572	2234
1992	5402	3170	1511	—	3497	2024
1993	5128	3325	1751	—	3601	2250
1994	6685	3438	1408	—	3252	2146
1995	6433	3400	1543	—	3532	2263
1996	5753	2672	1003	—	2231	1687
1997	4895	3655	366	—	1292	1470
1998	3859	2914	499	—	1160	1343
1999	3304	3676	1228	—	1278	1488
2000	3376	3108	586	—	898	1678
2001	—	—	—	—	—	—
2002	3034	1862	776	1660	838	1010
2003	2712	1404	968	1416	1280	1194
2004	3186	1436	1090	1036	1548	1042
2005	2712	1184	1354	1348	1448	896
2006	3118	1408	870	2366	1512	1946
2007	3300	980	952	2704	1016	1700

资料来源：长野县饭田市 2008 年 7 月《饭田市中心城区活性化基本计划》。

可以看出，从 2002 年，城区步行人数的减少减缓，从 2005 年开始，人数增加，也能够反映饭田城市再开发所产生的效果。

在市区汽车通行量方面，整体汽车通行量是呈现减少趋势，但是在一些区域，减少的幅度得到控制，在部分地区通行量则有所增加。具体情况见表 5—14。

表 5—14　　　　　　　　饭田城区汽车通行量　　　　　　（单位：辆）

年份	2002	2003	2004	2005	2006	2007
饭田站中央路	6260	4406	5328	5004	5096	5042
中央路4丁目	3434	2642	2784	2600	2524	2324
知久町1丁目	2124	1638	1624	1492	1548	1558
本町1丁目	3054	1868	1708	2392	2448	1818
银座3丁目	5452	4670	4832	4296	4194	3296
苹果大道	2866	2384	2524	2416	1788	2250
总计	23190	17608	18800	18200	17598	16288

资料来源：长野县饭田市2008年7月《饭田市中心城区活性化基本计划》。

以上分析了饭田城区顾客的情况，从分析可以看出，饭田城市再开发取得了一定的成果，有效地减缓了人口的流失，同时为城区带来了更多的乘客和交通流量。

2. 对城市影响的分析

饭田城市再开发对城市的影响可以从对当地地价的影响和对商业的影响进行分析。饭田城区中央路4丁目51号地的土地价格是饭田市区土地价格最高的，其平均地价从1995年到2008年平均下降了73%，但是从2003年开始，其下降的幅度有所缓和。具体情况见表5—15。

表 5—15　　　　　饭田中央路4丁目51号地地价走向　　　　　（单位:%）

年份	1995	1996	1997	1998	1999	2000	2001	2002	2003	2004	2005	2006	2007	2008
中央路4丁目51号地地价	100	96.2	88.7	81.7	73.9	63.2	53.9	45.6	40.1	35.8	32.8	30.6	28.8	27.3

资料来源：长野县饭田市2008年7月《饭田市中心城区活性化基本计划》。

有关饭田城市再开发对商业的影响可以从对当地零售业的影响进行分析。

表5—16　　　　　　　　　饭田城区零售业情况

年份	1997	2002	2004
店铺数量（家）	295	249	236
从业人数（人）	955	835	775
销售额（百万日元）	14861	10947	9451
店铺面积（平方米）	19449	16868	15107

资料来源：长野县饭田市2008年7月《饭田市中心城区活性化基本计划》。

从饭田城区零售业的统计数据可以看出，零售业无论从规模还是销售额都呈现减少的趋势，但是减少的幅度有所缓和，结合城区人口数量的变化和顾客人数的变化可以推测正是由于城区再开发项目的推进从而减缓了商业的衰退。但是也不可否认，为了促进商业繁荣，城市再开发仍然面临着很大的压力。

3. 可替代性分析

目前，饭田城市再开发主要是通过饭田城市再开发公司为主体，同时通过与行政机构、民间企业以及志愿者团体的合作进行推进，而且，目前这种方式通过各种努力使得项目开始发挥效用，有效减缓了城区的衰退，而根据饭田市针对城市再开发情况对居民进行调查的结果，认为市区再开发非常重要的人占到了调查人数的59.4%，而认为重要的人数占到了18.1%，两者加起来认为城市再开发重要的人数占到了大约8成[①]。在目前，除了城市再开发第三部门方式之外，饭田市没有更为有效的方式，所以应当维持以城市再开发第三部门为中心，多方合作的模式。

针对今后可能出现的困难，饭田城市再开发公司也提出了一些建议。

（1）为了实现城市市区的振兴，增加市区人口，在建设多功能、低廉和便利住宅的时候，相关政府部门应当考虑对这些住宅提供补贴。

（2）由于人口老龄化，一些商业店铺关门，从而造成了土地的浪费，饭田城市再开发公司考虑购买这些闲置的店铺或者土地，而在购买这些闲置建筑或者土地的时候，就会产生相关的税费问题。因此希望能够减免相关税收，减轻出卖方和购买方的负担。

---

① 资料来源：饭田市在2007年7月6日到17日针对全市20岁以上70岁以下居民的调查结果。

(3) 作为城市再开发重要的一环，市区的停车场为居民的出行提供了便利，但是，在建设停车场的时候，希望国家或者行政机构能够提供一定的补贴。

(4) 肩负着城市再开发社会使命的饭田城市再开发公司在购买一些闲置土地的时候，需要大笔的资金，而仅仅依靠企业自有资金难以负担，因此希望饭田市或者国家能够为无息贷款提供担保等。

(5) 根据消防法和建筑管理法的相关规定，对于建筑面积在3000平方米以上的建筑，每隔两个月要定期请专业公司对室内空气进行污染程度检测，这不仅仅增加了管理的成本，同时与大城市不同，饭田市周围都是山区和森林，所以是否有必要按照大城市的标准实施等。除此之外，对于建设环保型建筑，由于建筑成本过高，应当划定专门的环保居住区，对于在这些地方建造的住宅或者改建提供补贴。

(6) 应当针对TMO制定专门的税收制度，确保TMO企业能够实现财务的自立，实现再开发项目的良性循环。

(7) 修改相关法律。根据建筑基准法的相关规定，对于一些小型个人住宅，在改建的时候，不能按照共同住宅的方式进行改建，所以一些小型个人住宅的住户在需要改建的时候，不是选择在市区内改建住宅，而是到了郊区新建住宅。同时，市区的主干公路目前由国家、长野县和饭田市三个等级构成，其管理上也是分类管理，造成了道路管理的混乱，因此希望能够重新整合道路的管理方式。市区闲置的店铺和土地从城市再建的角度来说，属于一种公共财产，在城市规划方面，饭田市应当制定相关的制度，要求这些店铺和土地的所有者配合城市再开发项目的实施。

四 京都ZEST御池第三部门

ZEST御池是京都市出资的城市再开发第三部门，在分析城市再开发第三部门的过程中，选取ZEST御池的原因，不仅仅是由于ZEST御池作为第三部门出现了亏损，更重要的是造成其亏损的原因不像其他第三部门一样是由于其所从事的项目或者提供的服务本身就是一种难以盈利的项目，而是由于项目本身假借公共性之名行民间企业之实，结果却由于第三部门的体制限制造成了亏损。

（一） ZEST 御池的历史分析

ZEST 御池全称为"京都御池地下街株式会社"，位于京都市中京区御池通寺町东入下本能寺前町 492—1（具体地理位置见图 5—11）。公司最早成立于 1968 年，但是御池地下商业街开业是在 1997 年 10 月 4 日，地下停车场开业是在 1997 年 10 月 12 日，在企业形式上，转变为第三部门是在 1988 年 7 月 14 日。根据公司的章程，成立 ZEST 御池目的主要有：建设、管理、运营公共地下通道、公共地下停车场、店铺等；不动产的租赁；财产和意外伤害保险；酒类销售；上述事项相关业务。而 ZEST 御池的经营项目主要有四种，分别为：经营御池停车场、经营御池地下商业街、委托管理御池地下通道和京都市御池停车场、经营便利店。御池地下

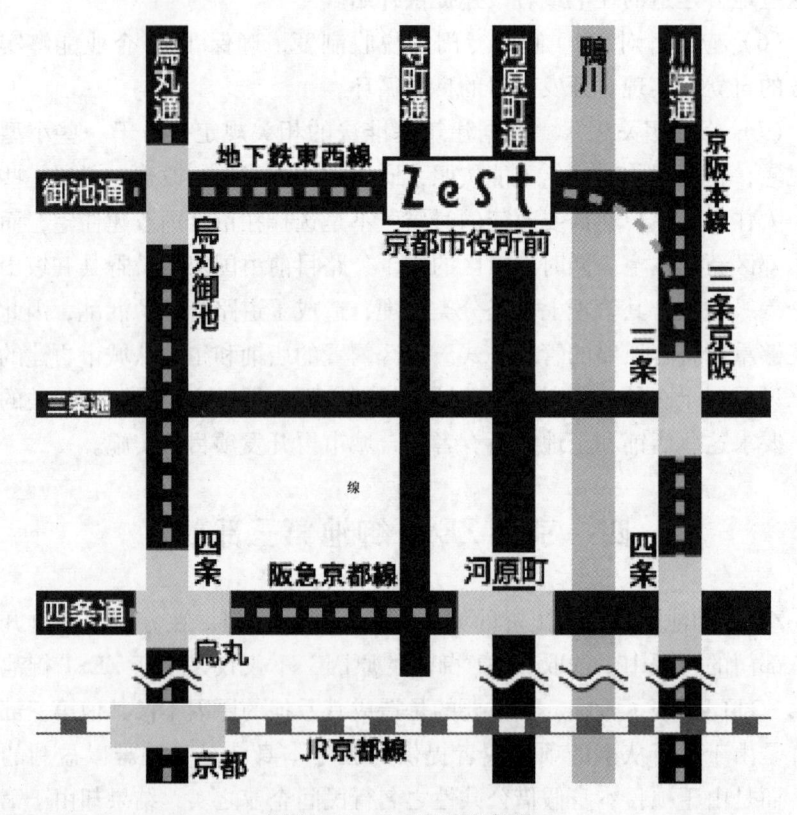

图 5—11 ZEST 地理位置

资料来源：ZEST 御池公司网站（http：//zestoike.com/）。

商业街和地下停车场于1992年2月开工建设，根据京都市的介绍，当初建设这两个设施的主要目的是把地下商业街建成京都市的一个著名的商业设施，由于其在地理位置上位于京都市政府的南侧，同时ZEST的南侧是京都市最繁华的路上商业街——"三条和四条"，所以希望把地下步行街开发成与三条和四条一样的繁华商业聚集地。建设地下停车场，主要目的是为了缓解交通拥堵和解决三条和四条停车场不足的问题，同时"保证行人的安全和为行人提供便利"[①]。

(二) ZEST御池投资分析

ZEST御池的注册资本为3495000千日元，其中京都市出资2040000千日元，占到全部注册资本的58.4%。这与饭田城市再开发公司在出资方面由民间企业主导不同，行政在ZEST御池居于主导地位。

在人事和组织结构上，目前ZEST御池有18名工作人员，18名工作人员中，没有京都市派遣的人员，在人事安排上虽然没有体现出京都市控制ZEST御池，但是其前几任社长都是京都市政府出身，虽然现任社长是1997年由京都市从全国海选选拔出来，但是最终的任命还是由京都市控制。除了社长是京都市在全国选拔的之外，目前ZEST御池共有5名董事，分别是京都市计划局长、京都市公营企业管理者交通局长、京都市观光局长、京都市建设局长、京都市消防局长。在组织上，ZEST御池在社长下面设置了总务部和营业部两大部分，由于公司的经营范围比较单一，相对应的组织体系也相对简单，具体见图5—12。

御池地下步行街和地下停车场的全部建设费用达到了280亿日元，但是注册资本只有35亿日元，建设资金大部分是银行贷款和京都市的贷款。当初建设方是ZEST御池，在设施建成后，公司以无偿的方式转让给京都市，以此获得了京都市的"都市计划事业认可"。但是京都市又把设施的经营管理委托给ZEST御池，而且每年支付给御池一定的费用。

(三) ZEST御池的经营分析

ZEST御池经营的项目主要是商业店铺的出租以及地下停车场，因此

---

① 资料来源：京都市《ZEST御池经营改革计划》，2010。

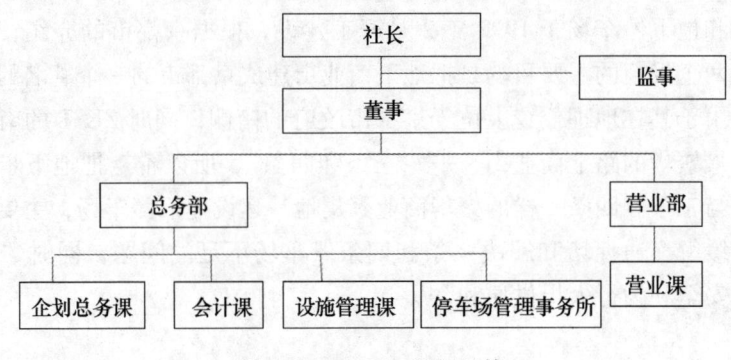

图 5—12 ZEST 组织结构

经营手法相对简单，主要是从事一些管理的业务，例如，修缮店铺、降低租金。在地下店铺经营方面，强化与各店铺的合作，举办各种促销活动，完善卫生设施等；在停车场经营方面，通过网络等销售固定停车票、延长营业时间等。因此，难以实现收入的多元化，这也造成了其亏损不断扩大。

首先，在建设地下步行街和地下停车场的时候，ZEST 获得了京都市 29 亿日元的贷款，除此之外，还获得了 35 亿日元的 NTT 股份销售利润无息贷款。这些贷款也是造成 ZEST 御池经营困难的一个重要原因，虽然项目开工建设之前，根据测算，停车厂共有 980 个停车位，停车费用是半小时 250 日元，同时预计店铺的租金每年为 65 亿日元，但是在开业后租金就远远少于之前的预期，1998 年，开业的第二年，店铺的租金只有 25 亿日元，而到了 2010 年，其收入只有 19 亿日元。这导致以 ZEST 御池自身的财务情况难以偿还贷款，从 2000 年开始，京都市每年都会贷款给 ZEST 御池，让其偿还贷款，这就形成了一种恶性循环。到了 2012 年，ZEST 御池的注册资金大约为 35 亿日元，但是其负债大约为 127 亿日元，其资产总额为 150 亿日元，如果经营继续恶化下去的话，就会陷入一种资不抵债的情况。

其次，ZEST 御池在开业之初经营情况一直没有达到预想状态，由于"泡沫经济破灭，居民的消费能力下降，同时随着越来越多的大型商业设施在市中心开业和网络销售等新兴产业的兴起，对 ZEST 御池店铺的销售造成了一定的影响"①。具体见图5—13。

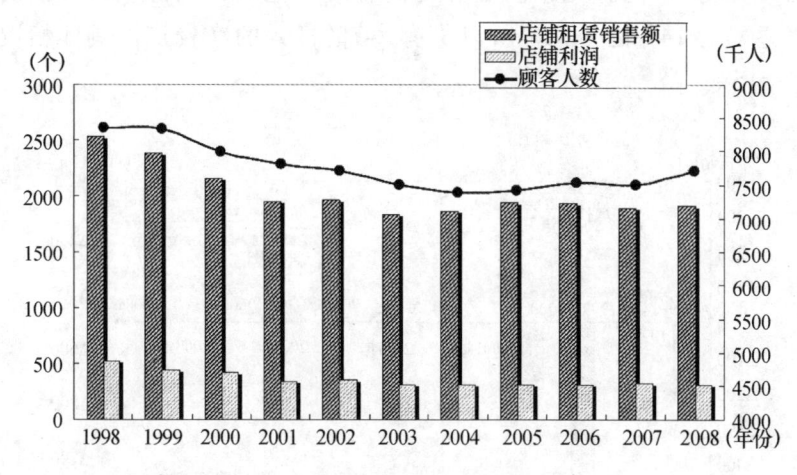

图 5—13　ZEST 御池店铺经营情况

资料来源：京都市《ZEST 御池经营改革计划》，2010。

停车场的收入从 1998 年到 2000 年，开始出现了下降，之后一直处于一种稳定的状态，到了 2008 年，由于汽油价格的上升，开车的人数不断减少，造成了停车场收入不断下降。具体情况见图 5—14。

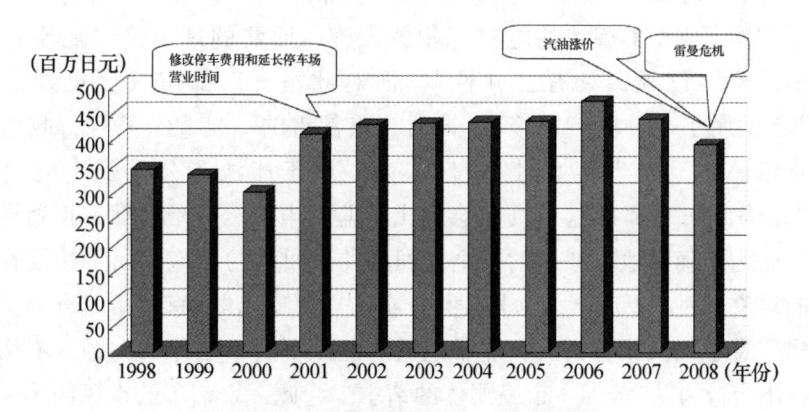

图 5—14　ZEST 御池停车场收入情况

资料来源：京都市《ZEST 御池经营改革计划》，2010。

---

① 京都市《ZEST 御池经营改革计划》，2010。

根据 ZEST 御池 2008 年的资产负债表，到 2008 年底，公司的累计亏损额为 10 亿日元，但是公司仍有 171 亿日元的总资产，当时的债务总额为 147 亿日元，所以仍有 24 亿日元的净资产。具体情况见图 5—15。

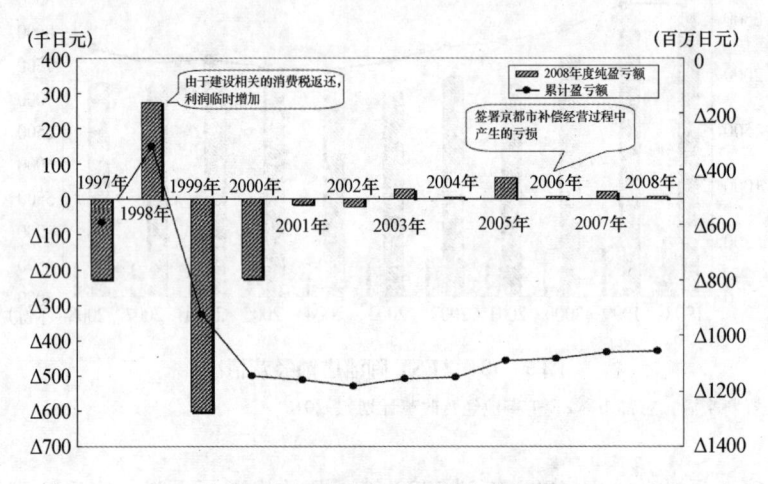

图 5—15　京都 ZEST 资产负债表

资料来源：京都市《ZEST 御池经营改革计划》，2010。

为了减轻 ZEST 御池的资金负担，京都市在 2000 年 3 月出资 15 亿日元回购了 ZEST 御池的电梯等相关设施，回购的理由是"属于地下通道的附属设施，具有公共性"。面对此举，京都市议会批判认为"是不是属于一种救济措施"，同时，京都市的"信息公开和行政监督京都市民会"在当年 5 月 26 日认为"属于违法和公共资金支出不当"，为此向京都市监查委员会提出了监查申请。但是京都市规划局认为"是为了确保地下通道的安全才回购的。回购的设施不属于建设补助金的对象，因此不应当认为是公共资金的重复支出"。京都市监查委员会指出"急于确认相关情况，非常遗憾。但是不属于法律的问题，不认为存在不当行为"，驳回了市民团体的请求。为此，京都市的市民团体——"市民 WATCHER 京都"在 8 月 24 日以"回购设施等的行为属于公共资金的违法支出"为理由，向京都地方法院提出了诉讼，要求返还大约 14 亿日元的购买资金。虽然法院驳回了市民的诉讼请求，但是 ZEST 御池在 7 月返还了 4800 万日元。从这个事件我们可以看出，市民对京都市和

ZEST 御池的做法非常不满。

　　作为行政利用公共资金出资的第三部门，应当及时公开企业的相关信息，但是 ZEST 御池在信息公开方面存在很大不足。目前 ZEST 御池公开的信息仅仅是每年的简单的企业地下步行街顾客人数、停车场的使用情况和每年的收支情况，至于具体的资金使用情况、员工的工资情况等都没有进行公开，而且在公司的网站上相关的信息更少，很难知道企业具体的经营情况和京都市参与的情况。京都市公开的 ZEST 御池的信息包括每年企业的经营计划和经营成果，主要内容包括地下步行街顾客的人数、举办活动的次数、会员人数、停车场停车数量、店铺租金收入、停车场停车收入、一般盈利情况和债务情况。作为第三部门应当公开的项目行政补贴的具体用途以及项目公共性情况则没有公开。

　　今后 ZEST 御池在经营过程中，将要面临的社会和经济环境将不断变化，在新的环境下，ZEST 御池也制定了相应的应对措施，但是正如上面所分析的一样，ZEST 御池和京都市的政策仅仅是一种经营层面的政策，缺少一种革命性的规划，比如讨论民营化的可能性。

　　ZEST 御池今后面临的环境主要有下述两个方面：

　　第一，随着人口少子化和老龄化，具有消费能力的人口将不断减少，同时随着环保理念的不断深入人心，更多人在出行的时候，将利用公共交通工具，特别是 ZEST 御池位于京都市的市中心，除了一般的公共汽车之外，还有地铁等轨道交通。另外，京都市的城区面积较小，与东京由于面积大以公共交通出行为主和大阪由于多坡路以公共交通工具出行为主不同，京都市的一个重要特色是骑自行车出行的人较多（根据京都市的调查，60% 的家庭拥有两辆以上的自行车，同时 58.7% 的人骑自行车目的是购物等日常生活相关的活动。资料来源：京都市 2009 年 8 月 1 日到 2009 年 8 月 31 日的调查 www.city.kyoto.lg.jp/kensetu/cmsfiles/contents/0000077/…/2.pdf），特别是年轻人和家庭主妇在日常出行多以自行车为主，这也造成私家车利用率较低，所以今后 ZEST 御池地下停车场也将面临顾客减少的情况。有关京都市人口未来预测见表 5—17。

表 5—17　　　　　　　京都市未来人口预测　　　　　　（单位：人）

年份	京都市人口			
	总人口	年轻人人口	劳动年龄人口	老年人人口
2005	1474811	179182	999902	295727
2010	1466576	171229	958924	336423
2015	1448926	157328	905648	385950
2020	1422553	143742	882373	396439
2025	1386488	131476	863692	391320
2030	1343075	123228	828204	391644
2035	1293510	116327	779213	397970

资料来源：京都府人口统计（http://www.pref.kyoto.jp/tokei/yearly/tokeisyo/tsname/tsg0203.html）。

第二，目前，京都市每年给 ZEST 御池提供一定补贴，ZEST 御池利用京都市的补贴偿还建设停车场时的贷款，预计到 2016 年相关贷款将要还清，到时候京都市的补贴也会终止，所以到时候 ZEST 御池经营的资金将要更多地依靠经营活动所产生的收益。同时，京都市除了提供停车场建设费用补贴之外，还提供停车场管理费（2011 年之后变为"京都御池停车场管理费—制定管理者"）、公共地下通道维护管理费、多视觉设备维护管理费，同时每年还会贷款给 ZEST 御池。具体情况见表 5—18。

表 5—18　　　　ZEST 御池获得的京都市补助情况　　　　（单位：千日元）

年份	委托费用				补助	累计贷款金额	
	停车场管理费	京都御池停车场管理费（制定管理者）	公共地下通道维护管理费	多视觉设备管理费	停车场建设补助	长期贷款	净收益
2004	207255		174822	15300	457895	1575000	4896
2005	194909		173473	15300	462667	1881000	60807
2006	189531		172806	15300	433889	2163000	6694
2007	183845		164086	15300	443699	5311540	21014

续表

年份	委托费用				补助	累计贷款金额	
	停车场管理费	京都御池停车场管理费（制定管理者）	公共地下通道维护管理费	多视觉设备管理费	停车场建设补助	长期贷款	净收益
2008	183245		163345	15300	441494	5519080	6564
2009	181375		159765	1815	430254	5724120	14295
2010	180202		159795	2000	421269	5929160	8927
2011		196891	159293	1055	416144	6127268	38037

资料来源：各年度《京都市附属机构经营状况与经营评价结果说明材料》。

通过表5—18可以看出仅仅依靠ZEST御池的利润是难以维持公司运营的，更多的是依靠京都市的补助和贷款，但是京都市对于停车场建设贷款利息的补贴到2016年就要结束，其他的补贴随着京都市财政情况的变化也有可能出现变化。而地下通道建设费用的贷款和停车场运营贷款到2016年也会终止。根据ZEST御池的计划，2017年偿还地下通道贷款5800万日元，2018年开始每年偿还2.3亿日元。在此基础上，2042年偿还清京都市的贷款，到2058年偿还清所有的债务，但是另外一方面，根据测算，公司运营资金从2023年到2027年会出现不足的情况，到2021年最多出现3.39亿日元的空缺。而且这一估算都是在保证店铺每年的租金为3.08亿日元，停车场的收入每年为4亿日元的基础上，但是随着不可预测因素的增多、突发灾害和设备折旧损毁等都可能造成收入的减少。

2008年6月30日，日本总务省发出《有关第三部门等的改革》通知，要求各自治体集中整治和改革第三部门，各地方自治体对于经营不善的第三部门，要求其在2009年制定《改革计划》。在此基础上ZEST御池制定了《ZEST御池经营改革计划》，计划对于今后的改革主要分成两个方面：

1. 改善经营的临时措施

第一，提高地下商业街的知名度和顾客回头率。虽然，ZEST御池位于京都市中心地段，同时又与京都东西线地铁、京都市政府站相邻，但是其知名度不高。所以 ZEST 御池计划通过与京都市的学生以及市民团体等合作举办各种活动以及与京都市交通局合作提高 ZEST 御池的知名度和顾客的回头率。

第二，采取措施把过客变成顾客。在提高 ZEST 御池知名度和提高顾客回头率的同时，通过重新装修地下商业街，吸引更多有特色的店铺入住，从而把过客变为顾客，增加地下商业街的魅力和销售额。

第三，稳定租金收入。为了稳定租金收入，与入住店铺协商租金相关事宜。

第四，采取措施增加停车场的利用率。通过网络销售和与附近相关民间停车场合作共享资源。

第五，削减经费。修改新员工录用制度，削减人工成本。

2. 店铺租金收入增加10%的措施

通过地下商业街的重新装修，营造一种焕然一新的氛围，增加10%的店铺收入。到 2014 年制订具体的装修方案，在 2016 年开业 20 周年的时候进行重新装修。同时，与京都市合作共同考虑御池公共地下通道的改造与地下商业街的装修，形成合力。

ZEST 御池虽然在企业性质上属于第三部门，但是与一般的经营难以盈利或者从事经济落后地区城市开发的第三部门不同，其所从事的项目是位于经济发达城市的中心地段的一般民营企业也正在从事的项目，虽然，从项目开业之初，京都市和 ZEST 御池一直强调其公共性，但是究竟怎么评价公共性，不是仅仅靠宣传文字就可以说明的，应该更多地从城市整体功能的规划出发，考虑与周边商业环境的关系出发。第三部门不是万能的，在营利性项目上，与民营企业也存在较大的差距，所以如果 ZEST 御池可以进行民营化，应当果断地采取措施，从而降低财政负担，同时为市民提供更好的服务。

但是，从目前 ZEST 御池制订的计划来看，更多的是对经营手法的改革问题，没有从组织形态上考虑进行改革，比如考虑是否可以采用 PFI 方式，把设施的管理运营委托给民营企业，通过民营企业自身的努力实现与周边商业设施的差异化发展。

（四）ZEST 御池公共性分析

有关 ZEST 御池公共性的分析，主要可以从顾客、地区影响和可替代性三个方面进行分析。

1. ZEST 御池顾客分析

由于京都 ZEST 御池的顾客主要分为两种，一种是商业店铺的顾客，一种是停车场的顾客。而在商业店铺中，根据 ZEST 御池的统计，具体情况见表 5—19。

表 5—19　　　　　　　　京都御池地下街顾客情况

年份	商业店铺顾客人数（千人）		停车场顾客人数（千台）
	会员人数（人）		
2003	7431	14114	828
2004	7428	10951	810
2005	7427	17877	844
2006	7561	20127	851
2007	7505	22862	805
2008	7719	23063	731
2009	7620	24312	676
2010	7381	25521	643

资料来源：京都御池地下街公司各年度经营计划。

通过表 5—19 可以看出，京都御池每年的顾客人数基本保持平衡，但是由于京都御池地下商业街位于京都市东西线"京都市役所前"车站，所以从此上下车的人数可能会被统计到顾客中去，根据京都市交通管理局发布的《京都市交通事业白皮书》的统计，2006 年京都市役所前车站的上下车乘客为 10419 人/日、2007 年为 10440 人/日、2008 年为 11033 人/日，而最能反映其顾客情况的应当是会员人数，因为这些是商业店铺的固定顾客，但是根据表 5—19 统计可以看出，其会员人数虽然每年逐渐增加，但是总量却很少。而与京都御池地下商业街相毗邻的三条和四条商业街则是京都市的商业中心区，根据京都市交通政策室 2005 年 11 月 19 日（10：00—19：00）在四条河原町（河原町蛸药师前）、四条乌丸（四条东洞院前）和乌丸三条（乌丸三条十字路口东侧）三个地点的人流量统计，其人流量分别为 24404 人、16116 人和 4466 人。这仅仅是三个地点十点到晚上七点的人流量，可以看出，如果京都御池地下商业街除去上下地铁人数的话，在顾客人数上，其远远落后于三条和四条商业街的人数。

在地下停车场顾客中，每年停车的次数不断减少，但是其仍然具有存在的必要性，因为紧邻京都市行政中心和商业区，可以为出行的市民提供停车的便利。但是在京都御池地下停车场附近仍然有很多民营的停车场，这些会与京都御池的停车场形成竞争关系。虽然肯定了京都御池地下停车场存在的必要性，但是并不是说采用第三部门方式是合理的。

2. 地区影响分析

京都 ZEST 御池的经营项目由于只是商业店铺和停车场，经营方式较为单一，而且每年的亏损严重，为了弥补亏损，京都市每年需要提供大量的补贴。城市再开发第三部门原本是为了促进经济衰退城区的再开发，但是 ZEST 御池位于京都市的中心地段，紧邻京都市政府，南面毗邻京都市最繁华的三条和四条商业街，地下商业街西面的出口位于寺町广场，而且在地下步行街的上面，也有各种饮食、便利店、书店等商业设施，从地理位置上看，ZEST 御池完全处于一个高度市场化环境中，与周边的商业设施就经营内容而言重复度较高。这与之前介绍的饭田市的城市再开发是完全不同的，饭田市的城市再开发项目是由于市区商业不断向城市郊外转移，从而造成了市区的空洞化，ZEST 御池本身处于一个高度繁华的商业环境内，没有理由需要行政机构参与到项目的开发和管理中，应当交由民营企业进行市场化操作。因此，很难反映城市再开发本身的作用，对地区影响则更难判断。

在 ZEST 御池地下街的正上方是御池路和河原町路的交叉口，交叉口处也设有交通信号灯和人行斑马线，如果穿行地下商业街的话，在一定程度上增加了安全系数，这也是 ZEST 御池本身所强调的"公共性"，但是如果仅仅是通过马路的话，行人也可以选择走上面的人行通道。仅仅以通过马路的安全性为理由，把其作为一个项目的"公共性"的话过于牵强。

3. 可替代性分析

ZEST 御池经营的项目主要有店铺的租赁、自营便利店和停车场业务。这种在目前已经完全市场化的项目，与周围的完全市场化的经营项目在功能上是一致的。

目前地下步行街的店铺主要是饮食、服装、首饰、书店等，ZEST 御池仅仅是提供商业街的管理，没有为店铺提供更多的附加值服务，从而形成一种管理者的角色，这也是与饭田城市再开发公司的作用不同。

ZEST 御池经营的停车场业务，本身一直由京都市政府提供委托服务，虽然可以缓解市区停车难的问题，但是 ZEST 御池只是把停车场作为一个收益性项目经营。作为一个收益性项目，停车场的经营完全可以交由民间企业负责，从而减少政府的财政补贴。ZEST 御池还存在其他的经营问题，这主要表现在：

首先，在地下步行街，目前所入住的店铺无论是从经营内容还是经营规模上都没有形成自己的特色，与三条和四条等完全市场化的商业街存在同质化竞争，而且三条和四条在店铺的数量上更占有优势，同时店铺的品牌也更能吸引年轻的消费者。

根据朝日新闻 1997 年 10 月 4 日的报道，ZEST 御池以"京都市市政府周边办公楼的白领和四条河原町周边的年轻女性顾客"为主要消费群体，但是从地下步行街店铺的经营内容上看，更多的是一些中老年人的服装和鞋子。

其次，在 ZEST 御池地下停车场的附近共有 9 家停车场（MID 二条木屋町停车场、町家停车场等），所以 ZEST 御池的停车场并没有特色，也难以与一些露天的停车场竞争。

综上，可以看出，京都御池提供的产品与服务完全可以由其他民间企业提供，其替代性很高，从可替代性方面来看，很难判断 ZEST 御池采用第三部门方式具有合理性。

五 城市再开发第三部门存在合理性思考

通过以上对饭田城市再开发第三部门与京都 ZEST 御池第三部门的分析可以看出，两家城市再开发第三部门具有相同点和不同点。

饭田城市再开发与京都 ZEST 御池的相同点：

第一，都是以城市再开发为经营目标。饭田城市再开发第三部门通过对饭田城区的商业设施以及相关公共设施的再开发与完善，促进城区重新恢复经济活力，同时减少城区人口的流失，在城区建设宜居的商业环境和提供养老、休闲的公共设施。京都 ZEST 御池通过在京都市区建设完善地下商业街以及地下停车场，为周围的居民提供休闲、购物的便利性。

第二，经营的主要内容都是通过完善相关商业设施，带动消费。饭田城市再开公司发通过对新修建或者重新装修商业设施以及完善停车场等促进居民在市区的消费；而京都 ZEST 御池的主要经营项目也是商业店铺和地下停车场，所以，从两家公司的经营内容可以看出，城市再开发第三部门主要是通过对商业设施的开发，以及提供商业配套设施促进地区的活力。

虽然两家公司有着共同点，但是更多的是不同点，比如在经营方式、组织结构、信息公开等方面，正是由于这些不同，造成了饭田城市再开发公司取得成功，而京都 ZEST 御池却面临着巨额的亏损。

饭田城市再开发公司与京都 ZEST 御池的不同点：

首先，组织结构方面。饭田城市再开发公司虽然也是采用第三部门方式，但是在经营的主导权方面，行政机构并不是居于主导地位，企业拥有经营自主权。而京都 ZEST 御池，行政机构的出资比例占到了 50% 以上。

其次，经营方式。饭田城市再开发公司以商业设施的开发为中心，但是目标是为了在城区建造一个适合居住同时适合购物的环境，所以，在开发商业设施的同时，也着重从软件方面，为居民提供更好的服务。例如，在城市修建"苹果大道"，并把"苹果大道"建造成一个适合市民休闲以及相互交流感情的场所，而在"苹果大道"周围修建商业设施；同时，认识到仅仅依靠商业设施很难吸引顾客，所以，在市区修建了住宅、电影院等，通过提供综合的配套服务吸引顾客在市区居住以及消费。京都 ZEST 御池的经营内容比较简单，主要是商业店铺的租赁以及地下停车场，所以，在经营方式方面，可以改进的措施有限，主要是重新装修店铺，以及延长停车场的经营时间等。但是与周围的民间商业设施以及民营停车场相比，京都 ZEST 御池的经营毫无新意，更难以体现商业的集群效应。

再次，信息公开。饭田城市再开发公司为了获得居民的理解与支持，不仅与当地的市民志愿者组织——饭田支援 NET IDEA 合作，同时，在开发新的商业设施之后，通过对愿意在当地从事商业经营的人员进行培训，指导如何开展商业，从而与市民形成了一种良好的活动；同时，为了积极宣传饭田城市再开发取得的经验，还专门增设了饭田城市再开发项目考察服务，为本地区以及日本全国有意到饭田参观和学习的人员提供导游以及经验介绍服务。而与饭田城市再开发公司积极公开项目的实施情况相比，京都 ZEST 御池，在信息公开方面却很落后，除了每年公开简单的经营计划以及上年度经营效益等，没有公开行政机构以及民间企业在京都 ZEST

御池中所发挥的作用，同时也很少与当地市民进行沟通，这也造成了市民反对京都市对京都 ZEST 御池提供补贴。因此，京都 ZEST 御池所经营的项目，更像是一个追逐利润的市场行为，而不属于地区再开发。

以上通过对城市再开发第三部门整体情况和饭田城市再开发的分析，可以看出城市再开发第三部门是一种新出现的企业形式，其目的是在经济衰退地区通过第三部门方式促进当地经济社会的发展。上述可以总结出城市再开发第三部门的两个特点。

第一，城市再开发第三部门与传统意义上的第三部门有所不同，行政机构并不处于绝对的主导地位，在企业的实际运作过程中，更多的是通过与当地的民营企业、市民和志愿者组织合作共同促进地区的发展。

第二，经营项目多样化。由于城市再开发涉及商业设施开发、环境保护、文化传承等各方面，所以城市再开发第三部门所从事的项目应当是综合性的，能够从硬件和软件方面综合考虑当地社会经济的发展，针对不同地区制定适合当地情况的政策。

通过对京都 ZEST 御池第三部门的分析，我们可以看出，第三部门并不是适合所有的城市再开发项目，对于那些市场高度竞争，完全可以由民间企业负责的项目并不适合采用第三部门方式。因此，在城市再开发项目策划阶段，应当从顾客、地区影响和可替代性三个方面综合考虑应当采用什么方式，只有满足了上述三个指标的城市再开发项目才可以考虑采用第三部门方式。饭田城市再开发第三部门正是在"顾客""地区影响"和"可替代性"三个方面，具有自己独特的特点，从而更好地实践了第三部门方式在城市再开发中的作用。与之对比，京都 ZEST 御池，虽然具有一定的"顾客"数量，但是其为顾客提供的服务没有与周围的竞争者形成差异化，很难保证顾客的忠诚度；同时，在"地区影响"方面，唯一可以肯定的是地下停车场服务，为来京都市区消费和观光的市民和乘客提供了出行停车的便利，但是很难看出在地下停车场业务上采用第三部门方式的必要性。因此，在"可替代性"方面，京都 ZEST 御池所提供的产品与服务是可以由其他市场化的民间企业所替代。

通过以上章节，综合分析了第三部门概念、第三部门理论问题以及日本铁路第三部门与城市再开发第三部门的问题，通过这些分析，本书希望就日本第三部门合理性问题进行探讨，从而为我国今后公共产品供给主体改革提供参考。

第六章

日本第三部门合理性思考

日本第三部门合理性问题，主要涉及对第三部门的评价，由于日本第三部门是行政机构与民间共同出资设立的一种提供公共产品与服务的企业法人，由于行政机构的参与，决定了日本第三部门必须具备一定的公共性。因此，判断第三部门存在是否具有合理性，可以归结为对第三部门法人公共性的判断。

一 现存第三部门评价方式分析

宫木康夫在《第三部门与PFI》中认为第三部门的评价主要分为对第三部门产生的直接效果和间接效果进行评价。对于直接效果，可以利用一般民间企业的方式进行评价。这是由于第三部门采用的是企业法人的形式，在法律上是独立的法人，如果不考虑其特殊性的话，也是可以利用一般企业法人的评价标准进行评价。除了直接效果评价之外，由于第三部门同时也会产生外部效果，例如带来的间接经济影响或社会影响。因而，对第三部门产生的间接效果进行评价也是非常重要的一个方面。

（一）直接效果评价方式分析

对直接效果的评价方式主要有下述几种方式：获利能力分析方式、经营指标分析方式、亏损平衡分析方式、经营健全性和效率性分析方式。

1. 获利能力分析方式

获利能力是指企业赚取利润的能力。评价企业获利能力的财务比率主要包括以下几个指标：资产利润率、股东权益净利率、销售净利率、每股利润、市盈率等。其中最常用的三个指标是资产利润率（ROA）、股东权益净利率（ROE）和销售净利率（ROS）。

资产利润率是企业一定时期内的净利润与资产平均总额的比率。其计算公式为：资产利润率＝净利润/资产平均总额×100%。资产利润率主要用来衡量企业资产获利的能力，它反映了企业总资产的利用效率。资产利润率越高，说明企业的获利能力越强。

股东权益净利率是一定时期企业的净利润与股东权益平均总额的比率。其计算公式为：股东权益净利率＝净利润/股东权益平均总额×100%，股东权益平均总额＝（期初股东权益＋期末股东权益）÷2。股东权益净利率是评价企业获利能力的一个重要的财务指标，反映了企业股东获取投资报酬的高低。股东权益净利率越高，说明企业的获利能力越强。

销售净利率是企业净利润与销售净额的比率。其计算公式为：销售净利率＝净利润/销售收入净额×100%。销售净利率说明了企业净利润占销售收入的比例，它可以评价企业通过销售赚取利润的能力。销售净利率表明企业每单位销售净收入可实现的净利润是多少。销售净利率越高，企业通过扩大销售获取收益的能力越强。

通过对上面三个指标的分析，可以看出在每一年对企业获利的能力进行指标分析时，可以通过将上面的三个指标与过去的指标、业内平均指标、同行的指标以及每年度预算初期设定的目标进行比较，从而得出一个立体的企业获利能力结果。由于第三部门也是独立的企业法人，所以通过获利能力的分析，可以评价第三部门的经营情况，能够及时发现问题。但是正如直接效果所分析的那样，第三部门原本很多都属于获利能力较差或者根本不可能获利的公共项目，如果只用获利能力这一指标进行分析的话，是不合适的。因此，获利能力分析方式对于第三部门来说，仅具有参考价值。

2. 经营指标分析方式

首先设定经营目标和业绩评价尺度。对于一般的企业而言，用于评价企业的营利性、生产效率、稳定性等经营指标是根据企业的经营方针设定的，其中营利性主要是指：资产利润率、股东权益净利率、销售净利率。生产效率主要指一个员工所能带来的销售额，而稳定性是指企业的资本充足率。

设定经营指标时，应当根据第三部门的设立目标进行设定。由于第三部门设立的目标不同，使得其经营指标也会不同。例如，亏损的铁路第三部门，在设定其经营指标时，就不适合设定收益性指标，因为企业本身很难盈利，而铁路第三部门的目标之一就是减少亏损，因此如果设定收益性指标，那么为了提高利润率只能提高票价或者减少固定支出等，这就违背了第三部门设立的初衷。至于设定哪些经营指标是符合第三部门设立目标的，地方公共团体与民间企业以及第三部门内部的员工可以进行充分的讨论，根据第三部门设立目标进行设定。

同时，在设定经营指标时，也应当考虑不同的阶段采用不同的指标。例如，第三部门的生命周期大致可以分为设立阶段、发展阶段、成熟阶段、衰退阶段。由于每个阶段企业的经营手法都不相同，因此，对应的评价指标也应当相应地调整。

3. 亏损评分分析方式

盈亏平衡分析是通过盈亏平衡点（BEP）分析项目成本与收益的平衡关系的一种方法。各种不确定因素（如投资、成本、销售量、产品价格、项目寿命期等）的变化会影响投资方案的经济效果，当这些因素的变化达到某一临界值时，就会影响方案的取舍。盈亏平衡分析的目的就是找出这种临界值，即盈亏平衡点，判断投资方案对不确定因素变化的承受能力，为决策提供依据。一般说来，企业收入＝成本＋利润，如果利润为零，则收入＝成本＝固定成本＋变动成本，而收入＝销售量×价格，变动成本＝单位变动成本×销售量，这样由销售量×价格＝固定成本＋单位变动成本×销售量，可以推导出盈亏平衡点的计算公式为：盈亏平衡点（销售量）＝固定成本/每计量单位的贡献差数，即盈亏平衡点＝固定成本/1－变动成本/收入。

变动成本是随着收入的变化而变化的费用支出，而固定成本是与收入没有关系的一种费用支出。因此，收入即使为零，固定成本支出仍然存在，而亏损平衡点就是正好能够弥补固定成本的收入。当收入超过亏损平衡点时，企业处于盈利的状态，当收入低于亏损平衡点时，那么企业处于亏损的状态。

在分析第三部门亏损平衡点时，要考虑到第三部门的特殊性。由于第三部门是在以下情况下设立的：①公共项目本身具有一定的收益性，因而不适合由行政机构直接提供，或者由行政机构直接提供的话，效率会很低；②由于低收益性或者可能出现亏损，风险较大，民间企业不愿意单独承担；③在一些特殊的项目中，第三部门是获得政府财政支持的必要条件；④本来应当由行政机构负责的公共项目，但是行政机构缺少相应的人才、技能；⑤为了弥补财政资金的不足，需要引进民间资本。正是由于第三部门的这些特殊性，所以其既具有民间企业的特点，又具有行政机构的特点。因而在利用亏损平衡方式对第三部门进行评价时，要根据不同情况进行具体分析，比如收益情况相对较好，可以实现盈利的第三部门企业可以同民间企业一样用亏损平衡点进行评价，而收益率低下或者难以实现盈利的第三部门企业，其收入很难超过亏损平衡点，亏损平衡分析的方式就是无效。

4. 经营健全性和效率性分析方式

与一般的企业相比，第三部门企业在资本周转率和劳动生产率方面都相对较低，当然这也是由于第三部门本身特点造成的。第三部门的一个重要目标就是尽可能地提高资本周转率和劳动生产率，从而减少亏损。因而在评价第三部门时，也可以从资本周转率和劳动生产率方面进行评价。

资金周转率是反映资金周转速度的指标。企业资金（包括固定资金和流动资金）在生产经营过程中不间断地循环周转，从而使企业取得销售收入。企业用尽可能少的资金，取得尽可能多的销售收入，说明资金周转速度快，资金利用效果好。资金周转速度可以用资金在一定时期内的周转次数表示，也可以用资金周转一次所需天数表示。在企业收益性分析中，企业总资本的回报率＝销售净利润×资本周转率。在总资本回报率下降时，如果销售净利润不变，那么资本周转率就会下降，也就是说资本的效用没有得到充分发挥。

劳动生产率一般是附加价值/员工人数，也就是一个员工能生产出来的附加价值。由于人才的缺乏、专业技能的缺乏等，这使得第三部门的劳动生产率会比一般企业低。

以上是对第三部门直接效果的评价方式，除了直接效果评价之外，间接效果的评价也非常重要，在某种程度上可以说更能反映第三部门的价值。例如，通常在经济和社会衰败地区的第三部门，其本身的收益情况可能不高或者不好，但是通过其自身的努力给当地带来了新的生机、人才和好的口碑这样的间接效果的话，那么可以说这正体现了第三部门最重要的设立目标，符合设立第三部门的初衷。

（二）间接效果评价方式分析

间接效果评价主要可以分为区域经济效果的评价和社会效果的评价。所谓的区域经济效果就是通过项目投资给地区带来新的价值和新的经济活力等。例如，通过城市再开发项目建设了一个商业街区，而商业街区又提高了周围房地产的价格和房地产公司员工的工资，而这又间接地提高了当地税收。这种由于项目建设所带来的经济循环就属于区域经济效果。了解和掌握区域经济效果的途径可以主要采用个案实际情况调查法、产业关联表法、区域宏观经济模型分析法等方法。

所谓个案实际情况调查就是指通过调查问卷，调查区域内产生了多少收入和支出，设施的使用人消费了多少公共产品，自治体支出了多少费用。个案实际情况调查可以设置很详细的调查事项，但是由于工作量较大，比较适合小规模的项目，不太适合影响范围广的项目。

所谓产业关联表法就是通过利用显示区域内经济活动的产业关联表，调查项目所带来的最终需求、生产增加、收入增加的过程是如何实现的。原本产业关联表是用于调查全国范围内经济活动的，但是，现在也被广泛应用于企业间、国与国之间的商品与服务的流动，调查国家的整体经济结构情况。表6—1为商业关联表。

表6—1　　　　　　　　　　商业关联　　　　　　　　（单位：日元）

销售部门＼购买部门	1 农业	2 工业	3 商业	最终需求	产出合计
1 农业	18	112	6	6	142
2 工业	24	764	296	540	1624
3 商业	10	220	256	974	1460
附加值	90	528	902		
投入合计	142	1624	1460		3226

表的横向表示是与产出有关的情况。从表格中我们可以看出，如果农业的产出合计是142日元的话，那么就需要从农业采购18日元、工业112日元、商业6日元的材料。纵向表示的是各生产部门生产资料费用的内容情况。比如农业要生产142日元产品的话，需要从农业购买18日元的商品，从工业购买24日元的商品，从商业购买10日元的商品，然后通

过雇用劳动力，产生出 90 日元的附加值。

综上，通过产业关联表，我们可以分析第三部门会对哪些行业带来什么样以及多大的影响，从而计算出整个外部经济效果。

在区域宏观经济模型分析法中，主要是根据生产的增加，促进新的投资这样生产与投资相互依存关系，利用居民收入的相关统计，预测区域经济效果。但是利用区域宏观经济模型进行分析所需的工作量很大，并且有关产业间的相互影响也需要利用上面分析的产业关联表。

（三）综合评价分析

在评价第三部门的时候，首先要考虑第三部门的作用或者设立第三部门的目标。换而言之，第三部门如果提供了越好的公共产品，那么对其评价就越高，相反，如果提供的公共产品不好，同时效率不高的话，那么对其评价就会越低。所以对第三部门的评价最终还是要归结到设立第三部门的目标。第三部门是为了通过更有效率的方式或者更低的成本向居民提供公共产品，所以对第三部门的综合评价应当从第三部门设立目标的完成度，并且结合以上各种评价方式来衡量。宫木康夫在《第三部门与PFI》一书中总结了专门针对第三部门的评价指标。"通过这些指标，使得对每个第三部门从目标完成度、收支、财务等经营状况进行详细的评价成为可能。"[①] 宫木康夫总结的指标主要有两个：第一，目标完成度指标，主要分为公共性实现指标、收支改善指标以及公共补贴减少指标；第二，经营状况指标，主要分为累计亏损指标、财务业绩指标以及其他指标。具体情况见表6—2。

表6—2　　　　　　　　第三部门的经营分析指标

	指标计算方式	指标的意义	判断的方法
Ⅰ 目标完成度指标 1. 公共性完成指标 公共产品供给 ①内容 ②质量 ③稳定性 ④价格	○的情况下是 10 分 △的情况下是 5 分 ×的情况下是 0 分 同上 同上 同上	评价公共性完成情况	（1）—（4）满分共计 40 分

---

① 宫木康夫：『第三セクターとPFI —役割分担と正しい評価』，Gyosei，2001 年，p. 241。

续表

	指标计算方式	指标的意义	判断的方法
2. 收支改善指标			
①目前的盈亏改善情况	当年度的盈亏改善金额÷当前的销售收入×100%	评价收支改善的实现情况	比率越高收支改善的情况越好
②累计削减赤字率	当前累计赤字÷（当前累积赤字+单年度持之改善金额×所需年数）×100%	为了评价收支改善成果的大小，与销售收入进行对比（同时把握岁盈亏影响的大小） 通过改善收支情况，评价能够减少多少累计赤字	收支改善的程度越大累计赤字越小，比例越小越好
3. 公共补贴减少指标			比率越小越好
①公共补贴减少率	之前的公共补贴累计金额÷（之前的公共补贴累计金额+单年度亏盈改善金额×所需年数）×100%	评价通过改善收支，能够缩小多少公共补贴	
Ⅱ 经营状况指标			
1. 累计赤字指标			
①累计赤字对资本金比例	当前累计赤字÷资本金×100%	进行经营状况诊断的第一步	比例越高越好。但是很多情况下都会增加，有的甚至达到100%以上。
②累计赤字对累计折旧比例	当前累计赤字÷累计折旧×100%	是评价经营稳定性的重要标准	比例越高越好，100%以下是理想状态
2. 财务情况指标			
①折旧后的盈亏率	当前的折旧后盈亏÷销售收入×100%	经营状况诊断的第一步	应当为正数
②折旧前的盈亏率	当前的折旧前盈亏÷销售收入×100%	是评价经营稳定性的重要标准	应当为正数。如果为负数，没有希望尽早改善的话，就成为问题
③单年度盈亏实现盈利目标对目标比例	预计实现盈利的所需年数÷实现制定的盈利目标所需年数×100%	判断是不是实现了必要的最低限度的收支水平。是评价经营稳定性的重要标准	应当为100%以内。超过100%，比例很大的话就成为问题
④单年度盈亏改善比例	前期单年度盈亏改善金额÷当期销售收入×100%	判断是否随着时间的推进收支情况有所改善	

续表

	指标计算方式	指标的意义	判断的方法
3 其他指标			
①流动比例	流动资产÷流动负债×100%	判断流动性	
②债务对偿还能力的比例	长期债务÷当期折旧前的利润×100%	判断债务偿还能力	
③销售收入增加比例	当期销售收入÷上一期销售收入×100%	判断是否随着时间的推进，销售收入不断增加	
④固定资产周转率	固定资产÷销售收入×100%	判断设备的使用情况	

注：1. 有关公共性实现指标，需要在考虑项目本身特殊性的情况进行评价。比如，公共产品的供给价格，由于自治体方面的要求或者批准的情况下，可能与使用者或者市民的期望不同（需要注意，供给价格低的话，那么相应地就会增加公共补贴）。

2. 单年度盈亏改善金额的计算方法如下：

○计算在没有改善收支对策的情况下实行发表的最初计划下所产生的实际收支。这就是"最初计划的实际收支"。

○从实际的一定期间的盈亏中取出公共补贴之类的收入或者临时性的收支计算项目本身的单年度的盈亏。

○把最初计划的实际收支中的单年度盈亏与项目本身的实际年度盈亏进行对比，计算年度盈亏改善金额。

3. 实现盈利所需年数的目标由于项目的不同而不同。如果该项目有合适的目标，就是用此目标，如果没有合适目标，可以把下列的年数作为目标，在拥有设施并且运营这些设施的情况下需要 10—15 年；而在仅负责运营的情况下（无偿使用设施）的情况下为 1—3 年。

4. 公共补贴减少指标中所需要的公共补贴金额是为了实现上述盈利所需年数所需要的金额（也就是必要的最低收支水平）。例如，如果实现盈利需要 20 年，那么在每年补贴 500 万日元利息的条件下，就可以缩短到 15 年，此时每年 500 万日元的补贴就是所需要的公共补贴金额。

资料来源：宫木康夫：『第三セクターとPFI 役割分担と正しい評価』、ぎょうせい，2001，pp. 243—245。

除了宫木康夫总结的第三部门评价方式之外，宫脇淳在《第三部门经营改善与事业整理》中，指出"居民需求的高低"以及"与民营企业竞争关系的高低"是判断第三部门项目是否合理的标准。在居民需求高低标准中，宫脇淳认为"判断居民需求的标准除了具体的使用者人数之外，还有追求安全、安心以及期待地区活力等潜在的需求"，与民营企业竞争关系的高低判断标准为"当地市场的大小以及民间企业提供产品的能力和提供产品的质量"①，为此，宫脇淳总结了四条具体的标准：第一，与地方自治体直接经营相比较，更符合 VFM 要求；第二，市场中不存在提供相同品质服务以及能够维持项目发展的民间企业，或者其数量非常少；第三，第三部门企业具备经营中所需的技术与经验；第四，第三部门在当地居民、金融机构中具有很高的信用②。

此外，宫本宪一在《公共政策建议》中提出了三条判断公共性的标准：社会生产和生活的一般共同社会条件（共同性），不为特定个人和企业所有、不以营利为目的、所有的居民可以平等利用（平等性），建设管理过程中不侵犯居民基本人权、提高居民的福利（权利性）③。

由于第三部门是地方公共团体与民间企业共同出资设立的以提供公共产品和公共服务为目的的企业法人，因此，从地方公共团体出资的角度来看，虽然判断第三部门合理性的首要标准是公共性，但在宫本康夫提出的判断标准中，一部分是针对第三部门企业性质，即与一般的民营企业一样，首先要判断其盈利性。然而从其他学者提出的判断标准可以看出，多数认为公共性是判断第三部门企业的首要标准。因此，本书在判断第三部门企业时，首先从第三部门的特殊性，即第三部门企业是提供公共产品和公共服务的企业，其所经营的项目本身难以盈利的角度出发，因此评价这样的第三部门的指标或标准不适宜与市场经济条件下的民营企业相同，而应当从第三部门的特殊性——公共性出发，采用与一般民间企业不同的评价方式。

综上，本书提出了"顾客""对地区的影响"以及"可替代性"作为判断第三部门合理性的指标，在论证第三部门是否应当存在的情况时，可以参考这三条指标进行具体的分析。

二　评价指标在日本铁路第三部门与城市再开发第三部门中的运用

在铁路第三部门的评价指标中，一桥大学铁路研究会在《铁路第三

---

① 宫脇淳：『第三セクターの経営改善と事業整理』，学陽書房，2010，pp. 92—93。
② 同上书，p. 94。
③ 宫本憲一：『公共政策のすすめ—現代的公共性とは何か』，有斐閣，1998，p. 87。

部门与地区的未来》研究报告中，从政府介入铁路运输的正当性和交通权的观点论述了铁路第三部门存在的合理性。

在政府介入铁路运输的正当性方面，从交通运输的不确定性方面分析了维持铁路第三部门的必要性。所谓的不确定性是指"现在无法完全预测今后要发生的事情"。例如，在铁路与出租车的比较中，指出"在交通出行的高峰期，突然下起了雷阵雨，此时电车可能暂时不能运行。在这种情况下，由于不能事先预测雷阵雨的发生，那些想着尽早赶到目的地的人可能想着乘坐出租车，但是由于想利用出租车的乘客过多，需要等待很长时间，也可能等不到出租车……也就是说，在交通服务中，即使平时不怎么利用交通工具出行，但是乘客以及交通服务提供方不能预测什么时候需要利用交通工具，为了应对这种情况，就需要保证在任何情况下都能够提供交通服务。如果把交通服务完全交由民间企业的话，在平时，由于乘客很少，企业难以维持经营，不得不放弃提供交通服务。此时，就可能产生一些想利用交通服务的人却不能利用交通服务。因此，政府应当介入，直接经营公交车服务和铁路服务，或者向提供相关服务的企业进行出资。"[①]同时，由于存在外部性，也需要政府介入公共交通服务。例如，铁路会促进沿线自治体商业设施和住宅的发展，这不仅是使利用铁路服务人群受益，对于那些不使用铁路服务的人群来说，在享受到这些正的外部效果时，也应当通过税收支持铁路设施的建设。此外，在现实的社会经济生活中，很难实现帕累托最优，原因之一就是资源分配的不公，对于那些获得资源较少的人来说，政府应当通过收入再分配制度来通过从富足人群征收资金补贴贫穷的人。国家通过对财源薄弱自治体提供补贴，也体现了一种收入再分配，"自治体对铁路第三部门进行出资，或者补助经营困难的铁路第三部门，确保出行的自由权利也是一种收入再分配"[②]。以上分析了政府介入铁路第三部门的必要性，这也从一方面说明了铁路第三部门存在的合理性。

另一方面，维持铁路第三部门也是保障市民出行"交通权"的一种措施。日本宪法第22条规定"任何人只要不违反公共福利，就具有居

---

① 一橋大学鉄道研究会：『第三セクター鉄道と地域の未来』，一橋祭研究，2005，pp. 77—78。

② 同上书，p. 79。

住、移动和选择职业的权利"，第 25 条第 1 项规定"所有的国民享有健康的文化的最低生活权利"，第 13 条第 1 项规定"所有的国民作为个人应受到尊重。在生命、自由以及追求幸福的国民权利方面，只要不违反公共福利，在立法以及行政上应当最大限度地尊重"。从中，可以看出日本的国民享有自由出行的交通权，"现在，铁路第三部门等亏损线路中，乘客大多数是上学等定期乘客。目前，少子化现象严重，而少子化正是一些铁路第三部门乘客减少的原因之一……同时，伴随着老龄化的发展，公共交通更具有存在的必要性。铁路第三部门大多是位于人口不多的地区，而正是在这些地区，老龄化现象更加突出。而老年人即使获得了驾照，但是由于在驾车过程中，容易出现注意力不集中，从而导致很难自驾车出行……由于费用问题难以维持公共交通服务，但是作为最低限度的服务，国家和自治体也应当出资维持交通服务。"[①]

通过一桥大学铁路研究会的研究，可以发现，是否要维持铁路第三部门首先应当从"公共性"角度进行衡量。铁路第三部门的公共性可以通过"乘客""对地区的影响""可替代性"三个方面进行衡量。

在北越急行以及 KTR 具体案例中，两家公司正是从确保市民出行的权利出发，通过第三部门方式继续经营在国铁改革过程中原本应当废除的铁路服务。特别是 KTR，虽然，从开业到现在，一直处于亏损的状态，但由于目前其乘客主要是通勤上班族以及沿线学校上学的学生，所以，京都府每年提供大量的补贴继续维持 KTR 的存在。针对是否应当维持 KTR 问题，京都府、兵库县以及 KTR 沿线的自治体等 KTR 的出资方组成的工作组在 2011 年的讨论中认为"虽然，宫津线西侧线路的重组是非常重要的课题，但是假如废除这部分线路或者减少铁路班次的话，对于 KTR 是当地出行唯一的铁路的京丹后市和与谢野町来说，就可能成为'大陆的孤岛'。不仅对宫津、舞鹤、福知山地区的通勤和上学人群产生影响，对于作为京都府、兵库县和鸟取县三县共同运营的'直升机医疗'服务据点的丰冈公立医院的医疗服务以及上学的学生的出行产生严重影响。同时，在观光旅游方面，丰冈站也是非常重要的据点，由于连接 JR 山阴线，游客通过铁路去往丹后地区进行观光和享受城崎温泉，因此 KTR 仍然是

---

① 一橋大学鉄道研究会：『第三セクター鉄道と地域の未来』，一橋祭研究，2005，pp. 92—95。

不可缺少的出行方式。KTR 中岛茂晴经营企业部部长认为'虽然经营状况不容乐观，但是 KTR 仍然是连接京都府与兵库县北部地区的生活线路以及担负跨地区观光旅游出行服务使命。今后，相关自治体就今后的情况进行详细的讨论，努力改善企业经营情况。'"① 从 KTR 出资方的沿线自治体和 KTR 企业本身来看，公共性仍然是判断 KTR 存在合理性的首要因素。

有关城市再开发第三部门的评价，可以从日本国土交通省举办的"城市再开发法人国土交通大臣表彰获奖"活动中进行分析。日本国土交通省为了表彰在解决城市问题方面，建设地区良好环境以及提升地区价值中取得成效的城市再开发法人而举办了"城市再开发法人国土交通大臣表彰获奖"活动。这里所说的"建设地区良好环境以及提升地区价值"主要是指：制定城市发展政策、举办交流活动、改善环境和进行环境美化清扫活动、防止不良行为、有效利用空置店铺和民居、制定城市综合交通规划、通过引进新技术和城市设施的综合利用降低能源消耗、构建水资源和绿色资源的网络、集中利用住宅和城市设施、通过集中医疗福利设施降低出行的成本和提高服务、信息公开等②。审查的标准就是先导性（在不同的部门成为其他法人的样板）、公益性（在城市再开发法人运营过程中，出资方、会员、公司职员以及其他相关人士共同参与，提高不特定多数人群的利益）、效果（对于城市再开发具有一定的贡献）、可持续性（城市再开发法人的经营比较健全，原则上经营持续 3 年以上）③。从中可以看出，日本政府对于城市再开发部门（包括第三部门）的评价方式与一般民营企业的评价方式不同，更多的是从效用和公共性进行评价。

饭田城市再开发公司获得了第一届"城市再开发法人国土交通大臣表彰"，获奖的理由是："株式会社饭田城市再开发公司通过完善与行政机构合作的环境，通过实践，有效利用闲置的设施，在城市再开发人员网络化以及老年人服务方面，通过硬件和软件方面的努力，开展了长期的活

---

① 『北近畿タンゴ鉄道の一部廃線を打診 京都府が兵庫県に』，京都北部经济新闻，2011年2月1日，（http://kyotonorteconomy.blog109.fc2.com/blog-entry-146.html）。

② 第 2 次城市再开发法人国土交通大臣表彰，2012 年 11 月（http://www.mlit.go.jp/report/press/toshi05_hh_000094.html）。

③ 同上。

动,其所进行的活动是具有先导性的,并获得了很高的评价。"[1]

同时,饭田市产业经济部市街地整备推进室在对饭田城市再开发公司取得成果评价时指出:"引导了民间企业,通过在车站后面建设相关设施以及在邮局通过民间开发的方式建设居民住宅,同时对车站前的店铺进行大规模的重新开发,引导了民间企业进入城市再开发项目,同时,也促进了居民重建个人住宅。促进了居住人口和外来人口的增加,通过完善相关设施,提高了市区的吸引力,从而促进了居住人口的增加,2004年,根据市区通行量的调查,发现步行人数(步行、自行车、摩托车)以及汽车(私家车、货车、公交车)的通行量比前年有所增加。"[2]

通过上述的分析,可以看出日本政府和饭田市对饭田城市再开发公司所进行的城市再开发项目评价并不是单纯依据公司的盈利水平进行评价,而是从该公司所推进项目的顾客情况、地区影响进行评价。然而,同样作为城市再开发第三部门的京都 ZEST 御池,京都市对其评价主要从财务、项目两个方面进行评价。具体情况见表6—3。

表6—3　　　　　京都市对京都 ZEST 御池的经营评价

财务方面	连续七年维持了盈利,但是累积赤字依然超过了10亿日元,财务方面依然非常严峻,所以应当根据经营方针以及 ZEST 御池经营改革计划,制定具体的改善收支的对策。
项目方面	虽然受到新型流感等的影响,但是公司最大限度的利用四处地下空间,举办了113场活动,在确保顾客方面值得肯定。但是,停车场业务收入比上一年减少了2.8%,目前依然看不到恢复的迹象,这成为公司收入减少的重要原因; 需要继续举办各种具有特色的活动,通过吸引顾客增加各店铺的收入,吸引满足当地需求店铺的入住; 在停车场方面,需要强化通过网络引导顾客停车,采取措施促进停车场的使用。

资料来源:京都市2010年外围团体经营状况及经营评价结果说明材料。

京都市外围团体综合调整会议从财务、项目和其他三个方面对京都

---

[1] 第1次城市再开发法人国土交通大臣表彰,2012年5月(http://www.mlit.go.jp/report/press/toshi05_hh_000064.html)。

[2] 饭田市产业经济部市街地整备推进室『飯田市におけるまちづくりの取り組みについて』(http://www.meti.go.jp/committee/sankoushin/chiikikeizai/pdf/003_03_00.pdf)。

ZEST 御池进行了评价。具体情况见表6—4。

表6—4　京都市外围团体综合调整会对京都 ZEST 御池的经营评价

财务方面	2009年的销售收入比2008年下降了2.8%，但是由于减少了水电费用、修理费用、广告宣传和人工费，以及由于低利率减少了利息支出，所以盈利依然有所增加。但是，由于依然存在累计亏损，所以，需要进一步改善经营情况。
项目方面	2009年顾客人数比上年度制定的目标有所减少，同时，入住商家撤店情况依然存在。需要进一步强化增加会员等经营改革计划中指出的实施措施。
其他方面	虽然连续七年维持了盈利，但是由于存在巨额累计亏损，所以仍然要改善经营状况。现金流动比例与2008年相同，需要注意资金管理情况。

资料来源：京都市2010年外围团体经营状况及经营评价结果说明材料。

通过上述两表，我们可以看出，京都市对于京都 ZEST 御池的评价仍然是从一般民营企业的评价指标出发，更为重视企业的盈利情况，较少关注作为城市再开发第三部门应当承担的责任，也就是说，较少从第三部门设立的初衷角度来进行评价。从中可以推测出，京都市对待 ZEST 御池不是从城市再开发第三部门的角度出发，而更多的是从一个公司法法人的角度出发，成立京都 ZEST 御池的出发点不是为了城市再开发而更多的是为了确保企业的收益。

三　民众对日本第三部门合理性的认识问题

无论是政府直接提供的公共产品，还是市场提供的公共产品，抑或通过第三部门方式提供的公共产品，最终的使用者或者受益者都是用户，这使得用户对第三部门合理性的认识成为判断第三部门合理性的一个重要方面。由于项目内容不同，所受益的用户类别也不同，相应地，用户对第三部门企业提出的期望与要求也有所不同。

有关饭田城市再开发第三部门合理性的认识，长野县饭田市在2008年7月为了了解饭田市区再开发的实际情况和顾客需求，针对今后市区再开发的方向进行了相关的问卷调查。调查的对象是饭田市20岁以上70岁以下的人群，共2000人。以下是此次调查的相关统计情况：

(1) 如何看待市区再开发活动？

针对此问题，59.4%的调查对象认为"非常重要"，认为有必要的占18.1%，由这两组数字可以看出，认为城区再开发活动是有存在必要性的人群占调查对象的约八成。

(2) 应当改善哪些项目？

48.4%的调查对象认为应当完善购物和消费相关功能，33.3%的调查对象认为应当完善公共交通，29.0%的调查对象认为应当完善旅游和娱乐相关功能，28.9%的调查对象认为应当完善老年人生活帮助，24.9%的调查对象认为应当完善医疗健康，24.8%的调查对象认为应当完善儿童抚养和育儿扶持。

(3) 应当完善哪些设施？

48.9%的调查对象认为应当完善大型免费停车场，其次是应当完善饭田站和车站周边设施，再次是应当完善商业街和商业集中区域的设施。

(4) 哪种类型的住宅是必要的？

24.6%的调查对象认为面向老年人的住宅最为必要，其次是面向家庭的住宅，占到了调查对象的21.6%。

通过以上饭田市市民对饭田城市再开发提出的要求和期待可以看出，民众肯定了城市再开发的合理性。

在民众对铁路第三部门合理性认识方面，可以从龙谷大学的井口富夫针对KTR乘客进行的相关调查进行分析。

平时乘坐KTR的目的是什么？

目的	调查问卷数（件）	占比（%）
通勤	18	16.2
上学	22	19.8
通勤以外的工作	18	16.2
购物	11	9.9
休闲、旅游	27	24.3
社交	2	1.8
其他	13	11.7
合计	111	100

乘坐 KTR 的理由是什么？

理由	调查问卷数（件）	占比（%）
车站离家或目的地较近	33	23.1
同 JR 换乘方便	24	16.8
KTR 车票优惠	8	5.6
可以有效利用乘车中的时间	12	8.4
私家车时间不确定	6	4.2
没有汽车驾照	22	15.4
没有私家车	15	10.5
其他家人在使用汽车	8	5.6
其他	15	10.5
合计	143	100

虽然，调查没有直接设置针对 KTR 存在必要性的问题，但是从乘客乘坐 KTR 的目的和理由可以看出，KTR 乘客乘坐 KTR 最大的目的是通勤和上学，乘坐 KTR 的最重要理由是"车站离家或目的地较近"，从中可以看出，在乘客的眼中，KTR 仍然具有存在的必要性。

四 小结：第三部门合理性认识

通过对先行研究的总结和对日本铁路第三部门企业和城市再开发第三部门企业的案例研究，本书提出了判断第三部门合理性的标准，即判断第三部门合理性最重要的是判断第三部门所从事项公共性的大小，进而提出判断公共性大小的三个指标：乘客（顾客）、地区影响和可替代性。

其中，乘客和顾客反映了项目的直接需求。由于第三部门企业提供的是公共产品和公共服务，所以乘客或顾客的需求是第三部门企业的终极目标。在乘客或顾客的直接需求之外，地区影响反映了项目的外部影响。无论是铁路第三部门，还是城市再开发第三部门，在为乘客或顾客提供直接产品和服务时，项目的实施还会对当地城市带来一定的影响，这种影响可以是促进当地经济的发展、提升地区活力、促进周围土地的升值等，但是如果第三部门企业经营的项目原本不宜采用第三部门方式时，则很可能会使该第三部门经营的项目出现亏损,而为了弥补项目亏损使第三部门企业得以维持,作为出资方的地方公共团体不得不为第三部门企业提供补贴。一旦第三部门企业破产,地方公共团体就会面临企业亏损产生的巨额债务,这就违背了最初通过第三部门方式减轻地方财政负担的意愿。可替代性指标则是三个指标中最为重要的一个指标,正如本书所强调的"第三部门不是万能的,其存在合理性是受到一系列条件限制",就公共产品和公共服务提供方式而言,政府直接提供方式、市场提供方式或者非营利组织等方式可以以更低的成本提供更为有效的公共产品和公共服务时,第三部门企业就应当积极进行改革,采用更为有效的替代方式。例如,本书研究的京都 ZEST 御池第三部门企业,通过具体调查研究发现,无论是经营内容,还是经营环境,该第三部门企业所提供的公共产品和公共服务与周边完全市场化的民间企业提供的产品和服务在形式和内容上是完全一致的,也就是说,该第三部门企业所提供的产品和服务是完全可以采用市场化方式提供的,在此情形下,其存在合理性就备受质疑,此时京都市继续为亏损的京都 ZEST 御池提供财政补贴,理由就难免牵强附会。

在确认第三部门存在合理性之后,如何才能确保第三部门企业顺利发展,笔者认为应当在第三部门设立和经营两个方面通过事先估算乘客(顾客)、地区影响和可替代性三个指标的大小判断是否应当采用第三部门方式以及如何进行经营。

1. 在项目策划阶段,充分探讨哪种公共产品供给主体更合适。通过比较政府直营、市场化经营、第三部门方式、PFI 方式以及非营利组织方式在该种公共产品提供方面的优势和劣势,确认该项目是属于纯粹公共产品,还是属于准公共产品。如果属于纯粹公共产品,项目本身更强调公共性,那么适宜采用政府直接经营的方式提供公共产品;如果属于准公共产品,则首先需要判断是否有市场化的民间企业愿意提供,如果没有民间企业愿意单独提供,进一步分析是否可以通过非营利组织和 PFI 等方式提供,由于这两种提供方式可以有效降低地方政府的财政压力。但需要指出的是,非营利组织方式由于在财力、人才等方面的限制,使得其所提供的公共产品在规模上也受到限制,而 PFI 方式中,民间企业居于主导地位,通过 PFI 方式盈利是民间企业的目的,对于一些亏损性的项目,不宜采用 PFI 方式。所以,适宜第三部门方式的项目可以归纳为那些原本属于亏损性的项目或民间企业不愿意单独进入的项目。在这些项目中,从确保项目公共性角度出发，地方公共团体应居于主导地位，但是这并不意味地方公共团体主导第三部门企业的经营，而是应当由地方公共团体掌控项目的方向性——不以营利为首要目的，而是以为居民提供公共产品和公共服务为主要目的。

2. 在项目经营过程中，应当确保第三部门企业的独立性。第三部门方式与之前政府直营方式不同，采用的是法人形式，所以应当确保企业的独立性，只有这样才能充分调动企业人员、民间企业等参与方的积极性。

3. 在确认项目存在必要性，找到更为合适的替代方式之前，地方公共团体应当通过补贴、贷款担保等方式确保第三部门企业的持续发展。目前，大量的第三部门依然面临着亏损，比如铁路第三部门企业，但是从确保沿线居民的出行权的角度出发，地方公共团体应当通过提供补贴等方式维持铁路第三部门企业的发展。

4. 第三部门企业应当积极拓展经营模式，开展多样化经营，努力减少亏损。设立第三部门企业的目的之一就是提高效率，与政府直营方式相比减少亏损，所以第三部门企业应当努力通过各种方式减少亏损，至少应当比政府直营方式下的亏损有所减少。为此，第三部门企业应当通过提高效率、开展多样化经营等方式，实现开源节流，增加企业的收入。例如，铁路第三部门企业在经营铁路业务的同时，通过与沿线自治体合作开发沿线的旅游资源，增加旅游收入；城市再开发第三部门改变了原来以硬件设施开发为主的开发模式，通过完善当地的软件设施，完善观光旅游设施，增加城市的魅力，把顾客从城市郊区吸引到城市市区。

本书通过对第三部门的案例研究，论证了第三部门合理性，并且从项目策划和经营方面提出了改善措施。

第七章

结　语

　　在日本，第三部门采用公司制，在组织形式上与一般的民间企业相同，但是第三部门设立的目的不是单纯为了追逐利润，而是以比政府直接经营更少的成本提供公共产品，其主要从事的项目是政府直接提供成本较高而一般的民间企业又不愿意从事的公共产品提供项目。第三部门提供的公共产品主要是准公共产品，但这并不是说所有的准公共产品都可以由第三部门提供，只有认清楚这一点才能在项目策划阶段分清楚哪些产品可以通过第三部门方式提供，哪些准公共产品不适宜采用第三部门方式提供。一个准公共产品，如果民间企业愿意单独提供的话，从企业理性经济人的角度出发，也就是从主要目的为追求利润的角度出发，这也从侧面说明该准公共产品项目的公共性相对较小，民间企业可以通过向使用者收费等方式确保项目的利润。但是对于另外一些准公共产品，由于特殊的社会经济环境和地理环境，使得这些准公共产品项目本身很难获得收益，或者在很长一段时间内都需要公共补贴才能维持，但是如果交由行政机构单独负担的话，一方面增加了行政机构的成本，另一方面在人才和技术上行政机构又落后于一般的民间企业，那么在这种条件下就可以考虑通过第三部门方式。当然，民间企业参与到第三部门的目的不只是为了公共服务，其更多的是为了与行政机构建立良好的关系，同时获得第三部门项目相关的附属项目并且提高企业知名度等。

　　在日本推行的分权以及地方交付金制度改革中，越来越多的地方自治体财政收入减少，但是一些原本由国家负担的事务却委托给地方自治体，虽然从长远目标出发，能够保证地方自治体的独立性，但是却给地方自治体的财政造成了很大的压力。因此，地方自治体今后应当集中主要的人力和物力提供纯粹公共产品，即那些只能由政府提供的公共产品，对于一些通过改善效率或者提供一些补贴可以维持的公共产品则可以通过第三部门方式提供。地方自治体之所以采用第三部门方式，主要有三方面好处：第一，摆脱一些法律制度的限制，从而更加灵活地为市民提供公共产品；第二，能够利用民间企业在资金、人才和技术方面的优势；第三，可以减轻财政负担。因为第三部门的企业定位或者经营目的不是追逐利润而是公共贡献。第三部门是处于行政机构和市场中间的一种形态，它既具有行政部门提供公共产品的特性，同时也具有民间企业追逐利润的特性，这两种特性糅合在一起就是公共贡献。当然，公共贡献不是要求民间企业牺牲自己的利润去协助行政机构提供公共产品，而是从企业社会贡献或者提供其他参与项目的机会保证其获得利润的机会。

但要保证第三部门能够切实发挥作用，需要保证第三部门能够充分发挥自主性。虽然行政机构积极参与第三部门企业的活动，但是并不意味着行政机构应当干涉第三部门的运营，如果行政机构参与第三部门的日常经营活动，就会和一般的政府独资企业一样，完全按照行政命令去经营企业，这样就很难发挥第三部门应有的优势。理想的状态是行政机构在法律制度上和事前、事中和事后对第三部门进行监督，保证第三部门企业能够按照预先设计好的方向发展，而具体的经营活动应当交由第三部门企业自己负责。

第三部门企业与行政机构其实一种"委托关系"，行政机构委托第三部门企业更有效率地为市民提供公共产品，而第三部门企业则应当根据委托关系，按照行政机构的要求采取各种措施用尽可能少的成本提供尽可能多的公共产品，如果项目本身是一种亏损性的项目，那么应当努力减少亏损。所以，第三部门企业的目的不是盈利，而应当是考虑如何减少成本提供更好的公共产品，或者即使盈利也应当把利润返还给社会或者投入到项目的后续发展中。

目前，很多第三部门企业都面临着亏损，特别是铁路第三部门企业，绝大部分企业都处于一种亏损状态，社会上要求地方公共团体停止对第三部门企业提供补贴的呼声也很高，但是本书通过研究发现，日本第三部门在一些行业仍然有其存在必要性的。例如，在铁路第三部门中，这些企业所从事的服务正是民营企业不愿意单独承担的项目，但为了确保居民出行的权利，在找到合适的可替代方式之前，应当维持这些企业的发展。

在城市再开发第三部门方面，城市再开发第三部门是新出现的一种第三部门形式，与传统的第三部门方式不同，行政机构并不是居于绝对的主导地位，而转变为资源提供者和各方利害关系协调者。在城市再开发第三部门中，第三部门企业通过整合各方的资源，积极引导行政机构、民间资本和居民等的参与，共同策划城市再开发项目。

本书研究的主要内容是第三部门的合理性问题，由于第三部门是地方公共团体和民间企业共同出资设立的以提供公共产品和公共服务为目的的企业，所以公共性是判断第三部门存在合理性的主要标准，为此笔者提出了判断第三部门公共性的三个指标：顾客（乘客）、地区影响和可替代性。顾客（乘客）反映的是对第三部门提供的公共产品的直接需求，地区影响反映的是第三部门提供的产品所带来的间接影响，而可替代性则是判断第三部门公共性的最重要的指标之一，正如本书所指出的，第三部门不是万能的，只是众多提供公共产品方式中的一种，其所提供的公共产品大多是属于亏损性或难以盈利的项目，在没有找到一种更好的替代方式之前，第三部门就有其存在的合理性。

一 第三部门的挑战和改革

由于很多第三部门，特别是一些开发型第三部门由于经营不善而导致亏损很严重，为了维持这些第三部门，地方公共团体不得不提供补贴，或者提供债务担保。然而，在地方分权改革的推进过程中，国家试图减少对地方的税收返还并且把更多的原本应当由中央负责的事务委托给地方自治体，这使得地方自治体的财政状况捉襟见肘，特别是在一些经济欠发达地区，由于人口减少，工业和商业的衰败，其财政收入更为严峻。地方自治体的财政由一般会计和特殊会计组成的"普通会计"以及医院、观光、下水道、国民健康保险、养老保险等的"公营事业会计""一部分事务组合""地方独立行政法人""地方三公社""第三部门"等单独的会计构成。但是在2007年之前，地方财政指标并不代表地方全部的财政情况，而是以普通会计为中心，依据的法律也是1955年制定的"制定有关地方公共团体行政以及财政的必要特别措施的法律"（财政再建促进特别措施法）。在此法律下，判断地方自治体财政是否健全的标准（实际赤字比例）基本上只是针对一般会计和特别会计，而与公营事业会计（企业特别会计）、地方公社，以及地方自治体出资或者提供补贴的第三部门不包含在内。

因此，即使第三部门等出现亏损，但是只要会计账面上显示没有问题的话，那么地方自治体的财政情况也会被认为是健全的。在财政再建促进特别措施法下，自治体通过提供债务担保，保证出现亏损的第三部门能够从金融机构获得融资，自治体通过对第三部门提供补贴也可能够暂时缓解要求对第三部门进行彻底改革的呼声。当然除了要求对财政制度进行改革之外，还包括通过PFI方式对第三部门进行改革等。以下通过改革呼声的总体情况分析、"财政健全化法"对第三部门地方财政提出的新要求和PFI能够取代第三部门三个方面分别论述第三部门所面临的挑战。

1. 要求对第三部门进行改革的呼声集中爆发

有关第三部门的改革，2008年6月27日政府内阁通过的"经济财政改革基本方针2008"中指出"根据有关第三部门改革的指导方针，推进经营明显恶化的第三部门等的改革"。在2008年6月30日总务省自治财政局长通知中，对于第三部门等的改革，要求在2008年之前设立外部专家等构成的"经营检讨委员会"对改革进行讨论，在讨论结果的基础上，在2009年之前制订改革计划，集中进行改革。

同时，总务省的"有关债务调整的调查研究会"在2008年12月5日的报告中提出，地方自治法在2009年4月地方财政健全化发全面实施的情况下，对于第三部门的改革，不应当拖延而应当尽早实施，明确未来的财政负担，以及有计划地削减财政负担，为了推进改革，在整合项目的基础上，对于必要的经费，可以作为地方债的对象。为此从地方"财政健全化法"全面实施之后5年内地方自治体要对第三部门进行集中改革，作为从2009年到2013年的临时措施，对于重整和整合第三部门费用的一部分在经过议会表决通过的情况下，可以作为发行地方债的对象（第三部门等改革推进债）。

在此基础上，地方自治体应当积极利用这些有力的措施致力于未来的财政健全化改革，重新探讨第三部门的意义、盈利能力等。有关第三部门改革经营检讨委员会的设立，作为对第三部门改革提供建议的机构应当发挥积极的作用。

检讨委员会在讨论第三部门改革时，宫脇淳在《第三部门的经营改善和事业整理》一书中提出了要注意的以下三点：第一，要明确讨论的对象。对于第三部门组织形态的讨论并不是很重要的，重要的是能够灵活利用第三部门的行政组织的对应能力。如果仅仅是从改变组织形态进行行政改革，从而设立第三部门的话，那么与地方自治体直接提供公共服务以及由市场提供相比，处于行政机构与市场中间位置的第三部门在经营裁量权以及公共部门负担方面会存在很大的风险。第二，克服向现实妥协的观点。在改革的过程中，不应当拘泥于现实的利害关系，在明确相关规则的情况下，提高改革步骤的透明性。有关规则的规定，在2009年6月23日总务省下发的"有关推进第三部门等根本的改革"，以及2003年以总务省自治财政局长名义下发的"有关修改第三部门的方针"中除了规定了有关第三部门的一般注意事项之外，同时提出了"在选择第三部门方式时的注意事项""指导监督运营时的注意事项""处理经营恶化时的注意事项"等。第三，包括检讨委员会讨论在内，在讨论第三部门改革措施时，不能头痛医头脚痛医脚。第三部门与单一的行政部门以及私营部门相比更难于管理。由于第三部门内部，官和民双方都有采用自己之前行为方式的冲动，所以应当尽可能简化第三部门的体制以及治理内容。如果采用对症下药式的短期措施，那么第三部门的改革就很难真正实现。所以在改革第三部门时，应当避免具有很大影响力的政策与影响较低的政策。具有很大影响力的政策不一定与需要对症下药的问题具有时间、空间的明确对应关系，由于原因和结果是在更大的时间和空间内形成的，因而很难认识到具有很大影响力的措施。然而，影响力较低的政策对于突发性危机具有效果，但是随着时间的推移，对于提高第三部门的形象以及改善经营情况就很难起到作用。

在设立检讨委员会的时候，委员会应当由负责任的专家、注册会计师、律师等具备相关经验和专业知识的人员组成。同时，由于第三部门与地方经济具有紧密的联系，所以在第三部门改革的时候，也应当与地方经济团体和金融机构合作。在经营检讨委员会运作方面，不仅负责第三部门行政政策的部门，同时也应当包括与行政财政改革相关的所有部门。在数个地方公共团体共同出资的情况下，相关地方公共团体应当紧密合作，共同负责经营检讨委员会的运作。

"对于评价和讨论对象的第三部门，经营检讨委员会应当对第三部门的资产、负债、盈亏情况、现金流向、经营恶化的原因以及期待第三部门应当发挥的作用、今后的市场动向、未来的经营形式、维持现状情况下造成的地方公共团体的财政负担等进行分析，就分析的结果而言，对不同的

第三部门，进行不同的讨论。此时，经营检讨委员会在需要维持现状或者通过经营改革继续进行经营的时候，通过自主清算进行事业重组的时候，通过民事再生法、公司再生法等进行企业重组的时候，以及通过法定程序进行企业重组的时候，应当进行各种可能性的讨论，根据期待第三部门应当发挥的作用，应当明确不同情况下的财政负担以及效果等，在必要的时候，应当提出不同的选项。"①

2. "财政健全化法"对第三部门地方财政提出的新要求的分析

《有关地方公共团体财政健全化的法律》（"财政健全化法"，2007年第94号法律）是取代1955年制定的《地方财政再建促进特别措施法》而新制定的法律。对于赤字超过一定比例的自治体，之前的法律只规定了"红牌"制度，而新的"财政健全化法"对于实际赤字比例、综合实际赤字比例、实际公债费用比例、未来负担比例四个指标，要检查每年的财政情况，对于早期健全化标准和财政再生标准的自治体，规定了制定和实施财政健全化计划和财政再生计划的义务，也就是对于早期财政再建规定了"黄牌"和"红牌"两个标准。"财政健全化法"的财政指标公开制度先行于2008年4月1日实施，法律在2009年4月1日全部实施。

有关判断健全化的标准之一的未来负担比例，被算在自治体的实际负担估算金额中。而且，从2009年4月1日开始，未来负担比例超过早期健全化标准的话，自治体负有制定财政健全化计划的义务。这样，地方自治体根据"财政健全化法"，不仅仅是一般会计，当对第三部门提供损失补贴的地方自治体在第三部门经营中居于主导地位的时候，应当掌握第三部门的收支、经营状况、资产以及未来负担的情况，在整体分析地方自治体财政情况的基础上，要采取措施适当抑制未来的负担比例。

为此，总务省自治财政局长在向各都道府县以及指定城市市长的通知中（总财公第95号，2009年）中指出，地方公共团体为了在"财政健全化法"全面实施之后五年内能够对第三部门等进行集中改革，从2009年到2013年作为临时措施，针对第三部门等整合或者再生中所需要的一定费用，在经过议会表决通过的情况下，可以发行地方债。

综上，可以看出，"财政健全化法"要求把未来第三部门将可能出现

---

① 総務省自治財政局長：『第三セクター等の改革について』（https://www.pref.ibaraki.jp/somu/somu/shutshi/documents/080630_19.pdf）。

的债务问题看作是衡量地方自治体财政健康程度的一个标准，这也就要求地方自治体要对未来可能会给地方自治体带来沉重债务负担的第三部门进行改革。但是，同时规定了针对第三部门的改革，地方自治体可以发行地方债，这对于第三部门来说又是一个利好的消息。在此次改革的过程中，地方自治体应当把那些公共性不高，而且亏损严重的地方部门进行重组或者让其破产，同时通过其他的途径提供相同的服务。而其他的途径当然包括之前论述的地方自治体直营、市场化途径以及 PFI 等方式。目前儿童抚养和育儿扶持有关第三部门改革的众多呼声中，很多人都认为可以通过 PFI 方式来取代第三部门从而实现更高的效率。下面将对日本 PFI 方式进行讨论，同时分析其与第三部门的不同之处。

3. PFI 方式代替第三部门可能性的探讨

PFI（Private Finance Initiative），英文原意为"私人融资活动"，在我国被译为"民间主动融资"，是英国政府于 1992 年提出的，在一些西方发达国家逐步兴起的一种新的基础设施投资、建设和运营管理模式。PFI 是对 BOT 项目融资的优化，指政府部门根据社会对基础设施的需求，提出需要建设的项目，通过招标，由获得特许权的私营部门进行公共基础设施项目的建设与运营，并在特许期（通常为 30 年左右）结束时将所经营的项目完好地、无债务地归还政府，而私营部门则从政府部门或接受服务方收取费用以回收成本的项目融资方式。

PFI 最早是 1992 年 11 月在英国提出的，但是前期的准备工作是从 1970 年到 1980 年的撒切尔政权进行的行政改革和财政改革开始的。撒切尔政权为了实现减少对市场干预的"小政府"，首先要把公营部门借款需求（Public sector borrowing requirement）控制在 GDP 的一定范围内，在此基础上从 1979 年开始，对石油、航空、下水道等国营企业实行民营化，1987 年提出了设立"独立行政法人"制度。之后，1990 年，梅杰政权上台，在 1991 年的"市民宪章"中首次提出了 VFM 概念。VFM（Value For Money）就是最大限度内有效利用国民的税金，也就是要实现物有所值的效果，而在公共项目中，也就是在维持公共产品的质和量的基础上减少总支出，或者在相同支出的情况下，提供更好的公共产品。在这样的背景下，PFI 概念被提出了出来。由于 PFI 方式在资金回收方式以及官民作用方面的不同，可以分为"收取费用的自立型"（Financially free-Standing Projects）、提供服务型（Services Sold to The Public Sector）以及共同承担风险型（Joint Ventures）①。其中收取费用的自立型是指民间企业建设和运营公共设施，原则上设施建设的成本通过向使用者收费的方式回收，而行政机构方面只是设计项目计划的批准等；提供服务型是指民间企业建设公共设施，并在一定期间内运营该设施，而行政机构支付其提供公共服务的费用，此方式多用在医院、监狱等方面；而共同承担风险型是指行政机构与民间企业两方共同出资运营项目，为了确保项目的公益性，行政机构方面虽然投入了资金，但是项目的运营是由民间企业负责的，比如英吉利海峡下面的海底隧道就是采用的这种方式。虽然在英国采用PFI方式的项目资金总额已经达到109亿英镑（1998年9月止），其中三分之二是与运输相关的项目，其次是社会保障、国防、医疗等行业。可以说PFI方式已经在英国遍地开花，但是Confederation of British Industry也曾经指出，"PFI方式不是万能的。如果方法以及程序不正确，而且处理不当的话，就会导致资源的浪费。"② 同时，宫木康夫在《第三部门与PFI》中也指出，"PFI的缺点主要有：不容易找到合适的民间企业、在项目进展不顺利的时候，政府不容易控制、在项目破产的时候会造成公共资金的浪费。"③

在日本，第一次提出PFI政策是1997年自民党提出的"紧急国民经济政策（第2次）"，而政府在"面向21世纪的紧急经济对策"中，再提出完善社会资本政策的同时，把相关计划已经制订完成的中部国际机场作为第一件的PFI。并在1999年7月通过了"有关通过利用民间资本等建设公共设施等的法律"（PFI推进法）。根据此法律的规定，采用PFI方式主要是为了利用民间资本建设和运营社会基础设施、削减财政支出以及创造新的产业，日本PFI的基本原则有三点，分别是：彻底贯彻VFM原则、明确官民责任与风险分担以及确保透明性。采用PFI方式的公共设施主要有：（1）道路、铁路、港湾、机场、河流、公园、自来水、下水道、工业用水管道等公共设施；（2）政府办公楼、政府宿舍等公用设施；（3）公营住宅、教育文化设施、废弃物处理设施、医疗设施、社会福利设施、福利保健设施、停车场、地方街等公益设施；（4）信息通信设施、

---

① 张启智、严存宝《城市公共基础设施投融资方式选择》一书，（中国金融出版社2008年版第94页）把PFI模式划分为：独立运作型、建设转让型、合伙运作型三种方式。
② 转引自宫木康夫：『第三くせたーとPFI役割分担と正しい評価』，ぎょうせい，2001，p. 63。
③ 宫木康夫：『第三くせたーとPFI役割分担と正しい評価』，ぎょうせい，2001，p. 65。

供热设施、新能源设施、回收利用设施、观光设施以及研究设施；(5) 符合以上由法令规定的设施。而在 PFI 推进法中规定了对 PFI 项目实施企业的支持政策，主要包括：(1) 国家担保以 30 年为期限的债务；(2) 国家与自治体选择负责企业，让其无偿或者低价使用国家以及公共财产；(3) 国家提供无利息贷款；(4) 国家或者自治体确保资金或者考虑发行地方债；(5) 考虑其获得土地的事情；(6) 国家以及自治体在财政上以及金融上进行支持。

自从 PFI 方式被引入到日本之后，很多意见就认为第三部门与 PFI 方式相比没有效率，应当让 PFI 方式替代第三部门。但是两者无论是从方式导入的目的还是功能作用来看，都有很大区别。同时，两者在公共产品提供方面也都不是万能的，所以应当认清楚两者的区别，不同的项目应当考虑第三部门和 PFI 方式哪个更有效率。

第三部门和 PFI 设立背景异同点的分析。"随着地价的下跌，不良债权问题逐渐浮出水面……另外一方面，泡沫经济的破灭在国家层面减少了法人税（国税），限制了收入……在此期间，自诩为强国的日本面对严重的不良债权处理问题……经过以上一连串的过程，从下面将要叙述的行政改革和财政结构改革两个观点来看，有必要导入日本版 PFI。但是与 20 世纪 80 年代的民活（笔者注：利用民间资本提供公共产品，如第三部门方式）不同，PFI 导入的论证是在紧迫的政治和经济情形下，以唤起民间资本投资内需的欲望为重点……在这里要强调的是，如果说 20 世纪 80 年代的民活是以提供准公共产品的官民投资，也就是中间位置的东西为对象的话，那么 PFI 方式就是更加深入一层，以民间部门参与公共投资部门为目的。"[①] 同时，"在 PFI 项目当中，有关项目的责任以及主要风险从公共部门转移到民间部门。这样，就能用利用民间部门的创意提供物美价廉的服务。"[②] 宫木康夫对于日本版 PFI 的导入，指出"作为解决平成不景气（1991 年开始的十年经济衰退），在财政制约的情况下筹措公共项目资金，以及为了在投资需求不高的情况下提高建设新项目的欲望，政府在短期内

[①] 日本開発銀行 PFI 研究会：『PFI と事業化手法―公共投資の新しいデザイン』，金融財政事情研究会，1998，pp. 41–42。

[②] 民間主導型インフラ研究会：『PFI 入門―「日本版 PFI」の実現のため』，商事法務研究会，1998，p. 25。

导入了此方法。"① 以上是导入 PFI 方式的背景。有关第三部门导入的背景正如以上所说，由于日本在历史上形成的官民合作兴办企业的传统、在公共服务方面由于地方财政的不足，所以需要利用民间资本以及在新自由主义的影响下要把更多的涉及公共服务方面的产业向市场开放，等等。因此，我们可以看出，第三部门方式与 PFI 方式在背景上既有相同点，也有不同点。相同点都是由于地方财力不足，需要积极利用民间资本。而不同点就是第三部门是以官民合作兴办企业提供公共产品为目的，而 PFI 方式则是以利用民间资本为目的。

第三部门与 PFI 目的实现方式异同的分析。第三部门提供公共产品主要通过官民共同出资设立独立的法人企业，通过法人企业提供相关的公共产品。虽然 PFI 方式的类型有三种，分别是收取费用的自立型（Financially free-Standing Projects）、提供服务型（Services Sold to The Public Sector）以及共同承担风险型（Joint Ventures），但是根据日本内阁府的统计，截至 2009 年 12 月，采用 PFI 方式的项目总共有 399 件，其中七成使用的提供服务型（购买服务型）和 BTO 类型（建设—移交—运营），而共同承担风险型（混合型）则只占到了两成，剩下的是收取费用的自立型。所以，我们可以看到 PFI 方式有三种提供公共产品的方式，但是最主要的还是通过自治体从运营设施的民间企业购买服务的方式，这与第三部门的官民共同参与提供公共产品的方式差别较大。同时，提供方式的不同也导致了双方的责任不同。在第三部门中，由于官民都是第三部门的实际参与者，虽然在一些情况下当第三部门出现亏损或者破产的时候，更多的债务需要由地方公共团体负责，但是民间企业同样承担着同样的风险，也对第三部门运营情况的好坏负有责任。但是 PFI 方式当中的提供服务型，由于民间企业主要负责提供服务，而服务的购买者实际上是自治体，所以更多的风险是在自治体一方。虽然 PFI 方式一直被认为是减少自治体干预，风险责任全部在民间企业的方式，但是如果都是采用购买服务类型的话，那么就很难说是实现了这一目的。

第三部门和 PFI 作用分担方面的异同分析。PFI 方式的目标项目的收益情况可以分为不需要公共补贴能够获得收益的项目、需要公共补贴的项目两种，三种 PFI 类型中，收取费用的自立型是不需要公共补贴能够获得

---

① 宫木康夫：『第三セクターとPFI－役割分担と正しい評価』, Gyosei, 2001, p.148。

收益的项目，共同承担风险型则是需要公共团体提供补贴的项目，提供服务型的 PFI 则是上述两种情况都可能具有。同时，根据 VFM 原则，有些项目是适合 PFI 的，有些则是适合第三部门的。下面就不同的情况，分别进行分析：

（1）适合 PFI 方式，而不适合第三部门方式的项目。PFI 在收取费用的自立型项目以及共同承担风险型项目中，其收益是可以预见的，同时不需要公共补贴的项目根据 VFM 原则，是适合 PFI 方式的。通过向使用者收取费用，能够维持项目的自身发展，这对于 PFI 方式来说是最为理想的。

（2）不适合 PFI 方式，而适合第三部门方式的项目。对于需要公共部门提供补贴的项目是不适合 PFI 方式的。因为 PFI 方式中，项目的主要运营是由民间负责，而民间企业最根本的目的是从项目中获利，所以，如果项目本身不能盈利，但采用 PFI 的话，那么公共部门提供补贴中的一部分就会变成民间企业的利润，这种情况下，其成本可能会比第三部门还高。

综上，我们认为第三部门的作用应当是集中在那些收益情况不好，但具有较高公共性的项目，而 PFI 方式则应当着眼于那些可以确保收益，同时与第三部门相比公共性较低的项目。

在第三部门改革方面，虽然绝大部分铁路第三部门经营面临着困难，即使北越急行这样的高收益性铁路第三部门，随着今后北陆新干线的开通，其经营也将面临重大困难。为了维持铁路第三部门企业的发展，获得当地居民的支持是不可缺少的，今后相关自治体应当加强与居民的沟通交流，只有认识清楚了居民的具体需求才能提供更好的服务。

除了了解居民的需求之外，还要明确地方自治体的责任。自治体的责任之一就是确保居民出行的权利，通过向铁路第三部门提供资金，由铁路第三部门企业为居民提供服务。如何确保居民的出行权利，其方式是多种多样的，可以是公共汽车，也可以是列车，这需要根据当地的实际情况决定。例如，北近畿丹后铁道虽然出现了巨额的亏损，京都府和兵库县每年提供补贴才能维持企业的继续发展，但是由于其深处山区，冬季多雪，夏季多雨，如果依靠公共汽车的话，不仅安全得不到保障，同时在时间的精确度上，汽车也落后于列车。但是随着今后人口的不断减少，其亏损的金额会越来越多，那么如何平衡收益和公共性，作为第三部门企业，不应当仅仅着眼于本地的乘客，而应当采取措施吸引周边乃至国内其他地区和海外的观光乘客。与铁路第三部门面临的情况一样，和歌山电铁公司在民营化之前也面临乘客减少的情况，但是在民营化之后，通过媒体宣传和举办各种活动，并且利用一只猫作为车站站长的噱头成功地吸引了大批的乘客，不仅提高了企业的收入，同时也吸引了更多的国内外乘客去乘坐和感受和歌山电铁的服务。

本书在铁路第三部门一章，主要分析了铁路第三部门的历史、现状和未来的发展情况。通过对北近畿丹后铁道和北越急行的调查利用更直观的方式展示了铁路第三部门所面临的困难和如何进行经营。在对两家铁路公司调查分析之后，基本上肯定了北近畿丹后铁路存在的意义，由于目前没有其他可以代替的运输手段，所以为了确保沿线居民的出行，要继续维持铁路的发展。而北越急行在地理环境和气候环境上与北近畿丹后铁路有很多相似之处，比如多雨雪，对于当地居民来说铁路是不可或缺的出行方式，但是随着北陆新干线的开通，今后其经营将面临更多的困难，虽然目前其经营状况是第三部门铁路当中最好的，但今后，其经营环境有可能比其他铁路第三部门更加恶劣，所以应当考虑其他改善措施，比如与沿线自治体合作开发旅游资源，吸引更多的观光乘客。虽然铁路第三部门是一种可行的方式，但是并不是说铁路第三部门是不能取代的，如果有其他更有效的方式，也可以采用其他方式，所以北越急行在今后的改革过程中，也应当考虑其提供的服务是否可以被其他方式所代替，比如北路新干线等。

城市再开发第三部门在第三部门中是一个比较特殊的部门，其特殊性在于其从事的项目在表面上与一般市场化的民间企业从事的内容在形式上是一致的，例如，房地产开发、商业零售等，但是城市再开发第三部门有其特殊性，主要表现在环境、目的方面。第一，在环境方面，城市再开发第三部门大多处于人口不断减少，商业破败的中小城市，这些城市由于从事房地产的开发和经营商业难以盈利，所以一般的民间企业不愿意从事，那么从振兴城市经济和社会的角度出发，需要行政机构参与，但是由于项目提供的都是一些准公共产品，而且具有潜在的收益性，所以由行政机构单独提供不合适，那么通过第三部门方式，既可以推进项目的实施，又可以节省财政支出，这是城市再开发第三部门与一般的民间企业不同之处。第二，在目的方面，城市再开发第三部门不以分红为目的，其目的是振兴地区活力，把城市周边的人群吸引到城市中心地区，而一般的民间企业则是以营利为目的，其所有的活动都是在利润驱动下进行的，这也是两者最大的区别。

城市再开发第三部门与其他第三部门企业不同，具有自己独特的地方，还主要集中表现在官商民互动方面。通过对饭田城市再开发公司的分析可以发现，其成功的一个重要原因在于行政机构、企业、市民各司其职，同时在项目的推进过程中形成良好的互动关系，共同推进项目取得成功，在此过程中，第三部门不像是一个独立的项目实施者，更像是一个中间人角色，积极把市民的想法传递给行政机构，行政机构通过城市再开发公司把市民的想法具体化，同时协助第三部门企业积极申请国家的各种补助等。

但并非所有的城市再开发第三部门都是成功的，有一些假借公共性之名，行民间企业之实。例如，京都 ZEST 御池，在项目立案之前，为了配合京都市东西线地铁的开通，建设了地下商业街和地下停车场，其原本的目的是为周边的市民和地铁乘客提供更好的服务，但是，由于没有考虑到当地实际情况，在周边处于高度市场化的环境中，采用第三部门方式与一般的民间企业竞争本身就是一种值得商榷的行动。当然，虽然 ZEST 御池经营出现了亏损，但是并不是否定设施本身存在的必要性，其地下停车场可以为周边提供停车服务，从而解决停车难和交通拥堵，但是现在京都市每年提供巨额的补贴，在其与其他民营化设施存在竞争的状态下，行政机构依然坚持提供补贴，就可能存在问题。今后，ZEST 御池应当考虑改善经营，同时也考虑是否存在采用 PFI 方式或者民营化方式的可行性。

上面分析了日本第三部门面临的挑战和今后改革的方向，由于日本第三部门与世界其他地区第三部门概念存在较大区别，因此研究日本第三部门存在的合理性，为我国拓展公共产品供给主体选择提供参考也是本书一个重要目的。

二　日本第三部门合理性对中国的借鉴意义

以上分析了日本第三部门的合理性，在铁路第三部门与城市再开发第三部门的案例研究过程中，通过总结先行研究的理论部分，总结出判断第三部门合理性的主要根据是项目的公共性，判断项目公共性可以从顾客情况、对地区的影响情况和可替代性三个方面进行评价。通过研究日本第三部门的发展趋势，为我国今后的国有企业改革和城市改革提供参考，特别是我国的铁路改革和中小城市开发提供借鉴，这是本书的重要目的之一。

（一）日本铁路第三部门改革对我国支线铁路改革借鉴意义的分析

在我国支线铁路改革方面，"2000年12月，铁道部在哈尔滨召开了全路支线改革工作会议，总结支线改革情况，提出了以规范管理为重点，强化基础工作，完善考核体制，不断深化支线改革的要求。"[①] 根据时任铁道部副部长的王兆成的统计，2001年，全路纳入改革范围的100条支线运营亏损9.01亿元，比2000年减少2.06亿元，支线职工人数为46318人。根据王兆成的分析可以看出，目前我国支线铁路也面临着严重亏损和人员臃肿的问题，而造成铁路支线亏损的主要原因是："我国铁路支线建于不同年代，投资动因各不相同。随着周边环境的变化，支线各站的运输业务也发生了很大变化，运量减少，亏损严重……其亏损的原因，不仅仅是由于运量减少，更重要的生产布局和经营管理中存在许多不适应市场经济环境的问题，造成资源浪费和惊人的成本支出。"[②] 目前，大多数铁路支线改革大多采用"单独核算，单独考核"，"建立支线运输财务核算体系；推进运输组织改革，提高支线运输效率；建立营销机制，增强运输市场竞争力；压缩编制，减员增效等。"[③] 例如，济南铁路局共有胶黄、蓝烟、淄八、淄东、坊子、临泰、泰肥、瓷莱、前贾、薛枣10条支线，在改革的过程中，济南铁路局采取了下述措施："因线制宜，即使采用相同模式，在具体管理方法上也要有所区别。例如：淄八支线由淄博车务段组成立支线公司，按'模拟法人，综合管理，单独核算，自计盈亏'的模式，单独列账，单独核算，享有一定的经营自主权；淄东支线在按同一模式组建支线公司的基础上，与地方企业联营，按照《公司法》的规范，组建支线有限责任公司，并争取地方政策，享受合资铁路的待遇；坊子支

[①] 王兆成：《巩固成果规范管理实现铁路支线改革的新突破》，《铁道经济研究》2002年第4期。

[②] 胡文君、方晓平：《铁路干线支线分离政策内容体系研究》，《长沙铁道学院学报》2003年第1—2期。

[③] 王兆成：《巩固成果规范管理实现铁路支线改革的新突破》，《铁道经济研究》2004年，第12页。

线由支线内车站及工、电、装卸部门组成支线公司，隶属于潍坊车务段领导，日常管理由车务段各管理部门负责。"[1] 除了上述改革措施之外，例如西宁铁路分局在支线铁路改革过程中，"主副并举"，"大力发展多种经营，承揽了支线管内20条专用线的工务和电务维修，成立了土建工程部，承接相关单位的零星工程，开办了钢材交易市场，经营机制由被动应付型向主动开拓型转变，多种经营呈现出生机勃勃的发展态势，增强了支线公司的实力，鼓舞了职工干劲。"[2]

通过以上的改革措施可以看出，我国目前正在探索支线铁路改革模式，转变经营理念，从原来的计划经济体制转向重视市场的经营模式，同时通过成立关联公司，开展多种经营，取得了一定的成效，但是改革仍然局限于铁路内部改革，缺少外部参与，比如民营资本的进入等，并且开展的多种经营，大多也是与铁路关系不大的副业。因此，可以说我国支线铁路改革仍然处于投石问路的摸索阶段，没有形成明确的总体改革的指导方针。通过研究日本铁路第三部门改革可以对我国的支线铁路改革提供一种新的可参考模式，即把支线铁路与干线铁路分离，成立由沿线地方政府和民间企业共同出资经营的独立法人。

随着2013年3月召开的全国人大十二届一次会议正式确定了新的国务院机构改革方案，铁道部的铁路发展规划和政策的行政职职责划入交通运输部，组建国家铁路局，并且铁路的具体建设、运营等业务由新组建的中国铁路总公司承担。可以说，中国新的铁路改革正式拉开了序幕，此次新成立的中国铁路总公司与日本1987改革之前的日本国有铁路公司在某些方面是相通的，是国家100%出资的国有公司。日本国有铁路公司在1987年的改革过程中，通过民营化方式组建了JR以及相关的铁路建设公司等，但是国铁改革中，对于地方亏损性线路的处理，地方自治体为了保证当地居民出行的权利，通过与民间企业合作的方式，组建了铁路第三部门。我国在借鉴日本铁路第三部门方式改革支线铁路的过程中，应当注意以下几点：

1. 通过地方政府参与，确保铁路的公共性。铁路是事关国计民生的基础设施，承担着居民出行与运输物资的重要使命，与社会经济发展密切

---

[1] 邹强、张月华：《铁路支线改革的实践与思考》，《铁道运输与经济》2002年第4期。
[2] 王筱溪：《西宁铁路分局支线改革的几点思考》，《铁道运输与经济》2003年第1期。

相关。因此，在支线铁路改革过程中，要确保铁路的公共性，特别是承担居民出行的支线，并不能仅仅考虑铁路的营利性，也要考虑当地居民的经济承受能力和出行的便利性。

2. 对于符合公共性判断三个指标的亏损支线铁路，地方政府应当提供补贴。在研究日本铁路第三部门公共性时，本书提出了从乘客、对地区影响和可替代性三个方面判断第三部门提供产品和服务的公共性，对于符合上述三个指标的企业，在企业出现亏损时，地方政府应当从确保居民出行权等方面出发，对亏损企业提供补贴。目前我国支线铁路主要分为两种：一种是运输旅客的支线铁路，例如2011年开通的中国首条城郊快速铁路金山支线；另外一种运输煤炭、货物等物资的支线。对于第一种支线线路，应当从乘客的情况和可替代性出发判断企业提供服务的公共性，对于第二种支线线路，则应当从对地区影响和可替代性出发判断支线铁路存在的必要性。

（二）日本城市再开发第三部门对我国中小城市发展改革借鉴意义的分析

以上分析了日本铁路第三部门改革对我国支线铁路改革的借鉴意义，下面从城市再开发方面分析日本城市再开发第三部门对我国中小城市改革、开发的借鉴意义。

通过本书的研究可以发现，在日本城市再开发第三部门主要是从事中小城市市区再开发项目，因此，本节主要探讨日本城市再开发第三部门经验对我国中小城市发展改革的借鉴意义。"我国2001年中小城市与建制镇非农业人口为24197万人，到2008年底则增加到29368万人。其中，中等城市和建制镇的非农业人口为逐渐增加，而小城市的非农业人口为逐步减少。"[①] 同时，根据中国社科院发布的《2012年中国中小城市绿皮书》指出，"2011年，中小城市及其直接影响和辐射的区域，经济总量达26.51万亿元（人民币，下同，5.2万亿新元），占全国经济总量的56.22%；地方财政收入达2.2609万亿元，占全国地方财

---

① 张宸、张弘：《城市竞争中中小城市发展乏力的问题探究》，《商业文化》2012年第9期。

政收入的 43.12%。"① 可以看出，中小城市是我国国民经济发展的重要力量，但是中小城市在资金、技术、人才、软件和硬件配套设施方面与大城市相比还有很大差距，如何促进中小城市的发展，特别是随着老龄化、人口向大城市集中等问题不断扩大，促进中小城市发展成为了紧迫的课题。"中国国际经济交流中心常务副理事长郑新立指出，中小城市的发展对于扩大内需来讲是一个最好的选择，扩大中小城市的基础设施建设，增加中小城市的就业机会，通过中小城市的发展来扩大消费、扩大投资，从而实现经济增长速度的止跌回升，为'十二五'（2011—2015 年）乃至今后 20 年国民经济的平稳较快发展提供强有力的支撑。"② 从上面的新闻报道可以看出，目前我国中小城市发展的模式仍然是模仿大城市，走"投资—建设—再投资"的模式，这种模式不仅仅造成了环境负担过重、资源浪费严重等问题，同时也是一种短视的、没有着眼于未来——人口减少、老龄化和少子化等问题出现时的行为。

在日本，城市再开发概念正是一些中小城市经历了经济快速发展的繁荣期之后，随着人口减少、老龄化、少子化、商业功能向郊区扩散等问题的出现，造成了市区经济发展出现衰退，针对这些问题提出的一种解决方案。日本城市再开发第三部门是当地的行政部门通过与民间资本和居民等相关人员和部门的合作，通过对城区软件和硬件的开发，利用民间企业和人士的智慧焕发城区新活力的做法。特别是本书在案例研究部分分析的饭田城市再开发第三部门，通过集中行政机构、民间企业、居民、志愿者组织等各种资源，共同应对城市再开发问题，在一定程度上促进了城区的再次发展。

目前中国由于人口众多，城市化进程刚刚起步，中小城市人口流失的问题目前还不是很严重，但是老龄化问题已经成为各个城市面临的重要问题，今后各个城市的财政除了投资建设城市基础设施，还要承担着繁重的养老和医疗等社会保障费用，所以当城市财政难以单独承担城市发展投资时，就需要探索一种新的城市再开发途径。此时，日本通过第三部门方式

---

① https：//www. zaobao. com. sg/special/report/politic/cnpol/story20120917 - 117798，2012 - 02 - 03.

② 郑新立：《中国中小城市发展面临三大历史机遇》（http：//www. chinanews. com/gn/2012/09 - 15/4186115. shtml）。

促进城市再开发发展的模式就可提供一种有益的参考。

(三) 研究的创新之处

本书在整体框架上采用的是理论加案例的方式。就理论部分而言，目前日本有关第三部门出版的书籍中，都是简单带过，例如，在堀场勇夫等著的《第三部门再生指南》一书当中仅仅是简单介绍了公共产品的分类，本书通过系统总结了日本国内外有关第三部门的理论并加以分析，在理论上证明了第三部门是切实可行的，这也为今后第三部门的发展提供了理论依据。

在理论之外，本书最重要的创新之一在于把整体情况分析与案例调查分析相结合。在本书的第二章重点分析了第三部门的历史、现状、问题等，从而使读者对日本第三部门有一个整体概念，第三章和第四章则是分别选取了铁路第三部门和城市再开发第三部门，在每章的前半部分又分别分析了两种第三部门的整体情况，然后在章节的后半部分分别选取了具有代表性第三部门企业案例，其中既包括成功的案例，也包括失败的案例。判断第三部门成功与否的指标或标准并不像一般市场化的民间企业，主要看企业的盈利情况，第三部门作为一种提供公共产品的特殊企业形式，由于其从事的项目多是一些难以盈利的，本身就属于亏损性的项目，所以在评价过程中，不适应采用评价民间企业的方式去评价，而只能把盈利作为参考。对第三部门企业评价的一个重要方面是看其在第三部门方式经营之下，运营效率是否提高，亏损情况是否得到改善，是否提供了民众满意的公共服务。在这样的评价标准下，北近畿丹后铁道虽然每年的亏损额在增加，但是这些亏损不是由于企业本身经营问题造成的，而更多的是由于地质灾害和人口减少造成的，在没有找到其他合适的可替代方案之前，应当继续保持。北越急行铁道是铁路第三部门企业中盈利水平最高的一个铁路，同时为沿线自治体的市民出行提供了便利的条件，所以应当继续保持，但是今后随着北陆新干线的开通，其经营可能面临困难，那时候应当把企业的存废问题交由当地的民众选择。在城市再开发第三部门中，饭田城市再开发公司由于通过多样化的经营手段和良好的官商民沟通渠道，不仅保证了项目的顺利推进，重新为旧城区注入了新的活力，同时也为企业带来了利润，从而为今后项目的可持续性发展提供了物质保证。然而，京都市 ZEST 御池在开业当初就没有计划好如何保证企业的持续发展，在出现亏损之后虽然一味强调自身的公共性，但是其存在的合理性仍然备受民众质疑，这主要还是没有从民众的满意度这一指标来评价其公共性。所以ZEST御池应当算作一个不成功的第三部门。通过成功的第三部门和失败的第三部门的案例分析，让读者能够更加清楚在设立第三部门的时候应当考虑哪些问题，以及应当采取什么样的措施来保证项目的顺利实施。

作者为了更加清楚地分析第三部门企业，分别调查了上述四家公司，同时也对相关的咨询机构和当地的市政府相关人员进行调查，确保了资料的可信性。

同时，通过总结先行研究和通过对实际案例的分析，本书总结了判断第三部门合理性的标准是公共性大小，而判断公共性大小的指标则可以从顾客、地区影响和可替代性。上述三指标避免了之前仅仅以企业盈利情况判断第三部门企业经营好坏的不足，站在第三部门特殊性的角度，提出了适合第三部门的判断标准。

（四）研究的不足之处

本书的不足之处主要在于调查的不均衡，有些企业由于没有提供详细的信息，以及在当地市政府调查的时候也没有获得详细的资料，使得分析的不够深入。为了论证第三部门企业的公共性，应当对乘客和顾客进行大范围的调查，听取民众的声音，但是由于时间和调查渠道的限制，只是咨询到了一些相关人士，今后如有机会，会对每个企业所在城市的具体市民进行调查。

同时，本书虽然提出了三个判断公共性大小的指标，但是如何量化，即反映直接需求大小的乘客或顾客人数是多少，对地区影响产生影响的有多大才能确定第三部门应当保留，这一方面的工作仍然不足。这也是笔者今后需要继续思考的问题。

参考文献

一 中文文献

1. ［英］大卫·哈维：《新自由主义简史》，王钦译，上海译文出版社 2010 年版。
2. ［德］恩格斯：《家庭、私有制和国家的起源》，中共中央马克思恩格斯列宁斯大林著作编译局译，人民出版社 1999 年版。
3. 高培勇、崔军：《公共部门经济学》，中国人民大学出版社 2011 年版。
4. ［美］戈登·图洛克：《特权和寻租的经济学》，王永钦、丁菊红译，上海人民出版社 2008 年版。
5. 官有恒、陈锦棠、陆宛苹：《第三部门评估与责信》，北京大学出版社 2008 年版。
6. ［英］霍布斯：《利维坦》，朱敏章译，吉林出版集团有限责任公司 2010 年版。
7. 康晓光等：《依附式发展的第三部门》，社会科学文献出版社 2011 年版。
8. 康晓光、冯利：《中国第三部门观察报告》，社会科学文献出版社 2012 年版。
9. ［美］莱斯特·M.萨拉蒙：《公共服务中的伙伴》，田凯译，商务印书馆 2008 年版。
10. ［美］莱斯特·M.萨拉蒙等：《全球公民社会：非营利部门视界》，贾西津、魏玉等译，社会科学文献出版社 2007 年版。
11. 李薇辉：《西方经济思想史概论》，华东理工大学出版社 2005 年版。
12. 刘迪瑞：《日本国有铁路改革研究》，人民出版社 2006 年版。

13. 卢现祥、朱巧玲：《新制度经济学》，北京大学出版社 2007 年版。
14. ［英］罗伯特·萨格登：《权利、合作与福利的经济学》，方钦译，上海财经大学出版社 2008 年版。
15. 苗大培：《"第三部门"与全民健身服务体系》，北京体育大学出版社 2009 年版。
16. ［美］乔治·费雷德里克森、凯文·B. 史密斯：《公共管理概论》，于洪等译，上海财经大学出版社 2008 年版。
17. 荣朝和：《探究铁路经济问题》，经济科学出版社 2009 年版。
18. 王磊：《公共产品供给主体选择与变迁的制度经济学分析》，经济科学出版社 2009 年版。
19. 王浦劬、［美］莱斯特·M. 萨拉蒙等：《政府向社会组织购买公共服务研究》，北京大学出版社 2010 年版。
20. ［英］亚当·斯密：《国富论》，郭大力、王亚南译，译林出版社 2011 年版。
21. ［美］约翰·卡西迪：《市场是怎么失败的》，刘晓锋、纪晓峰译，机械工业出版社 2011 年版。
22. ［美］约翰·纳什：《纳什博弈论论文集》，张良桥、王晓刚译，首都经济贸易大学出版社 2000 年版。
23. ［美］约瑟夫·E. 斯蒂格利茨：《公共部门经济学》，郭庆旺等译，中国人民大学出版社 2005 年版。
24. ［美］詹姆斯·布坎南：《成本与选择》，刘志铭、李芳译，浙江大学出版社 2009 年版。
25. 张军涛、曹煜玲：《第三部门管理》，东北财经大学出版社 2010 年版。
26. 张启智、严存宝：《城市公共基础设施投融资方式选择》，中国金融出版社 2008 年版。
27. ［美］E. S. 萨瓦斯：《民营化与公司部门的伙伴关系》，周志忍等译，中国人民大学出版社 2002 年版。
28. 黄黎若莲、张时飞、唐钧：《比较优势理论与中国第三部门的研究》，《江苏社会科学》2007 年第 4 期。
29. 黄金峰、孙永恩：《论日本农村的第三部门》，《现代日本经济》2005 年第 6 期。

二　日文文献

1. アンソニー・ギデンズ：『第三の道―効率と公正の新たな同盟』，佐和隆光訳，日本経済新聞社，2003。
2. アラン・リピエッツ：『サードセクター―新しい公共と新しい経済』，井上泰夫訳，藤原書店，2011。
3. 井熊均：『第3セクターをリストラせよ』，日刊工業新聞社，2002。
4. 入江昭：『グローバル・コミュニティ―国際機関・NPOがつくる世界』，篠原初枝訳，早稲田大学出版部，2006。
5. 入谷貴夫：『第三セクター改革と自治体財政再建』，自治体研究社，2008。
6. 馬橋憲男、斎藤千宏：『ハンドブックNGO』，明石書店，2000。
7. 大阪市立大学都市問題資料センター：『まちづくり・まちおこしと第3セクター』，1997。
8. 大森彌：『変化に挑戦する自治体―希望の自治体行政学』，第一法規株式会社，2008。
9. 岡山『第3セクター』研究会：『地方都市と「第3セクター」―岡山からの検証』，自治体研究社，1992。
10. 香川正俊：『第3セクター鉄道』，成山堂書店，2002。
11. 河藤佳彦：『分権化時代の地方公共団体経営論』，同友館，2011。
12. 柿本与子：『公的セクターの改革と信用リスク分析』，金融財政事情研究会，2007。
13. 勝又壽良、岸真清：『NGO・NPOと社会開発』，同文館，2004。
14. 鎌倉孝夫：『国鉄改革を撃つ』，緑風出版，1987。
15. 小嶋光信：『日本一のローカル線をつくる』，学芸出版社，2012。
16. 古平浩：『経営再建　嵐の百日―しなの鉄道のマーケティング―』，三重大学出版会，2004。
17. 小林潔司：『PFI事業の破綻リスクと事業再生モデルに関する研究』，2006。
18. 齋藤純一等：『公共性の政治理論』，ナカニシヤ出版，2010。
19. 佐藤進、林健久：『地方財政読本』，東洋経済新報社，1994。
20. 重本直利等：『共生地域社会と公共経営』，晃洋書房，2010。

21. 自治体問題研究所：『行政組織の改編と第三セクター』，自治体研究社，1991。
22. 重田康博：『NGOの発展の軌跡』，明石書店，2005。
23. 田尾雅夫：『公共経営論』，木鐸社，2010。
24. 田渕直子：『農村サードセクター論』，日本経済評論社，2009。
25. 立山学：『国鉄民営分離五年目の決算』，健友館，1992。
26. 第3セクター研究学会：『地域経営の革新と創造』，透土社，2000。
27. 第三セクター鉄道等協議会：『第三セクター鉄道等の概要』，2010。
28. 第三セクター鉄道等協議会：『第三セクター鉄道等の概要―資料編』，2011。
29. 第三セクター鉄道等協議会：『第三セクター鉄道存続への取り組み』，2009。
30. 第三セクター鉄道等協議会：『第三セクター鉄道等協議会10年史』，1995。
31. 地方公営企業制度研究会：『地方公営企業・第三セクター等のための抜本改革実務ハンドブック』，ぎょうせい，2010。
32. 辻山幸宣等：『機構』，岩波書店，2002。
33. 富沢賢治：『社会的経済セクターの分析』，岩波書店，1999。
34. 中川大：『PFI事業評価における公共セクター比較指標に関する研究』，2002。
35. 中川雄一郎等：『非営利・協同システムの展開』，日本経済評論社，2008。
36. 成瀬龍夫：『公社・第三セクターの改革課題』，自治体研究社，2002。
37. 三橋良士明、田窪五朗：『第三セクターの法的検証』，自治体研究社，1999。
38. 日本ウルトラ・エンジニアリングPFI推進班：『PFI「政府」のアウトソーシング』，プレジデント社，1998。
39. 日本開発銀行PFI研究会：『PFIと事業化手法―公共投資の新しいデザイン』，社団法人金融財政事業研究会，2000。
40. 日本地方財政学会：『分権型社会の制度設計』，勁草書房，2005。
41. 伯野卓彦：『自治体クライシス　赤字第三セクターとの闘い』，講談社，2009。
42. 平岩武郎：『国鉄解体前夜』，亜紀書房，1986。
43. 太田昭和監査法人公会計本部：『第3セクターの経営 Q&A』，中央経済社，1996。
44. 北越急行株式会社：『ほくほく線の十年』，2008。
45. 堀場勇夫、望月正光：『第三セクター再生への指針』，東洋経済新報社，2007。
46. 宮木康夫：『第三セクター経営の理論と実務』，ぎょうせい，1995。
47. 宮木康夫：『第三セクターとPFI 役割分担と正しい評価』，ぎょうせい，2001。
48. 宮本憲一等：『現代の地方自治と公私混合体』，自治体研究社，1992。
49. 宮脇淳：『第三セクターの経営改善と事業整理』，学陽書房，2010。
50. 民間主導型インフラ研究会：『PFI 入門』，商事法務研究会，1998。
51. 矢野俊幸等：『第三セクター鉄道等協議会 20 年史』，第三セクター鉄道等協議会，2005。
52. 山川暁：『国鉄は、いったいどうなっているのか』，草思社，1982。
53. 山下茂：『特別地方公共団体と地方公社・第三セクター・NPO』，ぎょうせい，1997。
54. 讀谷山洋司：『第三セクター明日への課題』，ぎょうせい，1999。
55. A. エバース、J.‐L. ラヴィル：『欧州サードセクター』，内山哲郎、柳沢敏勝訳，日本敬意財評論社，2007。
56. 安藤陽：『第三セクター鉄道の経営問題：三陸鉄道株式会社を中心にして』，経営学論集 1987（57）。
57. 井出信夫：『第3セクターの概念と定義』，新潟産業大学経済学部紀要 2006（30）。
58. 岩田智：『第三セクターの歴史に関する研究』，岩手県立大学宮古短期大学部研究紀要 2000.11（1）。
59. 菅原浩信：『第3セクター鉄道のマネジメントに関する事例研究』、開発論集 2010（85）。
60. 北崎浩嗣：『苦悩する並行在来線第三セクター鉄道の経営』，鹿児島大学経済学論集 2006（64）。

61. 君塚正臣:『第三セクターの憲法学』, エコノミア2003. 54 (2)。
62. 経済産業省商務流通グループ中心市街地活性化室:『まちづくりの取り組みを担う組織・団体のあり方に関する調査・研究事業報告書』, 2012。
63. 国土交通省都市局まちづくり推進課:『まちづくり会社等の活動事例集』, 2012。
64. 国土交通省都市・地域整備局:『まちづくりにおける官民連携実体調査報告書』, 2011。
65. 米沢和彦:『第三セクターに関する一試論: 若干の概念整理と事例研究』, アドミニストレーション2003. 9 (3—4)。
66. 総務省自治財政局公営企業課:『第三セクター等の状況に関する調査結果』, 2011。
67. 高倉嗣昌:『社会教育事業における第三セクター化の評価: 札幌市の事例研究』, 北海道大学教育学部紀要1996 (71)。
68. 高田昇:『都市再生におけるタウンマネージメント』, 立命館大学政策科学2008. 15 (3)。
69. 田中豊治:『コミュニティ・ガバナンスとまちづくりNPOリーダー』, 佐賀大学経済論集2012. 44 (6)。
70. 高良有政:『開発主体の政治経済学―第三セクターの意義と問題点』, The journal of the Okinawa University, 1973。
71. 坂田正大:『第三セクター法人のキャッシュ・フロー分析: フェニックスリゾートの事例から』, 広島大学マネジメント研究2004 (4)。
72. 永合位行:『ドイツの第三セクターに関する一考察』, 神戸大学経済学研究年報2003 (49)。
73. 長坂寿久:『日本のNPOセクターの発展と実情』, 国際貿易と投資2007 (67)。
74. 一橋大学鉄道研究会:『第三セクター鉄道と地域の未来』, 一橋祭研究, 2005。
75. 野村宗訓:『イギリス鉄道事業の規制改革:「アンバンドリング」の評価をめぐって』, 関西学院大学経済学論究2004. 58 (3)。
76. 望月正光:『第三セクターの経済理論』, 関東学院大学『経済系』第227集, 2006。

77. 望月正光:『サード・セクターと第三セクター』,関東学院大学『経済系』第224集,2005。
78. 渡辺雅男:『日本にける市民社会の系譜』,一橋社会科学2009(6)。

三 英文部分

1. Adalbert Evers and Jean-Louis Laville, *The Third Sector in Europe*, Edwar Elgar Publishing Limited, 2004.